WIN Team

Abschlussprüfungen Steuerlehre,
Rechnungswesen, Wirtschaftslehre

Prüfungstraining für Steuerfachangestellte

Die Bücher der Reihe Prüfungstraining für Steuerfachangestellte richten sich an auszubildende Steuerfachangestellte, die sich auf die Prüfung vorbereiten. Die Bücher helfen Verständnislücken auf prüfungsrelevanten Gebieten zu schließen, bieten eigene Kontrollmöglichkeiten an und geben somit die erforderliche Sicherheit für das erfolgreiche Bestehen der Prüfung.

Bisher sind in der Reihe erschienen:

Abschlussprüfungen Steuerlehre, Rechnungswesen, Wirtschaftslehre
vom WIN Team

Prüfungstraining Steuerlehre
von Sabine Dittrich und Ilse Jürgenliemk

Prüfungstraining Rechnungswesen
von Sabine Dittrich und Ilse Jürgenliemk

Prüfungstraining Mandantenorientierte Sachbearbeitung
von Sabine Dittrich

WIN Team/Christoph Raabe/ Lothar Simon

Abschlussprüfungen Steuerlehre, Rechnungswesen, Wirtschaftslehre

15 Originalprüfungen
mit ausführlichen Lösungshinweisen

3., überarbeitete Auflage

Bibliografische Information Der Deutschen Bibliothek
Die Deutsche Bibliothek verzeichnet diese Publikation in der Deutschen Nationalbibliografie;
detaillierte bibliografische Daten sind im Internet über <http://dnb.ddb.de> abrufbar.

1. Auflage November 2000
2., überarbeitete Auflage Oktober 2002
3., überarbeitete Auflage März 2005

Alle Rechte vorbehalten
© Betriebswirtschaftlicher Verlag Dr. Th. Gabler/GWV Fachverlage GmbH, Wiesbaden 2005

Der Gabler Verlag ist ein Unternehmen der Fachverlagsgruppe BertelsmannSpringer.
www.gabler.de

Das Werk einschließlich aller seiner Teile ist urheberrechtlich geschützt. Jede Verwertung außerhalb der engen Grenzen des Urheberrechtsgesetzes ist ohne Zustimmung des Verlags unzulässig und strafbar. Das gilt insbesondere für Vervielfältigungen, Übersetzungen, Mikroverfilmungen und die Einspeicherung und Verarbeitung in elektronischen Systemen.

Die Wiedergabe von Gebrauchsnamen, Handelsnamen, Warenbezeichnungen usw. in diesem Werk berechtigt auch ohne besondere Kennzeichnung nicht zu der Annahme, dass solche Namen im Sinne der Warenzeichen- und Markenschutz-Gesetzgebung als frei zu betrachten wären und daher von jedermann benutzt werden dürften.

Umschlaggestaltung: Ulrike Weigel, www.CorporateDesignGroup.de

Gedruckt auf säurefreiem und chlorfrei gebleichtem Papier

ISBN-13: 978-3-409-31713-9   e-ISBN-13: 978-3-322-84773-7
DOI: 10.1007/978-3-322-84773-7

Vorwort

Die beste Prüfungsvorbereitung ist...

...die Prüfung!

Unter dieses Motto möchten wir, das Autorenteam, das vorliegende Buch stellen. Es enthält Prüfungsaufgaben, wie sie in beinahe jeder Abschlussprüfung für Steuerfachangestellte vorkommen. Wir haben Originalprüfungsaufgaben der aktuellen Rechtslage angepasst, um einen größtmöglichen Lerneffekt zu erreichen. Denn zum erfolgreichen Bestehen der Prüfung gehört nicht „nur" das Lernen des umfangreichen und schwierigen Lehrstoffes – viel wichtiger ist, in der konkreten Prüfungssituation mit der vorgegebenen Zeit und den Aufgabenstellungen zurecht zu kommen.

Die beste Prüfungsvorbereitung ist die Prüfung! Daher empfiehlt es sich, die Prüfungsaufgaben unter selbst gestellten Prüfungsbedingungen zu lösen.

Der **Prüfungsteil** enthält jeweils fünf Prüfungsaufgaben zu den Fächern

- **Steuerlehre** (150 Minuten Bearbeitungszeit)
- **Rechnungswesen** (120 Minuten Bearbeitungszeit)
- und **Wirtschaftslehre** (90 Minuten Bearbeitungszeit)

Alle Prüfungen sind der Rechtslage 2004 angepasst (mit Ergänzungen zu den Rechtsänderungen zu 2005). Da die Steuerfachangestellten-Abschlussprüfungen immer nach der Rechtslage des vergangenen Jahres bearbeitet werden müssen, ist mit diesem Buch eine optimale Vorbereitung auf die Abschlussprüfungen der Jahre 2005 und 2006 möglich.

Soweit in 2004 und 2005 unterschiedliches Recht gilt, ist dies in der Lösung vermerkt. *Leider hat sich beim Gesetzgeber die Unsitte eingebürgert, noch im laufenden Jahr oder sogar am Jahresende rückwirkend Rechtsänderungen vorzunehmen. Dies erschwert uns als Autorenteam die Arbeit erheblich. Alle rechtlichen Regelungen - insbesondere die Anmerkungen zur Rechtslage ab 2005 - sind nach unserem Wissensstand Anfang 2005 dargestellt worden. Wir bitten unsere Leser, die weiteren Rechtsänderungen der Tagespresse oder der Fachliteratur zu entnehmen.*

Hinter dem Prüfungsteil sind ausführliche **Musterlösungen** zu allen 15 Prüfungen abgedruckt. Dabei wird eine Punkteverteilung wie in der „echten" Prüfung der Steuerberaterkammer vorgenommen. So kann man nach einer selbständigen Bearbeitung der Prüfungsaufgaben (in der vorgesehenen Zeit und nur mit den erlaubten Hilfsmitteln: unkommentierte Steuergesetze und HGB; nicht schummeln!) in der Musterlösung nachschauen und sich mit Hilfe der Punkteverteilung selber benoten.

Hinter den Musterlösungen sind **Checklisten und Übersichten** zu einzelnen Themen aus dem Steuerrecht und dem Rechnungswesen abgedruckt. Diese Checklisten und Übersichten sollen kein Lehrbuch-Ersatz sein. Wir haben hier Themen ausgewählt, die erfahrungsgemäß besondere Schwierigkeiten bereiten oder die in den vergangenen Jahren häufig in Prüfungen abgefragt wurden.

Am Schluss des Buches sind **Lerntipps** sowie **Prüfungstipps** abgedruckt – keine hochwissenschaftlichen Abhandlungen, sondern ein paar einfache Wahrheiten über effektives Lernen und Prüfungsmanagement.

Zusammengestellt hat dieses Buch das Autorenteam der WIN GmbH

- Dipl.-Finanzwirt Fritz **Aschoff**
- Dipl.-Finanzwirt, Dipl.-Betriebswirt Christoph **Raabe**
- Dipl.-Finanzwirtin Martina **Reichart**
- Dipl.-Ökonom Lothar **Simon**

Trotz größtmöglicher Sorgfalt können wir Fehler nicht ausschließen. Für Hinweise darauf sowie Anregungen und Tipps sind wir sehr dankbar.

Autoren und Verlag wünschen viel Spaß beim Lesen und vor allem ...

 *Power für die Prüfung!*

Dinslaken, im Januar 2005   Das Autorenteam

Inhaltsverzeichnis

Prüfungsteil

1 Prüfungen Steuerlehre 1
2 Prüfungen Rechnungswesen 73
3 Prüfungen Wirtschaftslehre 119

Lösungsteil

4 Lösungen Steuerlehre 169
5 Lösungen Rechnungswesen 247
6 Lösungen Wirtschaftslehre 289

Checklisten und Übersichten

7 Checklisten und Übersichten 335
   1. Übersicht „Anschaffungskosten nach Handels- und Steuerrecht" 337
   2. Übersicht „Herstellungskosten nach Handels- und Steuerrecht" 338
   3. Übersicht „Ansatz von Wirtschaftsgütern in HB und StB" 339
   4. Checkliste „Abschreibung nach § 7g EStG" 343
   5. Checkliste „Rücklage für Ersatzbeschaffung" 344
   6. Checkliste „Re-Investitionsrücklage" 345
   7. Übersicht „RAP/sonst.Ford.,Verb./Rückstellungen/Rücklagen" 347
   8. Übersicht „Unentgeltliche Wertabgaben" 348
   9. Checkliste „Ort des Umsatzes" 352

Lern- und Prüfungsmanagement

8 Lerntipps 357
9 Prüfungstipps 367

Prüfungen
Steuerlehre

1 Prüfungen Steuerlehre

ABSCHLUSSPRÜFUNG 01

Ausbildungsberuf: Steuerfachangestellte/r
Rechtslage: **2004 / 2005**

STEUERWESEN Bearbeitungszeit: 150 Minuten

Die Prüfungsaufgabe besteht aus drei Teilen:
Teil 1: ESt und AO (52 Punkte)
Teil 2: USt (30 Punkte)
Teil 3: GewSt (18 Punkte)

Bitte **deutlich schreiben!**
Bitte mit Füllhalter, Filzstift oder Kugelschreiber schreiben!

Teil I

Einkommensteuer (41 Punkte)

Die Eheleute Albert (geboren am 5.6.1964) und Irene (geboren am 6.7.1965) Schwitzenegger sind seit 1998 verheiratet und wohnen in Bochum.

Zur Erstellung ihrer Einkommensteuer-Erklärung 2004 machen die Eheleute folgende Angaben:

Zum gemeinsamen Haushalt gehört Tochter Pamela (geboren am 4.4.2000), die den Kindergarten besucht. Pamela hat keine Einkünfte und Bezüge.

Albert S. betreibt in Bochum ein Bodybuilding-Studio. Der Gewinn des Studios (ermittelt nach § 4 und § 5 EStG) betrug in 2004 120.000,- €.

Dabei waren folgende Sachverhalte noch nicht berücksichtigt worden (Angaben jeweils Nettobeträge):

1. Die angemessenen und nachgewiesenen Bewirtungskosten betrugen 1000,- € und waren in vollem Umfang als Betriebsausgabe verbucht worden.
2. Am 2.8.2004 entnahm Albert seinem Betrieb eine Hantelbank, die bis auf 1,- € Erinnerungswert abgeschrieben war. Die Hantelbank hatte einen Teilwert von 2.000,- € und wurde am gleichen Tag privat verschenkt. Der Vorgang war noch nicht erfasst worden.
3. Zum Geburtstag spendierte Albert seiner Familie eine große Torte. Die Aufwendungen i.H.v. 60,- € für den Erwerb der Torte waren als Betriebsausgaben verbucht worden.

Irene S. ist in der Buchhaltung des Autohauses Fort GmbH beschäftigt. Ihre Lohnsteuerkarte 2004 weist folgende Eintragungen auf:

- Bruttoarbeitslohn: 50.000,- €
- Lohnsteuer und Solidaritätszuschlag: 5.000,- €
- Arbeitnehmeranteil am Gesamtsozialversicherungsbeitrag 10.000,- €

Irene ist 2004 an 220 Tagen mit dem Motorrad zur 15 Kilometer entfernten Arbeitsstätte gefahren. Sie macht weiterhin folgende Aufwendungen geltend:

- Kontoführungsgebühren (pauschal): 16,- €
- Fachliteratur: 220,- €
- Lehrgangsgebühren: 400,- €

Der Lehrgang mit dem Thema „Lohnbuchhaltung" fand in Münster statt. Die Fahrten (insgesamt 1000 gefahrene Kilometer) legte sie mit dem eigenen Pkw zurück. Der Arbeitgeber erstattete die entstandenen Kosten nicht.

Bereits im November 2003 hatten die Ehegatten ihr gemeinsames Sparvermögen (400.000,- €) in Aktien und festverzinslichen Wertpapieren angelegt. Im April 2004 wurden Zinsen i.H.v. 6.835,- € gutgeschrieben. Über die einbehaltenen Steuern (Zinsabschlagsteuer und Solidaritätszuschlag) liegen ordnungsgemäße Bescheinigungen vor. Die Eheleute hatten diesbezüglich ihrer Bank keinen Freistellungsauftrag erteilt.

Am 15.6.2004 verkauften sie einen Teil der Aktien für 70.000,- €. Die Aktien waren für 30.000,- € angeschafft worden. Die Bank behielt Verkaufsprovisionen von 1.000,- € ein.

Weitere Aktien wurden am 15.12.2004 für 50.000,- € verkauft (Anschaffungskosten: 40.000,- €, Verkaufsprovisionen: 500,- €).

Aus der Rückzahlung von Bundesschatzbriefen wurden 2004 weiterhin noch Zinsen i.H.v. 1.000,- gutgeschrieben. Da die Eheleute einen Freistellungsauftrag gestellt hatten, wurde in diesem Fall keine Zinsabschlagsteuer einbehalten.

Irene S. ist außerdem Eigentümerin eines 1988 von den Eltern geschenkten Zweifamilienhauses in Bochum. Das Haus enthält zwei gleich große (jeweils 100 m^2) und gleichwertige Wohnungen. Die Wohnung im Erdgeschoss wird von den Schwitzeneggers selbst bewohnt, die Wohnung im 1. Obergeschoss ist zu einer ortsüblichen Miete von monatlich 1.200,- € (Warmmiete) vermietet.

Im Zusammenhang mit dem gesamten Grundstück sind 2004 folgende Aufwendungen angefallen:

- Grundbesitzabgaben: 3.000,- €
- Versicherungen: 1.000,- €
- Heizkosten: 2.000,- €
- sonstige Kosten: 3.000,- €

Albert unterstützte 2004 seinen mittellosen Vater mit monatlich 400,- €. Der Vater bezog in 2004 eine kleine Rente von monatlich 300,- €, die seit seinem 60. Lebensjahr gezahlt wird.

Für die Betreuung der kleinen Pamela sind in 2004 Kosten i.H.v. 2.100,- € (Gebühren für den Kindergarten) entstanden.

Neben den gesetzlichen Abzügen vom Arbeitslohn der Irene S. leisteten die Ehegatten Beiträge zu Lebens- und Krankenversicherungen i.H.v. 10.000,- €.

Aufgabe:

1.

Ermitteln Sie in einer systematischen Darstellung das niedrigst mögliche Einkommen der Eheleute Schwitzenegger für den VZ 2004. Die Eheleute wünschen die Zusammenveranlagung nach § 26 b EStG.

Alle günstigen Anträge gelten als gestellt; alle erforderlichen Belege liegen vor.

Bearbeitungshinweise:
Eine Vorsorgepauschale ist nicht zu berechnen.
Die Aktienverkäufe unterliegen dem Halbeinkünfteverfahren.

2.

Ermitteln Sie in einer Vergleichsrechnung, ob der Ansatz des Kinderfreibetrags oder das für Pamela den Eltern gezahlte Kindergeld günstiger ist.

Abschlussprüfung 01

Abgabenordnung (11 Punkte)

1. Aufgabe (6 Punkte)

Yilmaz Günnei betreibt in Duisburg eine Fahrschule als Einzelunternehmen. Seine Einkommensteuer-Erklärung für 2000 hat er beim zuständigen Finanzamt zu folgenden alternativen Terminen eingereicht:

a) am 30.5.2001
b) am 15.5.2002
c) am 12.1.2003
d) am 20.8.2004

Aufgabe:

Ermitteln Sie in den Fällen a) bis d) Beginn und Ende der Festsetzungsfrist für die Einkommensteuer 2000. Begründen Sie kurz Ihre Entscheidung.

2. Aufgabe (5 Punkte)

Kai Birne ist Mitgesellschafter der Herzschmerz-OHG, eines kleinen Pharma-Unternehmens in Wuppertal.

Das zuständige Finanzamt gab am Donnerstag, den 17.6.2004 den Feststellungsbescheid 2003 zur Post auf.

In diesem Feststellungsbescheid wurde der Gewinnanteil des Birne auf 120.000,- € festgestellt. Der Bescheid erging unter dem Vorbehalt der Nachprüfung gemäß § 164 AO.

Am 22.7.2004 fand Birne in seinen Unterlagen noch eine Hotelrechnung über 800,- €. Die Kosten waren auf einer Geschäftsreise im Jahre 2003 entstanden, die er für die OHG durchgeführt hatte. Sie waren bei der Gewinnfeststellung unberücksichtigt geblieben.

Aufgabe:

1. Prüfen und begründen Sie, ob ein Einspruch des Birne gegen den Feststellungsbescheid 2003 noch möglich ist (Fristberechnung!).

2. Prüfen und begründen Sie, ob die Reisekosten noch zu einer Änderung des Feststellungsbescheids 2003 führen können.

Teil II

Umsatzsteuer (30 Punkte)

Guido Westerwolle betreibt in Hagen eine Fabrik zur Herstellung von Stoffen und Garnen als Einzelunternehmen.

Er versteuert seine Umsätze nach vereinbarten Entgelten und ist Monatszahler. Soweit es möglich ist, hat Westerwolle auf die Steuerbefreiung von Umsätzen verzichtet (§ 9 UStG).

Westerwolle hat eine deutsche USt-Identifikations-Nummer.

Die nachfolgenden Sachverhalte sollen für **die Umsatzsteuer-Erklärung 2004** noch berücksichtigt werden. Gehen Sie dabei nur auf die im jeweiligen Lösungsfeld genannten Punkte ein.

1.
Westerwolle lässt die personalintensive Spinnerei in einer Betriebsstätte in Estoril (Portugal) erledigen. Im Februar 2004 hatte er einen Container Wolle von Portugal mit eigenem Lkw in das Hauptwerk in Hagen befördert. Der Warenwert betrug 22.000,- €.

Umsatzart:	
Rechtsvorschrift bzgl. der Umsatzart:	
Bemessungsgrundlage (€):	
Umsatzsteuer (€):	
Vorsteuer (€):	

2.

Durch ein Versehen wurde im Juni 2004 dem Kunden Kinkel ein Posten Stoffe für 40.000,- € netto verkauft und die Umsatzsteuer mit 7 % (= 2.800,- €) ausgewiesen. Kinkel überwies auch 42.800,- €. Die Rechnung ist bisher nicht berichtigt worden.

Bemessungsgrundlage (€):	
Höhe der nachzuentrichtenden Umsatzsteuer (€):	

3.

Im August 2004 erwarb Westerwolle von der Firma Gong aus Peking einen Webstuhl für 230.000,- € netto. Gong lieferte „verzollt und versteuert". Die Einfuhrumsatzsteuer wurde vom Spediteur des Gong an der Grenze bezahlt. Der Rechnungsbetrag der nach § 14 UStG ordnungsmäßigen Rechnung wurde von Westerwolle noch im August bezahlt.

Umsatzart:	
Ort des Umsatzes:	
Steuerbarkeit:	
steuerpflichtig/steuerfrei:	
Umsatzsteuer (in €):	
Vorsteuer (in €):	
Rechtsvorschrift für den Vorsteuerabzug:	

Abschlussprüfung 01

4.

Im Mai 2004 wurden im Rahmen einer Umbaumaßnahme zwei Büros in Westerwolles Firma renoviert. Dabei wurden die beiden Schreibtische durch neue ersetzt. Die alten Schreibtische schenkte Westerwolle seiner Buchführungsleiterin Krause. Die Schreibtische hatten einen Buchwert von (jeweils) 1,- € und einen Wiederbeschaffungswert zum Zeitpunkt des Schenkens von (jeweils) 100,- €.

Umsatzart:	
Steuerbarkeit:	
Bemessungsgrundlage (in €):	
Umsatzsteuer (in €):	

5.

Am 1.12.2004 bestellte Westerwolle ein elektronisches Steuerungsgerät für einen Färbebottich bei der Mannheimer Firma Lampsfuß. Lampsfuß sagte die Lieferung im Januar 2005 zu. Noch im Dezember 2004 leistete Westerwolle eine Anzahlung von 20.000,- €. Eine Anzahlungsrechnung erhielt er nicht.

Kann Westerwolle Vorsteuer geltend machen? Begründen Sie Ihre Antwort kurz (unter Angabe der Rechtsvorschrift).	

6.

Im März 2004 wurde eine Kleinserie von Baumwoll-T-Shirts angefertigt, die ursprünglich auf dem Mayday-Festival in Dortmund verkauft werden sollten.

Da es zu Unstimmigkeiten mit den Veranstaltern kam, konnte Westerwolle die T-Shirts (Herstellungskosten 10,- € pro Stück) nicht verkaufen.

Daher verschenkte er 10 T-Shirts im April an die Praktikantin Pamela.

Umsatzart:	
Bemessungsgrundlage (in €):	
Rechtsvorschrift für die Bemessungsgrundlage:	

7.

Weitere 5 T-Shirts (s. Sachverhalt 6) überließ er seiner Nichte Nina für 5,- € pro Stück.

Umsatzart:	
Bemessungsgrundlage (in €):	

8.

Beim Rangieren auf dem Betriebsgelände rammte ein Lkw des Lieferanten Lummer einen Container. Es entstand ein Sachschaden von 3.000,- €. Lummer zahlte Westerwolle zur Abgeltung aller Rechtsansprüche am 4.4.2004 die 3.000,- €.

Steuerbarkeit:	
Begründen Sie kurz Ihre Entscheidung für bzw. gegen die Steuerbarkeit:	

9.

In der Hagener Innenstadt besitzt Westerwolle ein 2.000 m² großes Betriebsgelände.

1.500 m² sind an einen Lieferanten des Westerwolle, die Woll AG verpachtet. 500 m² sind an den K verpachtet, der auf dem Gelände einen Kiosk betreibt. K ist Kleinunternehmer nach § 19 UStG.

Die Pachtzahlungen für Dezember sind noch zu beurteilen.

Die Woll AG überwies am 2.12.2004 3.480,- € und K überwies 1.160,- €.

Umsatzart:	
Steuerbarkeit:	
Bemessungsgrundlage für die Verpachtung an die Woll AG (in €):	
Bemessungsgrundlage für die Verpachtung an K (in €):	
Umsatzsteuer (in €) für die Verpachtung an die Woll AG:	
Umsatzsteuer (in €) für die Verpachtung an K:	

10.

Das Eingangstor zum Gelände, das an die Woll AG verpachtet wurde (s.o.), ließ Westerwolle im Oktober 2004 erneuern. Der Lieferant stellte 5.000,- € zzgl. 16 % USt (= 800,- €) in Rechnung.

Kann Westerwolle die in Rechnung gestellte Umsatzsteuer abziehen? (kurze Begründung)	

11.
Am Kiosk des K (s.o.) ließ Westerwolle im Oktober 2004 eine kleine Reparatur durchführen. Der ausführende Unternehmer stellte Westerwolle dafür 500,- € zzgl. 16 % USt (= 80,- €) in Rechnung.

Kann Westerwolle die in Rechnung gestellte Umsatzsteuer abziehen? (kurze Begründung):	

Teil III

Gewerbesteuer (18 Punkte)

Jürgen und Josef Fischer betreiben in Bielefeld den Baustoffhandel „Fischer OHG". Die OHG ermittelt ihren Gewinn nach § 5 EStG. Das Wirtschaftsjahr entspricht dem Kalenderjahr.

Aufgabe:

Für das Jahr 2004 ist die Gewerbesteuer zu ermitteln. Der Hebesatz der Gemeinde Bielefeld beträgt 430 %. Der vorläufige Gewinn lt. GuV beträgt 230.000,- €.

Bei der Ermittlung des Gewerbeertrags sind noch die folgenden Sachverhalte zu berücksichtigen. Sofern sich aus den Sachverhalten keine Hinzurechnung oder Kürzung ergibt, ist in Ihrer Lösung ein Betrag von 0,- € auszuweisen und der Nichtansatz kurz zu begründen.

1.
Für ihre Tätigkeit haben sich Jürgen und Josef jeweils 3.000,- € monatlich als „Geschäftsführervergütung" gewährt. Die Beträge wurden vom Konto der OHG auf die privaten Girokonten der Gesellschafter überwiesen und in der OHG unter „Personalaufwand" verbucht.

2.

Die angemessenen und nachgewiesenen Bewirtungsaufwendungen wurden in voller Höhe (5.000,- € im Jahre 2004) auf dem Konto „Bewirtungskosten" verbucht.

3.

Für die Errichtung einer neuen Lagerhalle nahm die OHG am 1.7.2004 ein Darlehen i.H.v. 200.000,- € auf, das zu 8 % p.a. verzinst wurde. Die Laufzeit des Darlehens beträgt 10 Jahre. Zinsen und Tilgung (10 % p.a.) sind jeweils zum Halbjahresende fällig. Die OHG hat die zutreffend ermittelten Zinsen 2004 auf dem Konto „Zinsaufwand" verbucht.

4.

Die OHG unterhält ein mit 11 % jährlich verzinstes Kontokorrentkonto, über das der laufende Zahlungsverkehr abgewickelt wird. Die zehn niedrigsten Schuldsalden (-) bzw. höchsten Guthabensalden (+) täglich betrugen 2004:

am 2.2.:	+ 12.000,- €
am 2.4.:	+ 11.000,- €
am 2.5.:	+ 8.000,- €
am 4.5.:	+ 6.000,- €
am 6.6.:	+ 13.000,- €
am 7.6.:	+ 11.000,- €
am 10.6.:	- 5.000,- €
am 12.6.:	- 9.000,- €
am 20.6.:	+ 4.000,- €
am 22.6.:	+ 2.000,- €

5.

Die Fischer OHG ist an der Müller KG zu 20 % beteiligt. Der Anteil am Gewinn 2004 an dieser Gesellschaft beträgt 34.000,- €.

6.

Zum Betriebsvermögen der OHG gehört das Grundstück „Sandstraße 1", dessen Einheitswert auf Basis der Wertverhältnisse zum 1.1.1964

120.000,- € beträgt. Das Grundstück wird in vollem Umfang betrieblich genutzt.

7.

Das Grundstück „Sandstraße 2" (Einheitswert 1.1.64: 70.000,- €) wird von der OHG zu 80 % betrieblich genutzt. 20 % des Grundstücks sind mit einem privaten Wohnhaus des Gesellschafters Josef Fischer bebaut.

8.

Von seiner Tante Kerstin Möller hat Josef Fischer für die OHG einen Büroschrank gemietet. Die angemessene Miete des Jahres 2004 von 6.000,- € wurde von der OHG zutreffend als Aufwand verbucht und auf das private Girokonto der Tante überwiesen.

9.

An den gemeinnützigen Verein „Kinder in Not" spendete die OHG 2004 6.000,- €. Der Betrag wurde auf den Privatkonten der Gesellschafter verbucht (Buchungssatz: *Privatkonten Gesellschafter an Bank*).

ABSCHLUSSPRÜFUNG 02

Ausbildungsberuf: Steuerfachangestellte/r
Rechtslage: **2004 / 2005**

STEUERWESEN Bearbeitungszeit: 150 Minuten

Die Prüfungsaufgabe besteht aus drei Teilen:
Teil 1: ESt und AO (50 Punkte)
Teil 2: USt (34 Punkte)
Teil 3: GewSt (16 Punkte)

Bitte **deutlich schreiben!**
Bitte mit Füllhalter, Filzstift oder Kugelschreiber schreiben!

Teil I

Einkommensteuer (41 Punkte)

1. Aufgabe

Die Eheleute Immo (geboren am 31.3.1939) und Claire (geboren am 2.1.1942) Grube sind seit 33 Jahren verheiratet und wohnen in Köln. Sie machen folgende Angaben zu ihrer ESt-Erklärung 2004:

Zum Haushalt der Ehegatten gehört noch Sohn Timmi (geboren am 12.12.1980), der 2004 in Nürnberg Mikrometrik und Statistik studiert hat. Timmi hat in Nürnberg im Studentenwohnheim gewohnt. Nach Abschluss des Studiums im Juni arbeitete er ab Juli bei einer Versicherung in Köln als Sachbearbeiter. Bis einschließlich Juni hatte er keine Einkünfte, sondern lebte von den monatlichen Unterhaltszahlungen (i.H.v. 400,- €) seiner Eltern. Ab Juli bezog er einen monatlichen Bruttolohn von 2.500,- €.

Immo ist zu 40 % Mitinhaber der Grube & Graben KG in Bonn, die 2004 einen Handelsbilanzgewinn von 340.000,- € erzielte. Immo erhielt ein monatliches Gehalt von 4.000,- €, das die KG als Aufwand verbucht hatte. Er hatte (steuerlich nicht zu beanstandende) Fahrtkosten zum Betrieb i.H.v. 200,- € monatlich, die von der KG nicht erstattet wurden.

Für ein Darlehen i.H.v. 200.000,- €, das er 1993 der KG gewährt hatte, wurden ihm Anfang 2005 für das Jahr 2004 22.000,- € überwiesen. Dieser Betrag war von der KG bei der Erstellung des Jahresabschlusses zum 31.12.2004 als Aufwand gebucht worden.

Sein 40%iger Gewinnanteil 2004 wurde ihm Ende 2005 ausgezahlt.

Aus der gesetzlichen Rentenversicherung erhält Immo seit dem 1.4.2003 eine Altersrente von monatlich 2.400,- €. Darin sind Beiträge zur gesetzlichen Kranken- und Pflegeversicherung von 240,- € monatlich enthalten.

Claire war bis zum 31.8.2004 bei der Schnieder-GmbH als Sekretärin beschäftigt. Ihr monatlicher Bruttolohn betrug 4.400,- €. Auf Veranlassung ihres Arbeitgebers wurde das Arbeitsverhältnis zum 31.8.2004 aufgelöst. Claire erhielt eine Abfindung von 31.000,- €. Sie war 22 Jahre bei der Schnieder-GmbH beschäftigt.

Mit notariellem Kaufvertrag vom 1.3.2004 hatte Claire ein Mehrfamilienhaus in Köln-Nippes (Baujahr 1965) zum Preis von 350.000,- € erworben (Grund und Boden-Anteil: 10 %). Besitz, Nutzungen und Lasten gingen zum 1.5.2004 über. Die Eintragung im Grundbuch erfolgte am 1.8.2004. Im Mehrfamilienhaus sind drei gleich große und gleichwertige Wohnungen vorhanden. Die Wohnung im Erdgeschoss ist für 300,- € monatlich an ihren Neffen vermietet. Die beiden anderen Wohnungen sind zu ortsüblicher Marktmiete von 400,- € vermietet. Die Gesamtwohnfläche des Hauses beträgt 150 m^2.

In 2004 sind im Zusammenhang mit dem Haus folgende Ausgaben getätigt worden:

- Grunderwerbsteuer (3,5 %):	12.250,- €
- Notarkosten (Beurkundung des Kaufvertrags) inkl. 16 % USt	3.480,- €
- Notarkosten (Grundschuldbestellung) inkl. 16 % USt	1.160,- €
- Gerichtskosten für Auflassungsvormerkung	350,- €
- Gerichtskosten (Eigentumsumschreibung)	450,- €
- Gerichtskosten (Eintragung der Grundschuld)	650,- €
- Schuldzinsen	11.800,- €
- Kosten einer Dachreparatur	10.000,- €
- weitere laufende Kosten (Strom, Gas, Wasser, Versicherungen)	6.000,- €

Aus dem Jahre 2002 ist ein Verlustvortrag von 44.000,- € zu berücksichtigen.

Für ein neues Gebiss musste Claire 2004 11.800,- zuzahlen. Sie kann eine entsprechende Rechnung des behandelnden Zahnarztes vorlegen.

Aufgabe:
Ermitteln Sie in einer systematischen Darstellung das niedrigstmögliche Einkommen der Eheleute Grube für den VZ 2004. Die Eheleute wünschen die Zusammenveranlagung nach § 26b EStG.

Hinweise:
Die Vorsorgeaufwendungen sind pauschal (ohne Höchstbetragsberechnung) mit 5.000,- € zu berücksichtigen!
Alle notwendigen Belege wurden vorgelegt.
Eine Vorsorgepauschale ist nicht zu berechnen.

2. Aufgabe (9 Punkte)

Am 3.5.2004 wird der ESt-Bescheid 2002 für die Eheleute Karl und Karla Lotta zur Post aufgegeben.

Das Finanzamt Köln-Ost hatte darin folgende Feststellungen getroffen:
- Werbungskosten zu den Einkünften aus nichtselbständiger Arbeit der Frau Lotta wurden nicht mit 8.000,- € erfasst, sondern durch ein Versehen des Sachbearbeiters lediglich mit 3.000,- € erfasst.
- Bei der Berechnung der Abschreibung für das den Eheleuten gehörende Mietshaus in Bonn setzte der Sachbearbeiter des Finanzamts die 2 %ige Abschreibung an. Er war der Ansicht, dass dies in jedem Fall bei Altgebäuden gilt. Da das Gebäude 1923 fertiggestellt wurde, wäre aber die 2,5 %ige Abschreibung richtig gewesen.
- Der Bescheid wurde seitens des Finanzamts mit einem Vorläufigkeitsvermerk nach § 165 AO versehen, da unklar war, ob die geltend gemachten Instandhaltungskosten für das Haus in Bonn (Werbungskosten zu den Einkünften aus Vermietung und Verpachtung) anschaffungsnahe Herstellungskosten sind.

Die Eheleute nehmen den Bescheid zunächst nicht zur Kenntnis, da sie eine Abneigung gegen Steuerbescheide haben und das Finanzamt eine Steuernachzahlung gefordert hat.

Am 10.6.2004 geht beim Finanzamt ein Einspruchschreiben der Eheleute gegen den ESt-Bescheid 2002 ein. Darin bitten die Eheleute um Berichtigung der Fehler und um Ansatz eines Behindertenpauschbetrags für Herrn Lotta.

Herr Lotta hatte am 8.6.2004 einen Bescheid des Versorgungsamts erhalten, in dem ihm rückwirkend zum 1.7.2002 ein Grad der Behinderung von 80 % zuerkannt wurde.

Aufgabe:
1. Prüfen und begründen Sie, ob der Einspruch zulässig ist (Fristberechnung!) und
2. inwieweit der ESt-Bescheid 2002 gegebenenfalls geändert werden kann.

Teil II

Umsatzsteuer (34 Punkte)

Bruno Bär betreibt in Geldern ein Spielwarengeschäft. Er versteuert seine Umsätze nach vereinbarten Entgelten, ist Monatszahler und hat (sofern zulässig) auf die USt-Befreiung nach § 9 UStG verzichtet.
Bär und alle seine Geschäftspartner besitzen gültige nationale Umsatzsteuer-Identifikationsnummern (USt-Id.Nr.).

Aufgabe:
Bei Erstellung der USt-Jahreserklärung 2004 müssen folgende Sachverhalte umsatzsteuerlich gewürdigt werden.
Gehen Sie bei Ihrer Lösung nur auf die Punkte ein, die im jeweiligen Lösungsfeld genannt sind.

1.
Bär ließ im Mai von seinem Angestellten A ein wertvolles Modellauto aus Blech reparieren. Das Auto gehört zum Privatvermögen des Bär. Es entstanden Materialkosten von 100,- € und Lohnkosten von 200,- €. Einem fremden Dritten hätte Bär für die Reparatur 500,- € zzgl. USt in Rechnung gestellt.

Umsatzart:	
Bemessungsgrundlage (in €):	

2.
Zum Geburtstag im November schenkte Bär dem Angestellten A einen Plüschteddy aus dem Warenbestand. Der Einkaufspreis des Teddy betrug im Januar 2004 180,- €, der Verkaufspreis ist lt. Preisschild mit 348,- € angegeben. Der Wiederbeschaffungspreis im November beträgt netto 200,- €.

Umsatzart:	
Bemessungsgrundlage (in €):	
Rechtsvorschrift für die Bemessungsgrundlage:	

3.
Am 23.3.2004 verkaufte Bär einen Kinderwagen für 580,- € an seine Schwester. Der erst wenige Tage zuvor für 500,- € netto erworbene Kinderwagen hat einen Ladenverkaufspreis von 696,- € (inkl. 16 % USt).

Umsatzart:	
Bemessungsgrundlage (in €):	

4.
Eine wertvolle Modelleisenbahn hatte Bär im Oktober 2004 an den Kunden K verkauft. K hatte eine Anzahlung von 1.160,- € geleistet. Die Restzahlung (3.480,- €) soll K vereinbarungsgemäß erst bei Lieferung Anfang 2005 zahlen, da die Eisenbahn erst aus Australien angeliefert werden soll.

| Umsatzsteuer 2004 (in €): | |

5.
Vom belgischen Großhändler Van Dumme erwarb Bär im Juli 2004 eine Ladung Monster-Puppen für (umgerechnet) 12.000,- €. Van Dumme hatte die Puppen per Bahn von Brüssel nach Geldern versenden lassen.
(Hinweis: Der Umsatz ist aus der Sicht des Bär zu beurteilen.)

Umsatzart:	
Rechtsvorschrift für die Umsatzart:	
Ort des Umsatzes:	
Steuerbarkeit:	
Steuerpflicht:	
Bemessungsgrundlage:	
Vorsteuerabzug (in €):	
Rechtsgrundlage für den Vorsteuerabzug:	

6.

Am 4.12.2004 hatte Bär dem W eine Kinderschaukel für 800,- € zzgl. 16 % USt verkauft.

Da W in der darauffolgenden Woche immer noch keine Zahlung entrichtet hatte, stellte ihm Bär 30,- € Verzugszinsen in Rechnung. Der Gesamtbetrag (958,- €) wurde dann auch Ende Dezember 2004 von W gezahlt.

Beurteilen Sie kurz die umsatzsteuerliche Behandlung der Verzugszinsen: (Begründung)	

7.

Bär hat eine Etage seines zum Unternehmensvermögen gehörenden Gebäudes (in dem sich auch sein Spielzugladen befindet) an einen Steuerberater als Büroräume für 2.320,- € monatlich vermietet. Die Dezembermiete 2004 ging durch einen Buchungsfehler der Bank erst am 11.1.2005 auf dem Konto des Bär ein.

Bemessungsgrundlage (in €):	
Umsatzsteuer (in €):	
Entstehung der USt:	

8.

Aus China erwarb Bär im April eine Lieferung über 500 Stück Elektronik-Eier (Marke „Tamagutschi") für 10,- € pro Stück. Die Lieferung erfolgte per Schiff nach Hamburg, wo der Spediteuer S dann im Auftrag des chinesischen Handelspartners die Einfuhrabgaben entrichtete. Bär erhielt die Elektronik-Eier vereinbarungsgemäß „verzollt und versteuert" frei Haus geliefert.

Umsatzart:	
Ort des Umsatzes:	
Steuerbarkeit:	
Steuerpflicht:	
Vorsteuerabzug:	

9.

Während des ganzen Jahres 2004 nutzte Bär sein 1998 erworbenes Betriebsfahrzeug auch zu Privatfahrten. Die Kosten des Pkw wurden ordnungsgemäß auf Aufwandskonten verbucht. Es entstanden Kosten mit Vorsteuerabzug (Benzin, Reparaturen, Abschreibungen) von 10.000,- € und Kosten ohne Vorsteuerabzug (Kfz-Steuer, Kfz-Versicherungen) von 1.000,- €.

Der durch ein ordnungsgemäßes Fahrtenbuch ermittelte private Nutzungsanteil beträgt 30 %. 10 % der privat gefahrenen Kilometer entfallen dabei auf Auslandsfahrten.

Bisher wurden diesbezüglich noch keine Buchungen vorgenommen.

Umsatzart:	
Steuerbarkeit:	

Bemessungsgrundlage für den steuerpflichtigen Umsatz:	
Umsatzsteuer (in €):	

10.

In den Buchführungsunterlagen findet sich auch eine Rechnung (datiert vom 6.6.2004) des Rechtsanwalt Dr. Haltz-Abschneider über 500,- € zzgl. 16 % USt.

Die Rechnung bezieht sich auf ein Beratungsgespräch und einige Briefe, die in einer Mietstreitigkeit angefallen sind. Bär hatte den Rechtsanwalt konsultiert, weil er Ärger mit den Mietern einer Wohnung in einem seiner Mietshäuser hatte.

Prüfen und begründen Sie kurz, ob Bär Vorsteuer aus der Rechnung abziehen kann:	

Teil III

Gewerbesteuer (16 Punkte)

Die Bofrust KG, Herstellerin von Tiefkühlprodukten mit Hauptsitz in Essen, ermittelt ihren Gewinn nach § 5 EStG. Der handelsrechtliche Gewinn des Wirtschaftsjahrs (= Kalenderjahr) 2004 betrug 300.000,- €. Dem Komplementär Hugo Bo wurde 2004 ein Geschäftsführergehalt i.H.v. 80.000,- € gezahlt, das in der Buchführung der KG als Aufwand verbucht wurde.

Am 31.5.2004 hat der Kommanditist Benno Frust seiner Tochter einen Pkw aus dem Betriebsvermögen der KG geschenkt. Der Pkw hatte einen Restbuchwert per 31.12.2003 von 10.000,- €, die jährliche Abschreibung beträgt 5.000,- €. Ein gleichartiger Pkw wird im Mai 2004 im Gebrauchtwagenhandel für 9.500,- € (netto) angeboten. Der Vorgang ist bei der Gewinnermittlung noch nicht berücksichtigt worden.

Auch die Abschreibung für den Pkw wurde für das Jahr 2004 noch nicht erfasst.

Zur Ermittlung der Gewerbesteuer der KG sind noch die folgenden Angaben zu berücksichtigen:

1.
Auf dem Betriebsgrundstück „Waldweg 2" der KG lastet eine Hypothek, die tilgungsfrei ist und im Jahre 2007 fällig wird. Der Hypothekenbetrag von 300.000,- € wird mit 7 % jährlich verzinst.

2.
Zur Abdeckung einer kurzfristigen Liquiditätslücke nahm die KG im Juni 2004 einen Kontokorrentkredit auf (60.000,- €). Der Kredit bestand in den Monaten Juni und Juli (60 Tage) und wurde dann durch eine Überweisung von einem anderen Bankkonto der KG, das ständig ein Guthabensaldo aufwies, getilgt. Die gezahlten Schuldzinsen für dieses Konto betrugen 3.000,- €.

3.
An der KG ist der Bruder des Benno mit einer stillen Gesellschaftseinlage von 40.000,- € beteiligt. Der Gewinnanteil 2004 (4.000,- €) wurde von der KG als Aufwand erfasst. Der Bruder hält die Beteiligung im Privatvermögen.

4.
Das von der KG genutzte Betriebsgrundstück hat einen Einheitswert (Wertverhältnisse: 1.1.1964) von 40.000,- €. Es wird zu 10 % vom Komplementär Hugo Bo für private Zwecke genutzt.

Aufgabe:

1.

Ermitteln Sie in einer übersichtlichen Darstellung den Gewerbesteuermessbetrag für das Jahr 2004.

2.

Gehen Sie nun von einer Gewerbesteuerschuld von 60.000,- € aus. Ermitteln Sie die Gewerbesteuer-Rückstellung nach der 5/6- und der Divisormethode. Der Hebesatz der Gemeinde Essen beträgt 480 %. Die KG hatte für 2004 bereits Gewerbesteuervorauszahlungen von 30.000,- € entrichtet.

ABSCHLUSSPRÜFUNG 03

Ausbildungsberuf: Steuerfachangestellte/r
Rechtslage: **2004 / 2005**

STEUERWESEN Bearbeitungszeit: 150 Minuten

Die Prüfungsaufgabe besteht aus vier Teilen:

Teil 1: Umsatzsteuer (40 Punkte)

Teil 2: Abgabenordnung (10 Punkte)

Teil 3: Einkommen- und Lohnsteuer (36 Punkte)

Teil 4: Gewerbesteuer (14 Punkte)

Bitte **deutlich schreiben!**
Bitte mit Füllhalter, Filzstift oder Kugelschreiber schreiben!

Teil I

Umsatzsteuer (40 Punkte)

Rudolf Spekulatius, 55 Jahre alt, betreibt in Aachen ein Bäckereifachgeschäft. Er stellt dort Gebäck aller Art her (vor allem: die berühmten Aachener Printen), das er in seinem Ladengeschäft in Aachen verkauft bzw. ins benachbarte europäische Ausland versendet. Spekulatius (S) ist außerdem Eigentümer eines gemischt genutzten Grundstücks in der Aachener Innenstadt, das wie folgt genutzt wird:

Erdgeschoss: Vermietung an einen Apotheker als Geschäftsraum

1. Obergeschoss: Vermietung an einen Arzt für Allgemeinmedizin als Praxisraum

2. Obergeschoss: Vermietung für fremde Wohnzwecke

Die Nutzflächen der gleich großen und gleichwertigen Etagen betragen jeweils 200 qm.

S versteuert seine Umsätze nach vereinbarten Entgelten, ist Monatszahler und hat nach §§ 46 ff UStDV Dauerfristverlängerung gewährt bekommen.

Bei den Umsätzen aus der Vermietung des Erdgeschosses (Apotheke) hat S auf die USt-Befreiung verzichtet.

Hinweis: Alle beteiligten Unternehmer verwenden im Geschäftsverkehr ihre gültige nationale Umsatzsteuer-Identifikationsnummer (USt-Id.Nr.).

Aufgabe:

a) Beurteilen Sie die nachfolgenden Sachverhalte 1 bis 13 unter umsatzsteuerlichen Gesichtspunkten. Gehen Sie dabei nur auf die Punkte ein, die im jeweiligen Lösungsfeld unterhalb des Sachverhalts genannt sind.

b) Ermitteln Sie die Umsatzsteuer-Vorauszahlung/Überschuss für den Voranmeldungszeitraum.

Im Juni 2004 hat S folgende Umsätze aufgezeichnet:

1. Verkäufe in seinem Laden in Aachen für insgesamt 210.000,- € (nur inländische Kunden und nur Außer-Haus-Verkäufe)

Bemessungsgrundlage (in €):	
Steuersatz:	
Steuerbetrag (in €):	

2. Vermietung eines Printenbackofens an einen befreundeten Bäckermeister für 5.800,- € in der Zeit vom 5.6. bis 20.6.2004.

Bezeichnung des Umsatzes:	
Bemessungsgrundlage (in €):	
Steuerbetrag (in €):	

3. An Privatkunden aus den benachbarten Niederlanden hat er im Juni 2004 in seinem Ladengeschäft in Aachen Backwaren für 12.000,- € (Umsatzerlöse brutto) verkauft.

Ort des Umsatzes:	
steuerpflichtig/steuerfrei:	
Bemessungsgrundlage (in €):	
Umsatzsteuer (in €):	

4. Weiterhin wurden Printen an ausgewählte Kunden in den Niederlanden auf dem Postweg versandt. Die maßgebende Lieferschwelle der Niederlande hat S dabei in 2004 überschritten. Die Versandumsätze betrugen im Juni 2004 insgesamt 20.000,- € netto.

Ort des Umsatzes:	
Steuerbarkeit:	

5. Jupp Schmitz, in Oregon (USA) lebender Auswanderer, war von den Printen des S so begeistert, dass er am 13.6.2004 ein Maxi-Paket für 980,- € (Ladenpreis) im Laden des S erwarb und nach Oregon mitnahm. Ein entsprechender Ausfuhrnachweis liegt vor.

Bezeichnung des Umsatzes:	
Ort des Umsatzes:	
Steuerbarkeit:	
steuerpflichtig/steuerfrei:	
Umsatzsteuer (in €):	

6. Vor Mitgliedern des Bäckereifachverbandes hielt S am 22.6.2004 in Frankfurt am Main einen Vortrag über gentechnisch veränderte Printen. Er erhielt dafür eine Aufwandsentschädigung i.H.v. 480,- €. Den Vortrag hat er in den Wochen zuvor in Aachen vorbereitet.

Ort des Umsatzes:	
Steuerbarkeit:	

steuerpflichtig/steuerfrei:	
Bemessungsgrundlage (in €):	

7. Einer langjährigen Mitarbeiterin verkaufte S am 2.6.2004 für 200,- € eine spezielle Lagerbox für Backwaren. Der Restbuchwert der Box betrug 1,- €, der Wiederbeschaffungspreis 348,- € (inkl. Umsatzsteuer). Der Neupreis einer derartigen Box liegt bei 1.160,- €.

Bemessungsgrundlage:	

8. Seinen 2004 erworbenen betrieblichen Pkw hat S in 2004 auch privat genutzt. Aus Bequemlichkeitsgründen führt S allerdings kein Fahrtenbuch. Die Kosten des Pkw (vom Finanzamt anerkannt) betragen in 2004 monatlich 800,- € (Benzin, Reparaturen und andere Kosten, die einen Vorsteuerabzug ermöglicht haben) sowie 200,- € (Kfz-Steuer und Versicherungen, die keinen Vorsteuerabzug ermöglicht haben). Der Bruttolistenpreis des Pkw beträgt 80.000,- €, der Buchwert: 60.000,- €.

Umsatzart:	
Rechtsvorschrift für die Umsatzart:	
Bemessungsgrundlage (steuerpflichtiger Umsatzanteil):	
Bemessungsgrundlage (steuerfreier Umsatzanteil):	
Umsatzsteuer (in €):	

9. Am 14.6.2004 erhielt er einen Schnellbackofen, den er bei der spanischen Firma Solidad S.A. im Mai bestellt hatte, angeliefert. Die Rechnung über 30.000,- € beglich er am 14.7.2004 vereinbarungsgemäß durch Überweisung von seinem betrieblichen Bankkonto.

Umsatzart:	
Steuerbarkeit:	
Steuerpflicht:	
Bemessungsgrundlage (in €):	
Umsatzsteuer (in €):	

10. Am 25.6.2004 übergab S einen gebrauchten Backofen der Bahn. Der Backofen wurde an eine Großbäckerei in der Ukraine geliefert und wurde dort am 2.7.2004 von der staatlichen Bahnspeditionsgesellschaft übergeben. Den Rechnungsbetrag von 11.000,- € beglich die ukrainische Firma am 2.8.2004.

Umsatzart:	
Steuerbarkeit:	
steuerpflichtig/steuerfrei:	
Bemessungsgrundlage (in €):	

11. Die Mieteinnahmen im Juni betrugen insgesamt 12.000,- €. Davon entfielen 8.120 € auf das Erdgeschoss.

Bemessungsgrundlage (in €):	
Umsatzsteuer (in €):	

12. Der Arzt im 1. OG zahlte in 2004 monatlich 3000,- € Miete.

Ist ein Verzicht auf Steuerbefreiung bei der Vermietung des 1. OG möglich? Entscheiden Sie unter Angabe der Rechtsvorschrift:	
Bemessungsgrundlage (in €):	
Umsatzsteuer (in €):	

13. Im Juni 2004 fielen folgende Vorsteuerbeträge an:
    - aus Einkäufen für das Ladengeschäft: 12.800,- €

    (Sich eventuell aus Sachverhalt 9 ergebende Vorsteuer ist in dem Betrag von 12.800,- € nicht enthalten.)
    - Im Zusammenhang mit dem Mietshaus fielen Vorsteuerbeträge von 1200,- € an, die im Verhältnis der Nutzflächen aufgeteilt werden sollen.

Ermittlung der für Juni 2004 abziehbaren Vorsteuer:

aus dem Ladengeschäft:	
aus dem Grundstück:	

Teil II

1. Aufgabe (5 Punkte)

Die Anlage V zur Einkommensteuererklärung 2003 des Mandanten Rudi Fröhlich enthält auf der Rückseite eine Aufstellung der Werbungskosten. Darunter sind in der Rubrik Grundbesitzabgaben folgende Eintragungen gemacht worden:

```
Grundbesitzabgaben:
```

Das Finanzamt hat unter Zugrundelegung der 1.500,- € die Einkommensteuer 2003 mit Bescheid vom 12.7.2004 (Datum der Aufgabe zur Post) auf 6.600,- € festgesetzt.

Am 12.9.2004 entdeckt Fröhlich den Additionsfehler und beantragt am gleichen Tag schriftlich beim Finanzamt die Änderung des Steuerbescheids und die Berücksichtigung der Werbungskosten in der korrekten Höhe.

Aufgabe:

Prüfen Sie, ob die Voraussetzungen für die Änderung des ESt-Bescheids 2003 vorliegen.

2. Aufgabe (5 Punkte)

Mandant Alfred Brokkolek betreibt in Düsseldorf ein Restaurant. Am 9.12.2004 erhält er seinen Einkommensteuer-Bescheid 2003.

Der Bescheid war am 7.12.2004 zur Post aufgegeben worden. Das Finanzamt fordert darin eine (sachlich nicht zu beanstandende) Abschlusszahlung von 23.599,- €.

Brokkolek ist verzweifelt und bittet das Finanzamt angesichts seiner schwierigen finanziellen Situation um Stundung ab Fälligkeit.

Er schlägt folgende Ratenzahlung vor:

11.000,- € am 9.2.2005

12.599,- € am 9.3.2005.

Aufgabe:

Berechnen Sie in einer übersichtlichen Darstellung die Höhe der Stundungszinsen, falls das Finanzamt Stundung gewährt und der Ratenzahlung zustimmt.

Teil III

1. Aufgabe   (24 Punkte)

Die Eheleute Gandalf (geboren 1.1.1952) und Gesine (geboren 23.2.1955) Müller sind seit 10 Jahren verheiratet und wohnen in Obrigheim. Zu ihrer Einkommensteuer-Erklärung 2004 machen sie folgende Angaben:

Die Eheleute sind konfessionslos und wählen die Zusammenveranlagung.

Zum Haushalt gehören 2 Kinder:
Hugo (geboren 2.1.1980) studiert in Bonn Extraterrestrik und hat 2004 keinerlei eigene Einkünfte. Er bewohnt in Bonn eine Studentenwohnung und hält sich nur am Wochenende bei den Eltern in Obrigheim auf.
Else (geboren 24.3.1985) macht in Obrigheim eine Lehre als Bankkauffrau. Ihre monatliche Ausbildungsvergütung betrug in 2004 1.500,- € brutto.

Gandalf Müller ist stark geh- und stehbehindert. Laut Behindertenausweis beträgt der Grad der Behinderung 80 %.

Seine Lohnsteuerkarte 2004 weist folgende Eintragungen auf:

Bruttoarbeitslohn (1.1. - 31.12.)	75.000,- €
Lohnsteuer	10.000,- €
Solidaritätszuschlag:	550,- €
Pauschalbesteuerte Arbeitgeberleistungen für Fahrten Wohnung/ Arbeitsstätte	621,- €
steuerfreier Arbeitgeberzuschuss zur freiwilligen Kranken- und	4.500,- €

Pflegeversicherung
Arbeitnehmeranteil am Gesamt- 15.000,- €
sozialversicherungsbeitrag

Gandalf ist in 2004 an 210 Tagen mit dem Pkw zur Arbeit gefahren (einfache Entfernung: 15 km). Die tatsächlichen nachgewiesenen Aufwendungen für den Pkw betrugen in 2004 -,25 € je gefahrenen km.

Darüber hinaus kann er weitere Werbungskosten (Fachliteratur, Kontoführungsgebühren, Arbeitskleidung etc.) i.H.v. 5.000,- € nachweisen.

Gesine hatte in den 70er Jahren ein unbebautes Grundstück von ihren Eltern geerbt. Im Januar 1999 hat sie es verkauft. Aus dem Verkauf erhält sie vereinbarungsgemäß eine Rente, aus der ihr in 2004 12.804,- € zugeflossen sind. Die Rente wird auf Lebenszeit gezahlt.

Aus einem geerbten Sparbuch sind ihr weiterhin in 2004 Zinsen i.H.v. 9.002,- € zugeflossen. Es wurden durch ein Versehen keine Kapitalertragsteuer bzw. Solidaritätszuschlag einbehalten.

Die Eheleute haben in 2004 Beiträge an Lebens-, Unfall- und privaten Haftpflichtversicherungen i.H.v. 6.000,- € geleistet. An eine gemeinnützige Organisation haben sie 2.000,- € gespendet (ordnungsmäßige Spendenbescheinigung liegt vor).

Gandalf ist Mitglied einer politischen Partei. Er hat in 2004 Spenden i.H.v. 2.000,- € und Mitgliedsbeiträge i.H.v. 2.000,- € geleistet.

Aufgabe:

1. Ermitteln Sie in einer übersichtlichen Darstellung das niedrigstmögliche zu versteuernde Einkommen der Eheleute Müller für den VZ 2004. Die Vorsorgeaufwendungen sollen dabei nur anhand der Höchstbetragsberechnung berechnet werden. Alle notwendigen Belege liegen vor. Soweit kindbezogene Vergünstigungen gewährt werden sollen, soll der Kinderfreibetrag bzw. Betreuungsfreibetrag angesetzt werden.

2. Ermitteln Sie dann die Höhe der Einkommensteuer-Abschlusszahlung bzw. –erstattung. Die Eheleute haben für 2004 noch keine Vorauszahlungen geleistet.

2. Aufgabe (12 Punkte)

Die Eheleute Bruno und Britta Große-Brause hatten im Oktober 2003 ihre Lohnsteuerkarten 2004 zugeschickt bekommen. Die Große-Brauses sind langjährige und treue Mandanten und legen Ihnen die Lohnsteuerkarten am 5.11.2003 mit der Bitte vor, den Antrag auf Lohnsteuerermäßigung für 2004 zu erstellen.

Herr G-B ist Fliesenleger und wird im Jahr 2004 voraussichtlich an 210 Arbeitstagen mit dem Auto zur 25 km entfernten Arbeitsstätte fahren. Für den Besuch der Meisterschule sind ihm in 2003 Aufwendungen i.H.v. 3.300,- € entstanden (Kursgebühren, Fachliteratur, Fahrtkosten). In 2004 werden Aufwendungen in ungefähr gleicher Höhe entstehen.

Frau G-B ist Abteilungsleiterin eines Baumarkts und benutzt auf dem Weg zur Arbeitsstätte öffentliche Verkehrsmittel (Aufwendungen im Jahre 2004 voraussichtlich: 560,- €). Für die Reinigung der Arbeitskleidung wurden bisher zutreffend 100,- € jährlich anerkannt.

Weitere Werbungskosten werden nicht geltend gemacht.

Die voraussichtliche Kirchensteuer beträgt 2004   3.000,- €.

Aus einem Mehrfamilienhaus, das den Ehegatten je zur Hälfte gehört, werden sie voraussichtlich - wie im Vorjahr - einen Verlust von 7.000,- € erzielen.

Aufgabe:
Ermitteln Sie die Jahresfreibeträge, die bei Herrn und Frau G-B jeweils auf der Lohnsteuerkarte 2004 eingetragen werden. Die Eheleute (Steuerklasse IV/IV) haben keinen Antrag hinsichtlich der Verteilung des Freibetrags gestellt.

Teil IV

Gewerbesteuer (14 Punkte)

Claudia Nulpe betreibt als Einzelunternehmerin ein Restaurant in Velbert.

Für das Jahr 2004 legt sie folgende vorläufige Gewinn- und Verlustrechnung vor:

GuV 1.1. bis 31.12.2004

Aufwendungen (€)			Erträge (€)	
Wareneinsatz	400.000	Umsatzerlöse		1.100.000
Fahrzeugkosten	85.000	Gewinnanteil aus der stillen Beteiligung an der Pommes-GmbH		20.000
Personalkosten	215.000			
Bewirtung von Geschäftsfreunden (zu 100 %)	4.000			
Abschreibungen	60.000			
sonstige betriebl. Aufwendungen	100.000			
Zinsen	40.000			
vorläufiger Gewinn	**216.000**			
	1.120.000			1.120.000

Erläuterungen zur GuV:

1. Claudia Nulpe ist als typische stille Gesellschafterin an der Pommes-GmbH beteiligt. Der Anteil gehört zulässigerweise zu ihrem Betriebsvermögen. Der Gewinnanteil von 20.000,- für 2004 wurde in der GuV als Ertrag erfasst.

2. Im Betriebsvermögen enthalten ist das Grundstück „Langemarkstr. 1". Der Einheitswert (Wertverhältnisse 1.1.1964) beträgt 150.000,- €.

3. Zur Lagerung von Vorräten hat sie hinter dem Restaurant auf dem Nachbargrundstück eine Garage angemietet. Der Vermieter ist Rentner. Die Miete beträgt monatlich 120,- €.

4. Vom Privatmann Albert Gynay hatte sie in 2004 eine Kühltheke gemietet. Gynay hatte bis Ende 2001 ein mazedonisches Restaurant betrieben und nach der Betriebsschließung die wegen ihres Alters unverkäufliche Kühltheke in seiner Garage zwischengelagert. Nulpe zahlte 2004 insgesamt 2.000,- € Miete an Gynay.

5. Die in der GuV angegebenen Zinsaufwendungen entfallen zu 40 % auf langfristige Kredite mit einer Laufzeit von mindestens fünf Jahren. Die restlichen Zinsen entfallen auf ein betriebliches Kontokorrentkonto, dessen Schuldsalden mit 11 % p.a. verzinst werden. Das Konto befand sich im ganzen Jahr 2004 im Negativbereich. Die niedrigsten Schuldsalden betrugen in 2004:

am 1.2.2004:	23.000,- €
am 3.4.2004:	25.000,- €
5.5. bis 7.5.2004:	30.000,- €
10.6. bis 15.6.2004:	40.000,- €
12.8. bis 15.8.2004:	45.000,- €

6. Für eine von der Firma MogelCom gemietete ISDN-Telefonanlage entrichtete Nulpe 2004 Miete von insgesamt 2.500,- €.

Aufgabe:

Ermitteln Sie in einer übersichtlichen Darstellung den Steuermessbetrag nach dem Gewerbeertrag für das Jahr 2004.

Falls sich aus den Angaben 1 - 6 keine Auswirkung ergibt, ist ein Betrag von 0,- € auszuweisen und der Nichtansatz kurz zu begründen.

ABSCHLUSSPRÜFUNG 04

Ausbildungsberuf: Steuerfachangestellte/r
Rechtslage: **2004 / 2005**

STEUERWESEN Bearbeitungszeit: 150 Minuten

Die Prüfungsaufgabe besteht aus zwei Teilen:
Teil 1: Einkommensteuer und Abgabenordnung (54 Punkte)
Teil 2: Umsatz- und Gewerbesteuer (46 Punkte)

Bitte **deutlich schreiben!**
Bitte mit Füllhalter, Filzstift oder Kugelschreiber schreiben!

Teil I

1. Aufgabe   (15 Punkte)

Frau Angela Meier, Hauptstrasse 2, 58426 Witten, wendet sich am 3.März 2004 mit folgender Anfrage an ihre Steuerberaterin Else Schmidt in Dortmund.

Inhalt der Anfrage:
Bis zum April 2003 lebte ich mit meinem Ehemann Thomas Meier in Iserlohn. Am 19. April 2003 habe ich die gemeinsame eheliche Wohnung verlassen und bin mit den zwei ehelichen Kindern Marc (10) und Bianca (4), für die ich das monatliche Kindergeld von je € 154,- erhielt, in eine eigene Wohnung nach Witten gezogen. Die Kinder haben keine eigenen Einkünfte.

Am 13. Januar 2004 habe ich die Scheidungsantragsschrift bei Gericht eingereicht, die Scheidung wurde dann am 22. Mai 2004 rechtskräftig ausgesprochen. Mein geschiedener Mann kommt seiner Unterhaltspflicht nach.

Im VZ 2004 beträgt mein Einkommen lt. meiner Berechnung 30.522 €.

Ich bitte Sie, mir folgende Fragen zu beantworten:

1. Da ich im VZ 2004 von meinem Ehemann dauernd getrennt gelebt habe, möchte ich für diesen VZ die getrennte Veranlagung beantragen. Ist dies möglich? Welcher Tarif ist anzuwenden?
2. Meine Freundin meint, bei meinem hohen Verdienst müsste das Kindergeld zurückgezahlt werden. Wer nimmt wann eine Prüfung vor? Stimmt es, dass das Kindergeld zurückgefordert werden kann? (Keine Berechung erforderlich!)
3. Welche einkommensteuerlichen Vergünstigungen stehen mir aufgrund meiner Kinder zu – auch unter der Voraussetzung, dass ich kein Kindergeld erhalte? Geben Sie bitte die Höhe der Vergünstigungen an.

Aufgabe:
Verfassen Sie einen Brief an Ihre Mandantin Angela Meier, in dem Sie zu den Fragen Stellung nehmen. Begründen Sie Ihre Antwort ausführlich, auch durch Angabe der gesetzlichen Vorschriften (Paragraf, Absatz).

2. Aufgabe (15 Punkte)

Ambrosius und Angela Morchel hatten mit Kaufvertrag vom 23.6.2004 eine Eigentumswohnung in einem Altbau in Köln erworben. Die Wohnung wird nach Renovierungsarbeiten am 1.8.2004 bezogen.

Die Eheleute beantragen die Eigenheimzulage und machen dazu folgende Angaben:

- Kaufpreis der Eigentumswohnung: 300.000,- €
  Der Grund und Boden-Anteil beträgt 20 %.
- Grunderwerbsteuer 10.500,- €
- Kosten des Grundbuchamts für die Eigentumsübertragung 700,- €
- Kosten des Grundbuchamts für die Eintragung der Hypothek 300,- €
- Notarkosten (inkl. USt) für die Eigentumsübertragung 1.160,- €
- Notarkosten für die Eintragung der Hypothek 580,- €
- Erneuerung der Teppichböden 8.500,- €
- Erneuerung der Armaturen im Bad 1.500,- €
- Malerarbeiten 3.480,- €

Aufgabe

1. Ermitteln Sie in einer übersichtlichen Darstellung die Bemessungsgrundlage für die Eigenheimzulage. Nichtansätze sind zu begründen.

2. Ermitteln Sie die Eigenheimzulage nach § 9 EigZulG. Im Haushalt wohnt die leibliche Tochter Anna (5 Jahre).

3. Bei welcher Behörde muss die Eigenheimzulage beantragt werden?

4. Wann wird die Eigenheimzulage ausgezahlt?

3. Aufgabe (24 Punkte)

Laura Brock ist 35 Jahre alt und wohnt in Berlin. Sie ist seit zwei Jahren geschieden und bewohnt mit ihrer fünfjährigen Tochter Lola eine Eigentumswohnung in Berlin-Mitte. Lola geht in den Kindergarten (Aufwendungen 2004 1.500,- €).

Zu ihrer Einkommensteuer-Erklärung 2004 macht sie folgende Angaben:

Brock betreibt in Berlin mit ihrer Freundin Selma Badendorf ein Café in der Rechtsform einer GbR. Der für 2004 aus der Buchführung nach §§ 4, 5 EStG ermittelte Gewinn beträgt 180.000,- €. Laut Gesellschaftsvertrag sind am Gewinn Brock mit 70 % und Badendorf mit 30 % beteiligt.

In der Buchführung wurden folgende Sachverhalte noch nicht berücksichtigt:

- Im Dezember war die Aushilfe Ronja Redlich beim Diebstahl erwischt worden. Redlich hatte eine Sitzgarnitur gestohlen, die einen Buchwert von 800,- € und einen Teilwert von 1.200,- € hatte. Redlich war sofort fristlos entlassen worden.

- Ende Dezember befand sich der Arbeitsgerichtsprozess gegen Redlich in der ersten Instanz. Da die Beweislage schwierig war, musste mit Prozesskosten von 5.000,- € gerechnet werden.

- Kosten für Reinigungsmittel i.H.v. 200,- € waren durch ein Versehen nicht erfasst worden, obwohl die Reinigungsmittel unstreitig für die Betriebsräume verwandt werden.

Gewinnmindernd war 2004 bei der GbR ein Gehalt von 2.000,- € monatlich verbucht worden, dass Brock nach den Festlegungen im Gesellschaftsvertrag erhalten hatte.

Am 12.3.2004 verkaufte Brock ihren Gesellschaftsanteil an der Fransen KG. Brock war an der KG seit 1999 als Kommanditistin beteiligt gewesen. Ihr Anteil am laufenden Gewinn aus der KG für 2004 in Höhe von 120.000,- € wurde ihr Anfang 2005 gutgeschrieben.

Ihren 20%-Anteil an der KG verkaufte Brock für 340.000,- €. Die Anschaffungskosten des Anteils im Jahre 1999 betrugen 200.000,- €, der Buchwert zum Zeitpunkt des Ausscheidens beträgt 300.000,- €. An Veräußerungskosten fielen (unstrittig) 5.000,- € an.

Aus einem geerbten Sparvermögen bezog Brock 2004 Zinserträge von insgesamt 6.835,- € (Gutschrift der Bank). Sie hatte **keinen** Freistellungsauftrag gestellt.

Weiterhin macht sie folgende Aufwendungen geltend:

- Steuerberatungskosten für die Erstellung der ESt-Erklärung: 800,- €
- Beiträge zu Lebens- und Krankenversicherungen: 15.000,- €
- Bausparbeiträge: 1.000,- €

Aufgabe:

1.
Ermitteln Sie die Einkünfte aus der Café GbR. Führen Sie sodann eine Gewinnverteilung auf die Gesellschafterinnen durch.

2.
Ermitteln Sie in einer übersichtlichen Darstellung das Einkommen 2004 von Laura Brock.

3.
Welche kindbezogenen steuerlichen Vergünstigungen erhält Laura Brock für ihre Tochter im Jahre 2004? Zum leiblichen Vater ihrer Tochter hat Brock keinen Kontakt mehr.

Hinweis: Eine Vorsorgepauschale ist nicht zu berechnen.

Teil II

1. Aufgabe (6 Punkte)

Der Rechtsanwalt Dr. Zwick betreibt seine Praxis in Bad Oenhausen.
Bestimmen Sie in den nachfolgenden Fällen den Ort der sonstigen Leistung und geben Sie die Rechtsvorschrift dafür an.

1.
Im November 2004 beriet er ein japanisches Unternehmen mit Hauptsitz in Kobe (Japan), das in der Nähe von Düsseldorf eine Zweigniederlassung gründen will, in Fragen des deutschen Steuerrechts.

Ort der Leistung:	
Rechtsvorschrift:	

2.
Im Oktober 2004 beriet er einen belgischen Staatsbürger mit Wohnsitz in Eupen (Belgien) in einer Strafsache.

Ort der Leistung:	
Rechtsvorschrift:	

3.
Einen kanadischen Staatsbürger mit Wohnsitz in Ontario beriet er im Mai 2004 in einer Erbschaftsangelegenheit.

Ort der Leistung:	
Rechtsvorschrift:	

2. Aufgabe (20 Punkte)

Claudia Schäfer ist geschäftsführende Gesellschafterin der „Schäfer Buchhandlung GmbH" in Mettmann. Die GmbH versteuert ihren Gewinn nach vereinbarten Entgelten und ist Monatszahlerin. Soweit möglich, hat sie nach § 9 UStG zur Umsatzsteuerpflicht optiert.

Aufgabe:
Beurteilen Sie die nachfolgenden Umsätze der GmbH. Alle Nachweise gelten dabei als erbracht; alle erforderlichen Belege liegen vor. Alle beteiligten Unternehmer verwenden (sofern nichts anderes gesagt ist) ihre nationale Umsatzsteuer-Identifikationsnummer (USt-Id.Nr.)

Beurteilen Sie bitte nur die im jeweiligen Lösungsschema angegebenen Punkte.

1.
Im September 2004 verkaufte die GmbH in ihrem Ladengeschäft in Mettmann Bücher für 74.900,- €.

Umsatzart:	
Bemessungsgrundlage (in €):	
Umsatzsteuer (in €):	

2.

Auf der Leipziger Buchmesse im März war die GmbH auch durch einen Stand vertreten. Weil einem der Messekunden ein Bücherregal aus Holz so gut gefiel, wurde es ihm kurzer Hand verkauft. Das Regal wurde Anfang April von Mettmann aus mit der Post nach Neubrandenburg verschickt, wo der Messekunde wohnte. Es wurden ihm 2.320,- € in Rechnung gestellt, die durch Überweisung beglichen wurden.

Umsatzart:	
Umsatzort:	
Bemessungsgrundlage (in €):	
Umsatzsteuer (in €):	

3.

Einem guten Kunden schenkte die GmbH zu Weihnachten 2004 ein wertvolles Weinregal, das am 22.2.2004 für 250,- € zzgl. 16 % USt erworben wurde. Die GmbH hatte in der Februar-Voranmeldung Vorsteuer abgezogen, da das Regal zunächst in der Buchhandlung genutzt wurde. Der Wiederbeschaffungspreis Ende 2004 beträgt 200,- €.

Umsatzart:	
Bemessungsgrundlage (in €):	
Rechtsvorschrift für die Bemessungsgrundlage:	
Umsatzsteuer (in €):	

4.

Zur Erweiterung des Sortiments nahm die GmbH im Dezember 2004 noch Plüschtiere in den Verkauf. Bis Ende Dezember wurden Plüschtiere im Wert von 10.000,- € verkauft.

Umsatzart:	
Bemessungsgrundlage (in €):	
Umsatzsteuer (in €):	

5.

Durch einen Wasserschaden wurden im September 2004 mehrere Bücherkisten im Lagerkeller beschädigt. Die Versicherung erstattete den Einkaufswert der Bücher i. H. v. netto 8.000,- €.

Steuerbarkeit:	
Begründung:	

6.

Im Juli versandte die GmbH eine Reihe von seltenen Sachbüchern, die sie aus einem Nachlass erworben hatte, an den Antiquar A in Avignon (Frankreich). A betreibt sein Geschäft in Avignon und Paris. Der Wert der Warensendung betrug 30.000,- €.

Ort des Umsatzes:	
Steuerbarkeit:	
Steuerpflicht:	

3. Aufgabe (6 Punkte)

Dem Kfz-Händler Dagobert Delle aus Krefeld wurden im September 2004 die in den Punkten a) bis c) genannten Umsatzsteuerbeträge in Rechnung gestellt.

Aufgabe:
Prüfen und begründen Sie, inwieweit ein Vorsteuerabzug möglich ist.

a) Der bei Delle angestellte Mitarbeiter Emil war am 20.9.2004 auf einer Gebrauchtwagenmesse in Hamburg. Er legt Delle einen Eigenbeleg über 600 (mit dem eigenen Pkw gefahrene) Kilometer x -,30 € = 180,-. € vor.

Delle erstattet Emil die 180,- €.

b) Der Handwerker H reparierte am 5.9.2004 ein defektes Tor zur Ausstellungshalle des Delle. H ist Kleinunternehmer, erstellte aber eine Rechnung über 580,- €, in der er die 16 % USt (= 80,- €) offen auswies.

c) Zur Bewirtung von Kunden am 15.9.2004 erwarb Delle zwei Kisten Sekt. Der Händler stellte ihm in Rechnung: *116,-€ inkl. 16 % USt.*

4. Aufgabe (14 Punkte)

Rudi Dötschke (D) betreibt seit 1968 in Brilon eine Eisenwarenhandlung als Einzelunternehmer.

Aufgabe:
Im Rahmen seiner Gewerbesteuererklärung 2004 sind folgende Sachverhalte bezüglich ihrer Auswirkung auf den Gewerbeertrag zu überprüfen.

Geben Sie dabei die Höhe der Auswirkung (in €) an sowie ob es sich um eine Hinzurechnung (+) oder eine Kürzung (-) handelt.

1.

Der Rentner Rolf Rostig ist seit Jahren als stiller Gesellschafter mit einer Einlage von 80.000,- € beteiligt. Der Gewinnanteil 2004 wurde am 2.2.2005 überwiesen. Er beträgt 8.000,- €. D. behielt 25 % Kapitalertragsteuer und 5,5 % Solidaritätszuschlag bei Auszahlung ein. Der Gewinnanteil war in der GuV 2004 bereits als Aufwand verbucht worden.

2.

D. hatte 1998 ein Fälligkeitsdarlehen i.H.v. 200.000,- € aufgenommen, das zu 6 % p.a. verzinst wird. Die Laufzeit des Darlehens beträgt 10 Jahre. Die Zinsen wurden als Betriebsausgabe verbucht.

3.

Der Einheitswert des Betriebsgrundstücks (1.1.1964) beträgt 70.000,-€. Das Grundstück wird zu 20 % für private Zwecke des D. genutzt.

4.

D. ist als Kommanditist an einer KG in Schwelm beteiligt. Der auf ihn entfallende Verlustanteil 2004 wird nach den Feststellungen des Betriebsfinanzamts der KG 30.000,- € betragen. Die Beteiligung befindet sich im Betriebsvermögen des D.

5.

Von einer Tante hat D. eine alte Registrierkasse (Wert: 5.000,- €) für 200,- € jährlich gemietet. Der Betrag wurde als Betriebsausgabe erfasst. Die Registrierkasse befindet sich bei der Tante im Privatvermögen.

ABSCHLUSSPRÜFUNG 05

Ausbildungsberuf: Steuerfachangestellte/r
Rechtslage: **2004 / 2005**

STEUERWESEN Bearbeitungszeit: 150 Minuten

Die Prüfungsaufgabe besteht aus fünf Teilen:
Teil 1: Einkommensteuer (35 Punkte)
Teil 2: Umsatzsteuer (30 Punkte)
Teil 3: Gewerbesteuer (15 Punkte)
Teil 4: Abgabenordnung (10 Punkte)
Teil 5: Körperschaftsteuer (10 Punkte)

Bitte **deutlich schreiben!**
Bitte mit Füllhalter, Filzstift oder Kugelschreiber schreiben!

Teil I: Einkommensteuer (35 Punkte)

A. Aufgabe
Die Eheleute Wutz und Ottilie Grünbein wohnen in Köln. Sie beauftragen ihre Steuerberaterin mit der Erstellung der Einkommensteuer-Erklärung 2004, in der sie die Zusammenveranlagung beantragen.

Ermitteln Sie für den Veranlagungszeitraum (VZ) 2004 in einer übersichtlichen Darstellung und unter Angabe der entsprechenden steuerlichen Begriffe

1. die **anteiligen Einkünfte** des Wutz Grünbein aus der Beteiligung an der KG,

2. den **Gesamtbetrag der Einkünfte** für Wutz Grünbein,

3. den **Gesamtbetrag der Einkünfte** für Ottilie Grünbein,

4. das **zu versteuernde Einkommen** der Eheleute Grünbein und

5. die **tarifliche Einkommensteuer** sowie eine mögliche **Einkommensteuer-Erstattung** oder **-nachzahlung**.

Bearbeitungshinweise:

a)
Der Solidaritätszuschlag bleibt aus Vereinfachungsgründen unberücksichtigt.

b)
Die Ermittlung der tariflichen Einkommensteuer, die auf die gewerblichen Einkünfte entfällt, ist nicht notwendig.

B. Sachverhalt

1. Persönliche Verhältnisse

Wutz Grünbein ist 67 Jahre alt, Ottilie Grünbein ist 57 Jahre alt. Die Eheleute sind konfessionslos und haben keine Kinder.

Für den VZ 2004 haben sie 3.000 € Einkommensteuer-Vorauszahlungen **pro Quartal** geleistet.

Die Eheleute können Vorsorgeaufwendungen nachweisen, die in Höhe von 4.002 € abzugsfähig sind. Ottilie kann eine Spendenbescheinigung über eine Spende für mildtätige Zwecke i.H.v. 8.000 € vorlegen. Die Spende wurde im Dezember 2004 gezahlt.

Beide Eheleute können Krankheitskosten für 2004 von 14.000 € nachweisen (Zahnbehandlungen, Medikamente, Brillen). Die Krankenkasse erkannte die Aufwendungen an, erstattete aber im Jahre 2004 nur 4.500 €.

2. Einkünfte

2.1. Einkünfte Wutz Grünbein

Wutz Grünbein ist mit seinem Schwager Sepp Soße an der Bär Baumärkte KG beteiligt. Lt. Gesellschaftsvertrag sind beide zu je 50 % an der Gesellschaft beteiligt.

Der Handelsbilanzgewinn zum 31.12.2004 beträgt 150.000 €. Das Wirtschaftsjahr der KG entspricht dem Kalenderjahr.

Vereinbarungsgemäß führt Grünbein als Komplementär die Geschäfte der KG. Von der KG erhielt er dafür in 2004 ein monatliches Gehalt von 3.000 €, das in der Buchhaltung der KG über das Konto „Personalaufwand" gebucht wurde.

Im Jahre 2004 ist er an 200 Tagen mit seinem privaten Pkw zum Betrieb der KG gefahren. Die einfache Entfernung beträgt 23 km. Die Fahrtkosten wurden ihm von der KG nicht erstattet.

Der Gewerbesteuer-Messbetrag der KG für den Erhebungszeitraum 2004 beträgt 4.500 € *(Hinweis auf § 35 Abs.1 Nr.2 EStG)*.

Wutz Grünbein und sein Bruder Bert sind zu je 50 % Miteigentümer eines Mehrfamilienhauses in Eschweiler. Die auf Grünbein entfallenden Einkünfte aus Vermietung und Verpachtung betragen lt. Feststellung des Finanzamts Eschweiler in 2004 5.800 €.

2.2. Einkünfte Ottilie Grünbein

Ottilie Grünbein ist als Leiterin einer Parfümerie in Münster tätig. Ihr Bruttoarbeitslohn 2004 betrug lt. Lohnsteuerkarte 43.000 €, Lohnsteuer wurde i.H.v. 7.340 € einbehalten.

Da die tägliche Fahrt von ihrem Wohnort Köln zur Arbeitsstätte nach Münster zu beschwerlich war, hatte Grünbein sich direkt nach Annahme der neuen Arbeitsstelle im Dezember 2003 in Münster eine kleine Wohnung gesucht, in der sie in der Woche übernachtet.

Miete und Nebenkosten der Wohnung in Münster betragen im Jahre 2004 320 € monatlich.

Im Jahre 2004 hat sie mit ihrem privaten Pkw 42 Wochenendheimfahrten nach Köln durchgeführt. Die einfache Entfernung zwischen Köln und Münster beträgt 180 km. Die übrigen Werbungskosten betragen 900 €.

Ottilie Grünbein hält eine Beteiligung von 10 % an der Meier GmbH. Die Meier GmbH hat am 4.4.2004 eine Dividende von 7.890 € an Grünbein ausgezahlt. Lt. Bescheinigung der Gesellschaft unterliegt die Dividende dem Halbeinkünfteverfahren. Die - im übrigen ordnungsgemäße - Bescheinigung weist einen Bruttobetrag von 10.000 € aus, Kapitalertragsteuer und Solidaritätszuschlag wurden in der gesetzlichen Höhe abgezogen.

Zur Finanzierung der Beteiligung hatte Grünbein ein Darlehen aufgenommen, für das sie in 2004 insgesamt 330 € an Schuldzinsen gezahlt hat.

Teil II: Umsatzsteuer (30 Punkte)

Ulli Wockert betreibt in Bamberg auf eigenem Grundstück einen Groß- und Einzelhandel für Fahrräder und Motorräder. In geringem Umfang vermietet und repariert er die Fahrräder und Motorräder auch.

Er versteuert seine Umsätze nach vereinbarten Entgelten und ist Monatszahler.

Aufgabe:

Beurteilen Sie die folgenden Sachverhalte 1 - 8 unter umsatzsteuerlichen Gesichtspunkten. Gehen Sie dabei nur auf die Punkte ein, die im jeweiligen Lösungsfeld genannt sind.

Hinweis: Alle beteiligten Unternehmer verwenden im Geschäftsverkehr ihre gültige nationale USt-Identifikationsnummer.

1.

An einen österreichischen Fahrradhändler lieferte Wockert 20 Fahrräder zum Preis von netto 4.000 €. Die ihm beim Einkauf der Fahrräder von einem inländischen Unternehmer in Rechnung gestellte Vorsteuer betrug 160 €.

Umsatzart:	
Ort des Umsatzes:	
Steuerpflicht/Steuerbefreiung:	
Stellen Sie fest, ob und in welcher Höhe Wockert ggf. Vorsteuer abziehen kann:	
Rechtsgrundlage für den Vorsteuerabzug:	

2.

Von einem französischen Hersteller erwarb Wockert drei Motorräder. In Rechnung gestellt wurden 15.000 €. Der Hersteller brachte die Ware mit eigenem Lkw nach Bamberg.

Umsatzart:	
Ort des Umsatzes:	
Rechtsgrundlage:	
Bemessungsgrundlage (€):	
Umsatzsteuer (€):	
Vorsteuer (€):	

3.

Wockert erwarb 10 Mountainbikes von einem Schweizer Unternehmen mit Sitz in Zürich für 3.000 US-$ (umgerechnet: 2.800 €). Der Betrag entspricht dem Zollwert. Ein vom Schweizer Lieferanten beauftragter Spediteur brachte die Fahrräder nach Bamberg. Die Einfuhrumsatzsteuer bezahlte Wockert.

Umsatzart:	
Bemessungsgrundlage (€):	
Stellen Sie fest, ob und ggf. in welcher Höhe ein Vorsteuerabzug möglich ist:	
Rechtsgrundlage für den Vorsteuerabzug:	

Abschlussprüfung 05

4.

Beim Transport von Zürich nach Bamberg (siehe Fall 3) wurden zwei Mountainbikes schwer beschädigt. Die Transportversicherung zahlte Wockert 500 €.

Steuerbarkeit:	
Begründung:	

5.

Wockert verkaufte 20 Rennräder für umgerechnet 70.000 € an einen Unternehmer in China. Die Fahrräder wurden per Container von Frankfurt aus per Flugzeug nach Shanhai gebracht.

Umsatzart:	
Ort des Umsatzes	
Steuerpflicht/Steuerfreiheit:	
Rechtsgrundlage:	

6.

An eine Gruppe japanischer Touristen vermietete Wockert in Bamberg 20 Fahrräder für 2 Tage. Pro Fahrrad und Tag betrug die Miete (Zahlbetrag) 15 €. Die Fahrräder wurden zur Hälfte in Bamberg und zur Hälfte in der benachbarten tschechischen Republik genutzt.

Umsatzart:	
Ort des Umsatzes:	
Bemessungsgrundlage:	

7.

Wockert schenkte seinem in Großbritannien lebenden Neffen zum Geburtstag aus dem Lagerbestand seines Geschäftes in Bamberg ein Mountainbike.

Der ursprüngliche Einkaufspreis des Fahrrads betrug 1.300 €, sein Wiederbeschaffungspreis am Tag der Schenkung 1.100 € (jeweils ohne Umsatzsteuer).

Umsatzart:	
Steuerbarkeit:	
Rechtsgrundlage für die Steuerbarkeit:	
Ort des Umsatzes:	
Rechtsgrundlage für Ort des Umsatzes:	
Bemessungsgrundlage:	
Stellen Sie fest, ob und ggf. in welcher Höhe Wockert Vorsteuer aus dem Einkauf abziehen kann:	

8.

Wockert hatte 2004 in Bamberg ein Wohn- und Geschäftshaus errichten lassen. Die Herstellungskosten betrugen 1,5 Mio. € netto zzgl. USt. Eine ordnungsgemäße Rechnung im Sinne von § 14 UStG wurde erstellt.

Wockert möchte gemäß § 9 UStG soweit wie möglich auf die Umsatzsteuerbefreiungen verzichten.

Abschlussprüfung 05

Das Haus hat eine Gesamtnutzfläche von 300 qm und wird seit Fertigstellung wie folgt genutzt:

Erdgeschoss (100 qm): eigener Betrieb des Wockert,
Mietwert 23.000 € jährlich

1. Obergeschoss (100 qm): vermietet an einen praktischen Arzt,
Mieteinnahmen 24.000 € jährlich

2. Obergeschoss (100 qm): vermietet zu Wohnzwecken,
Mieteinnahmen 18.000 € jährlich

Erdgeschoss:

Steuerbarkeit:	
Begründung:	
Vorsteuerabzug:	
Begründung:	

1. Obergeschoss:

Umsatzart:	
Steuerpflicht/Steuerfreiheit:	
Optionsmöglichkeit gemäß § 9 UStG:	
Rechtsgrundlage:	
Vorsteuerabzug:	
Begründung:	

2. Obergeschoss:

Umsatzart:	
Steuerpflicht/Steuerbefreiung:	
Optionsmöglichkeit gemäß § 9 UStG:	
Rechtsgrundlage:	
Vorsteuerabzug:	

Ermittlung der abziehbaren Vorsteuer aus dem Bau des Gebäudes nach Maßgabe der Nutzfläche:

Teil III Gewerbesteuer (14 Punkte)

Sachverhalt

Jackie und Josefine Bleibtreu betreiben in Berlin unter der Firma Bleibtreu OHG ein Einzelhandelsgeschäft für Porzellanwaren. Jackie ist als Geschäftsführerin für die OHG tätig.

Der nach den handelsrechtlichen Vorschriften ermittelte Gewinn für den VZ 2004 (Wirtschaftsjahr = Kalenderjahr) ist wie folgt zutreffend ermittelt worden:

Gewinn- und Verlustrechnung 2004	Aufwendungen (€)	Erträge (€)
Umsatzerlöse		880.000
Zinserträge		3.300
Mieterträge		4.700
Wareneinsatz	480.000	
Personalaufwand	150.000	
Abschreibungen auf Sachanlagen	30.000	
Gewerbesteuer-Vorauszahlung 2004	10.000	
Gewerbesteuer-Nachzahlung 2003	2.100	
Tätigkeitsvergütung Jackie Bleibtreu	45.000	
Dauerschuldentgelte	13.000	
Spenden für religiöse Zwecke	500	
Spenden an eine politische Partei	500	
Bewirtungsaufwendungen (1)	2.300	
Mietaufwendungen (2)	4.800	
sonstige betriebliche Aufwendungen	59.800	
Gewinn 2004	**90.000**	
Summe	**888.000**	**888.000**

Bearbeitungshinweise:

(1) Die Bewirtungsaufwendungen wurden in der GuV zu 100 % angesetzt. Die ausgewiesene Vorsteuer von 368 € wurde komplett als Vorsteuer angesetzt und entsprechend gebucht.

(2) In den Mietaufwendungen sind folgende Positionen enthalten:

a) Miete für einen Benzinrasenmäher zur Pflege der Außenanlagen auf dem Betriebsgelände. Die gezahlte Miete betrug 2.000 €. Empfänger der Miete ist der Landwirt Jupp Schmitz, der den Rasenmäher in seinem landwirtschaftlichen Betrieb aktiviert hat.

b) Miete für eine EDV-Anlage i.H.v. 2.800 €. Vermieter ist die Deutsche Leasing AG mit Sitz in Rostock

Hinweis:
Der Einheitswert des eigenbetrieblich genutzten Grundstücks beträgt 120.000 € (Wertverhältnisse 1.1.1964). Das Grundstück wird zu 80 % zu eigenbetrieblichen Zwecken genutzt. Zu 20 % wird es für private Zwecke der Gesellschafterinnen genutzt.

Aufgabe

Berechnen Sie in einer übersichtlichen Darstellung die Höhe der Gewerbesteuer-Rückstellung nach der Divisormethode. Der Hebesatz der Gemeinde Berlin beträgt 400 %.

Nichtansätze sind zu begründen.

Teil IV Abgabenordnung (10 Punkte)

Sachverhalt 1 (6 Punkte)

Die Geschwister Nadia und Poul van Dyk sind Eigentümer eines Mehrfamilienhauses in Wesel. Die einheitliche und gesonderte Erklärung zur Feststellung der Einkünfte aus dem Mehrfamilienhaus (§ 180 AO) wurde im Januar 2005 für das Jahr 2004 beim zuständigen Finanzamt in Wesel abgegeben.

Der Feststellungsbescheid 2004 wurde am 22.März 2005 (Datum des Poststempels) zur Post aufgegeben. Das Finanzamt ist von der Erklärung nicht abgewichen.

Bei der Zusammenstellung der Unterlagen für die eigene Einkommensteuererklärung stellt Nadia van Dyk fest, dass eine Reparaturrechnung für das Mehrfamilienhaus versehentlich nicht berücksichtigt worden war. Am 2. Mai 2005 beantragt sie beim Finanzamt die nachträgliche Berücksichtigung der Reparaturrechnung und die Änderung des Feststellungsbescheids 2004.

Aufgabe

1.
Ermitteln Sie in einer übersichtlichen Fristberechnung den Beginn und das Ende der Einspruchsfrist.
Prüfen und begründen Sie unter Angabe der Rechtsvorschrift, ob ein Einspruch noch möglich ist.

2.
Wie ist der Sachverhalt zu beurteilen, wenn Nadia van Dyk die Reparaturrechnung mit der Feststellungserklärung beim Finanzamt eingereicht hätte und dort durch ein Versehen nicht der in der Rechnung stehende Betrag von 4.300 € sondern ein Betrag von 3.400 € als Werbungskosten angesetzt worden wäre.

Ist eine Änderung des Bescheids möglich, wenn Nadia van Dyk den Fehler erst im Juni 2005 erkennt?

Begründen Sie Ihre Antwort unter Angabe der Rechtsvorschrift.

Bearbeitungshinweis:

Beachten Sie bitte den beigefügten Kalenderauszug:

MÄRZ					APRIL					MAI				
9	10	11	12	13	13	14	15	16	17	17	18	19	20	21	22
	7	14	21	28		4	11	18	25		2	9	16	23	30
1	8	15	22	29		5	12	19	26		3	10	17	24	31
2	9	16	23	30		6	13	20	27		4	11	18	25	
3	10	17	24	31		7	14	21	28		5	12	19	26	
4	11	18	25		1	8	15	22	29		6	13	20	27	
5	12	19	26		2	9	16	23	30		7	14	21	28	
6	13	20	27		3	10	17	24		1	8	15	22	29	

gesetzliche Feiertage:

25. März Karfreitag

27. März Ostersonntag

28. März Ostermontag

1. Mai Maifeiertag

Sachverhalt 2 (4 Punkte)

Die Wutz GmbH ist Umsatzsteuer-Monatszahler und hat keine Dauerfristverlängerung beantragt.

Die Umsatzsteuer-Voranmeldung für Mai 2004 wurde am 28.6.2004 beim zuständigen Finanzamt abgegeben.

Die Wutz GmbH hat dem Finanzamt eine Einzugsermächtigung für betriebliche Steuern erteilt.

Aufgabe

Begründen Sie Ihre Auffassung unter Angabe der Rechtsvorschrift.

1. Mit welcher Reaktion seitens des Finanzamts muss die GmbH rechnen?

2. In welcher Höhe kann das Finanzamt gegebenenfalls steuerliche Nebenleistungen festsetzen?

3. Welcher Rechtsbehelf kann hiergegen eingelegt werden?

Teil V Körperschaftsteuer (10 Punkte)

Sachverhalt

Die Sorge GmbH mit Sitz in Hamburg ist eine mittelständische Schreinerei. Gesellschafter sind zu gleichen Teilen Richard und Ricarda Sorge.

Der vorläufige Jahresabschluss für 2004 (Wirtschaftsjahr = Kalenderjahr) weist einen Jahresüberschuss von 275.000 € aus.

Bei der Ermittlung des Jahresüberschusses wurden die nachfolgend genannten Sachverhalte 1 bis 6 gewinnmindernd berücksichtigt:

1. Geschenke an Geschäftsfreunde über 35 €	3.440 €
2. darauf entfallende nicht abziehbare Vorsteuer	560 €
3. Körperschaftsteuer-Vorauszahlungen 2004	53.000 €
4. darauf gezahlter Solidaritätszuschlag 2004	2.915 €
5. Gewerbesteuer-Vorauszahlungen 2004	25.000 €
6. Spende für gemeinnützige Zwecke an einen Sportverein	5.085 €

Eine ordnungsgemäße Spendenbescheinigung/Zuwendungsbestätigung über die gemeinnützige Spende liegt vor.

Abschlussprüfung 05

Aufgabe

1. Ermitteln Sie in einer übersichtlichen Darstellung das zu versteuernde Einkommen der Sorge GmbH für den Veranlagungszeitraum 2004. Mögliche gewerbesteuerliche Auswirkungen sind nicht zu berücksichtigen.

2. Berechnen Sie die Höhe der tariflichen Körperschaftsteuer für den Veranlagungszeitraum 2004 sowie den darauf entfallenden Solidaritätszuschlag.

Bearbeitungshinweis:
Soweit sich aus den Sachverhalten ein nicht zu berücksichtigender Betrag ergibt, ist in der Lösung ein Betrag von 0,00 € auszuweisen und der Nichtansatz zu begründen.

PRÜFUNGEN
RECHNUNGSWESEN

2 Prüfungen Rechnungswesen

ABSCHLUSSPRÜFUNG 01

Ausbildungsberuf: Steuerfachangestellte/r
Rechtslage: **2004/2005**

RECHNUNGSWESEN   Bearbeitungszeit: 120 Minuten

Die Prüfungsaufgabe besteht aus zwei Teilen:
Teil 1: Buchführung/Gewinnermittlung (47 Punkte)
Teil 2: Jahresabschluss/Bewertung (53 Punkte)

Bitte **deutlich schreiben!**
Bitte mit Füllhalter, Filzstift oder Kugelschreiber schreiben!

Teil I

1. Aufgabe   (8 Punkte)

Die Bildungswerk Aachen GmbH veräußerte am 14.10.04 einen alten Drucker für 400,- € zzgl. 16 % USt an den Lieferanten Murxi Papier GmbH. Der Drucker stand am 1.1.04 noch mit 2.400,- € in der Bilanz. Die Anschaffungskosten hatten 2002 4.800,- € betragen.

Der Drucker wird linear auf vier Jahre Nutzungsdauer abgeschrieben.

Gleichzeitig lieferte die Murxi GmbH einen neuen Drucker für 8.800,- € zzgl. 16 % USt. Der neue Drucker hat eine betriebsgewöhnliche Nutzungsdauer von drei Jahren.

Die Murxi GmbH erstellte folgende Rechnung:

1 Drucker Modell 398573891457:		8.800,- €
zzgl. 16 % USt		1.408,- €
abzüglich Inzahlungnahme Altgerät:	400,- €	
zzgl. 16 % USt	64,- €	
gesamt:	464,- €	- 464,- €
zu zahlender Restbetrag:		9.744,- €

Die Bildungswerk Aachen GmbH bezahlte den Betrag bei Lieferung am 14.10.04 bar.

Aufgabe:
Geben Sie die erforderlichen Buchungen für 2004 an. Der neue Drucker soll dabei höchstmöglich abgeschrieben werden. Die Voraussetzungen nach § 7g EStG liegen nicht vor.

2. Aufgabe   (10 Punkte)

Frau W. ist Angestellte der Rühle GmbH in Münster. Bei ihrer Lohnabrechnung für Juni 2004 muss folgendes berücksichtigt werden:

- Frau W. erhält einen monatlichen Bruttolohn von 2.500,- €
- Sie erhält weiterhin ein Firmenfahrzeug auch für Privatfahrten zur Verfügung gestellt. Der lohnsteuerlich zutreffende Wert beträgt mtl. 174,- €.
- Die Lohnsteuer (inklusive Kirchensteuer und Solidaritätszuschlag) beträgt mtl. 400,- €.
- Die Sozialabgaben (Arbeitnehmeranteil) betragen mtl. 500,- €.
- Außerdem muss ein Warenbezug (Personaleinkauf) von 100,- zzgl. 7 % USt verrechnet werden.

Abschlussprüfung 01

Aufgabe:

1. Erstellen Sie in einer übersichtlichen Darstellung die Lohnabrechnung für Juni 2004 für Frau W.
2. Verbuchen Sie diesen Vorgang nach der Bruttomethode. Der Nettolohn wird Frau W. auf ihr Konto überwiesen.

3. Aufgabe (10 Punkte)

Aus der Buchführung der Rotz & Wasser GmbH in Schwerte liegen für 2004 folgende Zahlen vor:

(Alle Angaben sind Nettowerte.)

- Warenbestand 1.1.04   122.000,- €
- Wareneingänge 2004   1.534.000,- €
- Warenbestand 31.12.04   115.000,- €
- Warenbezugskosten   23.000,- €
- Rücksendungen an Lieferanten   62.000,- €
- Verkaufserlöse   2.896.000,- €
- Preisnachlässe von Lieferanten   20.600,- €
- Preisnachlässen an Kunden   44.000,- €

Aufgabe:

Ermitteln Sie

a. den Wareneinsatz

b. den Rohgewinn

c. den Rohgewinnaufschlagsatz/Kalkulationszuschlag

d. den Rohgewinnsatz/Handelsspanne (auf 2 Dezimalstellen)

4. Aufgabe (9 Punkte)

Die Gebrüder Grimm OHG aus Gladbeck-Ellinghorst hat zum 31.10.04 die Liquidation des Unternehmens beschlossen.

Zum 31.10. ist ein Aktivvermögen von 1.800.000,- € vorhanden. Dem stehen Schulden i. H. v. 800.000,- € gegenüber.

Nach dem vorliegenden Sozialplan sind an den Prokuristen eine Abfindung von 50.000,- € sowie an 5 verdiente Mitarbeiter eine Abfindung von jeweils 10.000,- € zu zahlen.

Das verbleibende Vermögen soll lt. Gesellschaftsvertrag wie folgt verteilt werden:

- Gesellschafter Jakob Grimm: 1/3
- Gesellschafter Josef Grimm: 1/4
- Gesellschafter Jussuf Grimm: 1/5
- Gesellschafter Joderius Grimm: Rest

Aufgabe:

Berechnen Sie in einer übersichtlichen Darstellung den Anteil, den jeder Gesellschafter vom Restvermögen erhält.

5. Aufgabe (10 Punkte)

Rolf Brau ist geschäftsführender Gesellschafter der Brau Mineralbrunnen GmbH in Bottrop-Boy.

Die Gesellschafterversammlung beschließt am 14.4.04 eine Gewinnausschüttung.

Auf dem Konto des Rolf Brau geht daraufhin eine Zahlung von **30.922,50 €** ein.

Aufgabe:

Ermitteln Sie in einer übersichtlichen Darstellung die Bardividende.
(Kapitalertragsteuersatz: 20 %, Solidaritätszuschlag: 5,5 %).

Teil II

1. Aufgabe (35 Punkte)

Demirel Mores betreibt in Düsseldorf eine Schreinerei, die sich auf Messe- und Ladeneinbauten spezialisiert hat. Sein Betrieb ist im Handelsregister eingetragen. Er ermittelt seinen Gewinn damit nach § 5 EStG und versteuert seine Umsätze nach vereinbarten Entgelten.

Verbuchen Sie die nachfolgenden Geschäftsvorfälle im Rahmen der Erstellung des Jahresabschlusses zum 31.12.2004. Sofern nichts anderes gesagt ist, sind Wahlrechte immer so auszuüben, dass sich der niedrigstmögliche Gewinn ergibt. **Es ist nicht erforderlich, Kontonummern im Rahmen der Datev-Buchführung zu nennen.**

1.

Mores benutzt seine betriebliche Telefonanlage nachweislich auch für private Telefongespräche. Die auf dem Konto **4900 (sonstige betriebliche Aufwendungen)** verbuchten Kosten enthalten Telefonkosten i.H.v. 6.000,- €. Der private Nutzungsanteil beträgt (unstrittig) 10 %. Mores hatte beim Einbuchen der Telefonkosten die volle Vorsteuer von 16 % eingebucht. Die Privatnutzung wurde bisher nicht verbucht.

Buchungssatz:

2.

Auf dem Konto **4650 (Bewirtungskosten)** sind die angemessenen und nachgewiesenen Aufwendungen für die Bewirtung von Geschäftsfreunden (3.000,- €) verbucht. Die Vorsteuer war auch hier zu 100 % gebucht worden.

Buchungssatz:

3.

In den Buchführungsunterlagen ist noch eine Rechnung über 2.000,- € zzgl. 16 % USt enthalten. Sie betrifft Ausbesserungsarbeiten an einem Messestand. Mores hatte die Arbeiten im Dezember 2004 durchgeführt. Die Rechnung war noch nicht verbucht worden.

Buchungssatz:

4.

Am 1.12.04 hatte Mores die Versicherungsbeiträge für 12/04 bis 11/05 für den Betriebs-Pkw i.H.v 1.800,- € überwiesen. Buchung:
4500 (Kfz-Kosten) an 1200 (Bank) 1.800,-.

Buchungssatz:

5.

Am 15.12. 2004 lieferte Mores Ladentheken und Regale im Wert von 19.366,25 CHF auf Ziel an den schweizerischen Einzelhändler Apfelschüssli. Ein ordnungsgemäßer Ausfuhrnachweis liegt vor.

Umrechnungskurse: zum 15. 12. 2004 :   1€ = 1,5493 CHF
                    zum 31. 12. 2004 :   1€ = 1,5367 CHF

Mores erfasste die Forderung zum Umrechnungskurs des 31.12.04 und buchte:

Forderungen a. L. u. L.   12.602,49 €   an   steuerfreie Umsätze 12.602,49 €

Beurteilen Sie die Bewertung der Forderung. Wie ist die Forderung zum 31.12.04 zu bewerten?

Begründen Sie Ihre Entscheidung. Nehmen Sie ggf. notwendige Berichtigungsbuchungen vor.

6.

Mores hat in einer Nebenstraße eine Garage für den Lkw angemietet. Die Miete 2005 i.H.v. 4.800,- € überwies er bereits Ende Dezember 2004. Es wurde gebucht:
Mietaufwand an Bank 4.800,-

Buchungssatz:

7.

Im Betriebsvermögen enthalten ist noch eine Forderung gegenüber einem Aussteller der in Düsseldorf zweimal jährlich stattfindenden Schuhmesse. Mores hatte diesem 2003 einen Messestand verkauft

(Rechnungsbetrag 30.000,- € zzgl. 16 % USt). Da der Aussteller trotz mehrfacher Mahnungen bisher nicht gezahlt hat, hatte Mores zum Jahresabschluss 2003 gebucht:

4880 Abschreibungen auf Umlaufvermögen 15.000,-

an 0998 Einzelwertberichtigung auf Forderungen 15.000,-

Im Dezember 2004 erfährt Mores, dass der Aussteller in Konkurs gegangen ist. Mangels Masse findet kein Insolvenzverfahren statt.

Buchungssatz:

2. Aufgabe (13 Punkte)

Der Kioskpächter Franz Kahl (K) aus Wuppertal-Unterbarmen ermittelt seinen Gewinn zulässigerweise nach § 4 Abs.3 EStG durch Einnahme-Überschuss-Rechnung. Er ist Monatszahler und versteuert seine Umsätze nach vereinbarten Entgelten.

Aufgabe:

a)
Den Versicherungsbeitrag 2005 (Haftpflicht und Teilkasko) für sein Betriebsfahrzeug überwies er bereits am 23.12.04 vom betrieblichen Bankkonto (1.400,- € inkl. Versicherungsteuer).

- Liegen in Höhe des Versicherungsbeitrags Betriebsausgaben vor? (kurze Begründung)

- In welchem Kalenderjahr könnte K die Aufwendungen als Betriebsausgaben geltend machen? (kurze Begründung)

b)
Am 23.6.04 traf K sich in einem Wuppertaler Restaurant zu einem Geschäftsessen. Die Rechnung bezahlte K. Der Rechnungsbetrag i. H. v. 200,- € zzgl. 16 % USt ist angemessen und nachgewiesen.

- In welcher Höhe liegen Betriebsausgaben vor? (betragsmäßige Angabe)

- In welcher Höhe liegen steuerlich abzugsfähige Betriebsausgaben vor? (betragsmäßige Angabe)

c)

Am 2.8.04 erwarb K einen neuen Kühlschrank für sein Ladenlokal für 1.200,- € zzgl. 16 % USt. Der Rechnungsbetrag wurde sofort bar bezahlt. Die betriebsgewöhnliche Nutzungsdauer des Kühlschranks beträgt 8 Jahre.

- In welcher Höhe liegen 2004 diesbezüglich Betriebsausgaben (betragsmäßige Angabe) vor, wenn K einen niedrigstmöglichen Gewinn haben möchte? K erfüllt die Voraussetzungen des § 7g EStG für kleine und mittlere Unternehmen.

- In welcher Höhe liegen unter den o.g. Voraussetzungen im Jahr 2005 Betriebsausgaben vor?

3. Aufgabe (5 Punkte)

Die Datuc-GmbH in Eschweiler hat im Dezember 2004 einen Rohrbruch im Bürogebäude. Teile des Kellers und des Erdgeschosses werden beschädigt. Die Aufwendungen für die Instandsetzung werden auf 27.000,- € zzgl. 16 % USt geschätzt.

Im Februar 2005 wird die Reparatur begonnen. Die Arbeiten werden im März 2005 abgeschlossen.

Aufgabe:
1. Beurteilen Sie den Sachverhalt im Rahmen der Erstellung des Jahresabschlusses 2004 (Abschlussstichtag: 31.12.04).
2. Nehmen Sie die gegebenenfalls erforderlichen Buchungen vor.

ABSCHLUSSPRÜFUNG 02

Ausbildungsberuf: Steuerfachangestellte/r
Rechtslage: **2004/2005**

RECHNUNGSWESEN   Bearbeitungszeit: 120 Minuten

Die Prüfungsaufgabe besteht aus zwei Teilen:
Teil 1: Buchführung/Gewinnermittlung (48 Punkte)
Teil 2: Jahresabschluss/Bewertung (52 Punkte)

Bitte **deutlich schreiben!**
Bitte mit Füllhalter, Filzstift oder Kugelschreiber schreiben!

Teil I

1. Aufgabe   (15 Punkte)

Jürgen Trottin (T) betreibt in Gütersloh eine kleine Offset-Druckerei in der Rechtsform eines Einzelunternehmens. Er ermittelt seinen Gewinn nach § 5 EStG.

Am 12.3.04 erwarb er vom französischen Unternehmer Leblanc eine neue Druckmaschine für 45.000,- € netto. Er gab dabei einen Kopierer aus seinem Betriebsvermögen in Zahlung. Der Kopierer wurde mit 5.000,- € angerechnet; er hatte am 1.1.04 noch einen Restbuchwert von 8.000,- € und wurde mit 30 % jährlich degressiv abgeschrieben. Die neue Maschine hat eine 12 jährige Nutzungsdauer. Die Voraussetzungen des § 7g EStG liegen nicht vor.

Am 12.4. zahlte T den Restbetrag per Banküberweisung.

Für eine routinemäßige Wartung der neuen Druckmaschine wurden an Unternehmer D am 12.5. 1.160,- € gezahlt (inkl. 16 % USt).

T und Leblanc haben eine gültige nationale Umsatzsteuer-Identifikationsnummer. T wünscht niedrigstmöglichen Gewinn.

Aufgabe:
1. Verbuchen Sie die Anschaffung der Druckmaschine und die Inzahlunggabe des Kopierers.
2. Verbuchen Sie die Bezahlung des Restbetrags am 12.4.
3. Verbuchen Sie die Wartungsarbeiten am 12.5.
4. Berechnen und verbuchen Sie die Abschreibung der neuen Maschine zum 31.12.2004.

2. Aufgabe   (7 Punkte)

Harry Klein betreibt in Bonn die Großbäckerei Klein GmbH. Am 12.3.04 erhielt die GmbH eine Rechnung über die Lieferung einer Tonne Weizenmehl über 2.140,- € (inkl. 7 % USt).

Zahlungshalber übersendet die GmbH dem Lieferanten einen Besitzwechsel über 4.000,- €.

Der Lieferant erteilt am 12.4.04 folgende Abrechnung:

Wir schreiben Ihnen gut:	
Wechselsumme:	4.000,- €
abzgl. Diskont (6 %, 30 Tage):	20,- €
abzgl. Spesen	40,- €
USt auf Spesen (16 %):	6,40 €
verbleiben:	3.933,60 €
abzgl. unserer Forderung:	2.140,- €
= Überweisungsbetrag:	1.793,60 €

Aufgabe:
1. Verbuchen Sie den Einkauf des Mehls.
2. Verbuchen Sie die Inzahlunggabe des Wechsels.
3. Verbuchen Sie die Abrechnung des Lieferanten bei Eingang bei der Klein GmbH.

3. Aufgabe (15 Punkte)

Aus der Buchhaltung einer Getränkegroßhandlung sind folgende Zahlen bekannt:

- Warenbestand 1.1.   230.000,- €
- Wareneingang   880.000,- €
- Warenbestand 31.12.   280.000,- €
- Rücksendungen an Lieferanten: 12.454,- €
- Liefererskonti/-boni: 1.808,- €
- Verkaufserlöse: 1.740.000,- €
- Rücksendungen von Kunden   22.798,- €
- Kundenskonti: 4.888,- €
- übrige Handlungskosten: 500.000,- €

Aufgabe:
Ermitteln Sie in einer übersichtlichen Darstellung (jeweils auf 2 Dezimalstellen gerundet)
1. den Handlungskostenzuschlag
2. den Rohgewinnaufschlagsatz/Kalkulationszuschlag
3. den Rohgewinnsatz/die Handelsspanne
4. den Reingewinn.

4. Aufgabe (5 Punkte)

Bei der Omorola-GmbH beträgt der Jahresumsatz 2.430.000,- €. Der durchschnittliche Forderungsbestand beträgt 88.000,- €.

Aufgabe:

1. Ermitteln Sie die Umschlagshäufigkeit der Forderungen (auf 2 Dezimalstellen)
2. Ermitteln Sie die durchschnittliche Laufzeit (Kreditdauer) der Forderungen.

5. Aufgabe (6 Punkte)

Der Einzelhändler Tom Busse erwirbt am 2.1.04 einen Großrechner für 36.000,- €.

Der Großrechner hat eine Nutzungsdauer von 7 Jahren und soll degressiv abgeschrieben werden. Eine AfA nach § 7g EStG wird nicht gewährt.

Aufgabe:
Erstellen Sie eine AfA-Staffel/-Tabelle für den Großrechner. Ermitteln Sie damit den Zeitpunkt, an dem es günstiger ist, von der degressiven zur linearen AfA zu wechseln.

Teil II

1. Aufgabe (31 Punkte)

Wilhelm Gartentor (G) betreibt in Essen-Frillendorf einen Computer-Großhandel. Er ermittelt seinen Gewinn nach § 5 EStG. Sein Wirtschaftsjahr entspricht dem Kalenderjahr. Er versteuert seine Umsätze nach vereinbarten Entgelten und ist Monatszahler.

Aufgabe:
Verbuchen Sie die nachfolgenden Geschäftsvorfälle im Rahmen der Jahresabschlussarbeiten auf den 31.12.04. Sofern nichts anderes gesagt ist, sind Wahlrechte immer so auszuüben, dass sich der niedrigstmögliche Gewinn ergibt. **Nennen Sie nur die Buchungssätze. Es ist nicht erforderlich, Konten des DATEV-Kontenrahmens zu nennen.**

Abschlussprüfung 02

1.

Am 12.9.04 (Übergang von Nutzungen und Lasten) erwarb G. ein bebautes Grundstück für betriebliche Zwecke. Der Kaufpreis von 500.000,- € entfällt mit 100.000,- € auf den Grund und Boden und mit 400.000,- € auf die aufstehende Lagerhalle (Baujahr 1976).

Die Grunderwerbsteuer von 17.500,- € und Notarkosten von 2.500,- € zzgl. 16 % USt wurden per Banküberweisung gezahlt. Der Kaufpreis des Grundstücks wurde durch Aufnahme einer Hypothek finanziert.

Bisher wurden gebucht:

(0090) Geschäftsbauten 500.000,- an (0600) Darlehen 500.000,-

(2350) Grundstücksaufwand 20.000,-
(1570) Vorsteuer 400,- (aus der Notarrechnung) an (1200) Bank 20.400,-

Buchungssatz:

2.

Im September und Oktober 04 wurde die Lagerhalle (s. Nr.1) für 160.000,- € zzgl. 16 % USt umgebaut.

Gebucht wurde:

2350 Grundstücksaufwand 160.000,-
1570 Vorsteuer 25.600,- an 1200 Bank 185.600,-

Buchungssatz:

3.

Finanziert wurde der Umbau durch ein langfristiges Darlehn. Das Darlehen über 160.000,- € (s. Nr.2) war mit einem Disagio i. H. v. 3.000,- € versehen. Die Bank hatte diesen Betrag einbehalten. Das Darlehen hat eine Laufzeit von drei Jahren und wurde am 1.10.04 ausgezahlt. Gebucht wurde:

1200 Bank an 0600 Darlehn 157.000,-

Buchungssatz:

4.
Am 27.12.04 erhielt G. die Abrechnung über Zinsen und andere Darlehenskosten. Die Schuldzinsen betragen dabei 23.000,- €, die sonstigen Darlehenskosten 3.000,- €.
Die Abrechnung wurde 2005 überwiesen und bisher noch nicht verbucht.

Buchungssatz:

5.
Für Geschenke an verschiedene Lieferanten wurden 2004 Aufwendungen i. H. v. 5.000,- € getätigt (Konto **4630** Geschenke < 35,- €). Bei Durchsicht der Empfängerliste wird aber festgestellt, dass 1.500,- € auf Geschenke an Personen entfallen, die im Jahr 2004 Geschenke für mehr als 35,- € erhalten haben. In allen Fällen wurde die volle Vorsteuer abgezogen.

Buchungssatz:

6.
Auf dem Konto **4500** „Kfz-Kosten" wurden 18.000,- € für einen Mietwagen verbucht, den G. 2004 zwischenzeitlich für betriebliche Zwecke gemietet hatte. Noch nicht berücksichtigt wurde die anteilige Privatnutzung, die unstrittig 20 % beträgt. Von der vermietenden Firma Sixt-Avocar wurden 16 % USt in Rechnung gestellt. Gartentor hatte den vollen Betrag als Vorsteuer abgezogen.

Buchungssatz:

7.
Für die Gewerbesteuer-Abschlusszahlung 2003 war eine Rückstellung i. H. v. 8.000,- € gebildet worden. Den Gewerbesteuerbescheid 2002 erhält G. am 30.12.04. Danach ist eine Abschlusszahlung von 9.000,- € zu entrichten. Diesbezüglich wurden noch keine Buchungen vorgenommen.

Für 2004 ist mit einer Abschlusszahlung von 14.000,- zu rechnen.

Buchungssatz:

2. Aufgabe (21 Punkte)

Bärbel Boller ist selbständige Rechtsanwältin in Bonn. Sie ermittelt ihren Gewinn durch Einnahme-Überschuss-Rechnung nach § 4 Abs.3 EStG und versteuert ihre Umsätze nach vereinbarten Entgelten. Sie ist Monatszahlerin.

Aufgabe:
Beurteilen Sie die nachfolgenden Sachverhalte bezüglich ihrer Gewinnauswirkung und geben Sie dabei im Lösungsfeld die Höhe der Auswirkung auf den Gewinn 2004 an (z.B. + 1.000,- €/ - 2.000,- €/keine Auswirkung). Boller wünscht den niedrigstmöglichen Gewinn.

1.
Die am 1.1.2005 fällige Miete für Januar 2005 wird bereits am 27.12.04 durch Banküberweisung beglichen.

2.
Am 23.12.04 gibt sie Ihrer Mitarbeiterin Frau Schnecke einen Lohnvorschuss i. H. v. 500,- €. Die 500,- € werden aus der Betriebskasse bezahlt und mit dem Januarlohn 2005 verrechnet.

3.
Am 20.12.04 wurde noch eine Honorarrechnung an Mandant M verschickt (Rechnungsbetrag: 300,- € zzgl. 16 % USt). M überwies das Geld im Januar 2005.

4.

Am 20.12.04 entnahm Boller 500,- € in bar, um die restlichen Weihnachtsgeschenke kaufen zu können.

5.

Laut Umbuchungsmitteilung des Finanzamts Bonn wurde am 12.12.04 eine USt-Restzahlung (Zahllast 4.000,- €) mit einem ESt-Guthaben verrechnet. Das restliche ESt-Guthaben wurde am 15.12. auf Bollers betriebliches Konto überwiesen (600,- €).

6.

Am 14.12.04 war sie mit einem Mandanten in einer Gaststätte essen. Die angemessenen und nachgewiesenen Aufwendungen betragen 200,- € zzgl. 16 % USt.

7.

Am 5.8.04 wurde ein neuer Kopierer für 6.000,- € zzgl. 16 % USt erworben. Der Kopierer hat eine betriebsgewöhnliche Nutzungsdauer von drei Jahren. Die Voraussetzungen des § 7g EStG liegen nicht vor.

ABSCHLUSSPRÜFUNG 03

Ausbildungsberuf: Steuerfachangestellte/r
Rechtslage: **2004/2005**

RECHNUNGSWESEN   Bearbeitungszeit: 120 Minuten

Die Prüfungsaufgabe besteht aus zwei Teilen:
Teil 1: Buchführung/Gewinnermittlung (44 Punkte)
Teil 2: Jahresabschluss/Bewertung (56 Punkte)

Bitte **deutlich schreiben!**
Bitte mit Füllhalter, Filzstift oder Kugelschreiber schreiben!

Teil I

1. Aufgabe   (18 Punkte)

Die Milopa OHG in Gelsenkirchen hat im Wirtschaftsjahr (= Kalenderjahr) 2004 einen handelsrechtlichen Gewinn von 345.000,- € erzielt. Nach den getroffenen Vereinbarungen erhalten die Gesellschafter zunächst eine Verzinsung von 5 % auf ihr Kapitalkonto nach dem Stand zum 1.1. des Jahres.
Der Restgewinn wird im Verhältnis 60:30:10 verteilt.

Die Kapitalkonten am 1.1.04 wiesen folgende Beträge auf:
- Gesellschafter Franz Milopa: 210.000,- €
- Gesellschafterin Frieda Milopa: 200.000,- €
- Gesellschafter Friedrich Traustein: 40.000,- €

Franz hatte zu Lasten des Gewinns 2004 eine monatliche Tätigkeitsvergütung i. H. v. 8.000,- € erhalten. Für die Überlassung eines Grundstücks an die OHG hat Frieda in 2004 Pachtzahlungen i. H. v. 30.000,- € erhalten, die den OHG-Gewinn gemindert haben. Frieda machte auch von ihrem Recht auf Entnahmen Gebrauch und entnahm der OHG 2004 20.000,- € für private Zwecke. Dies wurde verbucht: **Privatkonto Frieda M. an Kasse.**

Aufgabe:

1. Ermitteln Sie in einer übersichtlichen Darstellung den steuerrechtlichen Gewinn der OHG sowie die Einkünfte aus Gewerbebetrieb der drei Gesellschafter.
2. Ermitteln Sie den Stand des Kapitalkontos der Frieda Milopa zum 31.12.2004.

2. Aufgabe (9 Punkte)

Edgar Bronski (B) betreibt eine Boutique in Remscheid. Zum Ende der Sommersaison werden die Preise für Sommerkleidung um 20 % gesenkt. Für die letzte Lieferung hatte er gleichzeitig 3 % mehr bezahlt als im Vorjahr.

Bisher kalkulierte er die Ware mit dem Kalkulationsfaktor 2,5.

Aufgabe:
Berechnen Sie
1. den neuen Kalkulationsfaktor
2. die neue Handelsspanne.

3. Aufgabe (7 Punkte)

Dorothea O. wechselt anlässlich ihres Florida-Urlaubs am 7.7.2004 2.000,- € in US-Dollar um.
(Kurs: 1 € = 1,20 US-Cent).
Bei der Rückkehr wechselt sie die verbliebene Hälfte des Urlaubsgelds wieder in Euro um und erhält von ihrer Bank 1.020,- €.

Aufgabe:
Berechnen Sie
1. den Gegenwert für die 2.000,- €
2. den Umrechnungskurs beim Rücktausch und
3. den Kursgewinn/-verlust während des Urlaubs.

4. Aufgabe (10 Punkte)

Die Gartenzwerg AG, Herstellerin von Gartenartikeln jeder Art, hat am 15.12.04 einen Posten Gartenzwerge in die USA exportiert. Der vereinbarte Kaufpreis von 40.000 $ soll am 15.2.2005 bezahlt werden. Der Kurs des Dollars beträgt am 15.12.04 1,20 € und am 31.12. 1,22 €.
(Die in Mönchengladbach ansässige AG hat ein mit dem Kalenderjahr übereinstimmendes Wirtschaftsjahr.)

Aufgabe:
1. Verbuchen Sie den Verkauf der Gartenzwerge.
2. Bewerten Sie die Forderung zum 31.12.04 und geben Sie eine kurze Begründung Ihrer Entscheidung. Wie ist am 15.2.05 zu buchen, wenn der Kurs dann 1,24 € beträgt?

Teil II

1. Aufgabe (32 Punkte)

Arnold Schwitzenegger betreibt in Krefeld eine Großvideothek als Einzelunternehmen. Sein Betrieb ist im Handelsregister eingetragen. Er ermittelt seinen Gewinn damit nach § 5 EStG und versteuert seine Umsätze nach vereinbarten Entgelten.

Aufgabe:
Verbuchen Sie die nachfolgenden Geschäftsvorfälle im Rahmen der Arbeiten zum Jahresabschluss auf den 31.12.04. Sofern nichts anderes gesagt ist, sind Wahlrechte immer so auszuüben, dass sich der nied-

rigstmögliche Gewinn ergibt. **Geben Sie bitte nur die Buchungssätze an. Datev-Kontonummern brauchen nicht angegeben zu werden.**

1.

Zur Finanzierung des Umbaus seiner Geschäftsräume nahm er am 1.8.04 ein Darlehen über 130.000,- € auf, das mit 7,5 % p.a. verzinst wird. Das Darlehen ist vereinbarungsgemäß am 30.7.2009 in einer Summe zurückzuzahlen. Die Bank behielt bei der Auszahlung ein Disagio von 4 % ein und überwies Schwitzenegger 124.800,- €.
Gebucht wurde bisher:
    1200 Bank 124.800,- an 0600 Darlehen 124.800,-

Buchungssatz:

2.

Die Zinsen für 2004 für das unter Nr.1 genannte Darlehen sind noch nicht verbucht worden. Gezahlt wurden sie erst Anfang 2005.

Buchungssatz:

3.

Im Rahmen der Renovierungsarbeiten erwarb Schwitzenegger auch zwei Großbildfernseher zum Preis von 4.500,- € netto pro Stück. Die Fernseher, die zu 100 % für betriebliche Zwecke verwendet werden, wurden am 2.10.04 geliefert. Angerechnet wurde ein alter Fernseher, der auf dem Konto 0400 „Geschäftsausstattung" mit 1,- € Erinnerungswert stand, mit 300,- € zzgl. 16 % USt. Den Restbetrag zahlte Schwitzenegger bei Lieferung bar.

Buchungssatz:

4.

Am 31.12.04 erwarb Schwitzenegger einen Betriebs-Pkw, der auch privat genutzt wird, für 30.000,- € zzgl. 16 % USt auf Ziel. Die Anschaffung war bisher nicht verbucht worden. Ebenfalls nicht gebucht wurde die 1. Tankrechnung vom 31.12.04 über € 50,- + 16 % Umsatzsteuer (Abbuchung 2005).

Buchungssatz:

5.
Einen Videorekorder für das Probeabspielen von Filmen legte Schwitzenegger am 2.5.04 aus seinem Privatvermögen ein. Der Videorekorder war am 2.5.03 für 2.320,- € (inkl. 16 % USt) erworben worden. Der Teilwert zum Zeitpunkt der Einlage betrug 1.400,- €. Der Videorekorder hat eine Nutzungsdauer von vier Jahren.

Buchungssatz:

6.
Auf dem Konto **4900 „sonstige betriebliche Aufwendungen"** sind 150,- € für insgesamt drei Geschenke erfasst, die an drei Geschäftsfreunde 2004 verschenkt wurden.

Buchungssatz:

7.
Die im November angelieferten Filme der „Drei kleinen Schweinchen" waren fehlerhaft, so dass Schwitzenegger sie an den Lieferanten zurücksandte. Der Lieferant erteilte am 22.12.04 eine Gutschrift über 300,- € zzgl. 16 % USt.

Buchungssatz:

2. Aufgabe (12 Punkte)

Verona Feldmaus betreibt in Gütersloh ein Küchenstudio in der Rechtsform eines Einzelunternehmens. Auf die verkauften Küchen wird ein Jahr Garantie gegeben. Der Umsatz 2004 betrug 680.000,- €. Die Umsätze der vergangenen Jahre sowie die üblicherweise anfallenden Garantieleistungen sind in untenstehender Tabelle dargestellt:

Jahr:	2001	2002	2003
Umsatz:	570.000,-	630.000,-	660.000,-
Garantieaufwendungen:	14.100,-	6.800,-	7.000,-

Das Rückstellungskonto zum 31.12.04 weist noch einen Saldo von 7.000,- € auf.

Aufgabe:
1. Berechnen Sie die Rückstellung zum 31.12.04 mit Hilfe der Daten der Vorjahre.
2. Geben Sie den Buchungssatz dafür an.
3. Warum muss eine Rückstellung für Garantieleistungen gebildet werden (kurze Begründung)?

3. Aufgabe (12 Punkte)

Gloria Taxis (T) betreibt in Xanten eine Brauerei als Einzelunternehmen. Zur Ausweitung der Produktion wird im Mai 2004 ein Nachbargrundstück erworben (Übergang von Nutzungen und Lasten: 1.6.04, Eintragung ins Grundbuch: 1.9.04). Das Grundstück (Anschaffungskosten: 400.000,- €, Grund und Boden-Anteil 20 %) ist bebaut mit einem Lagergebäude (Baujahr 1989, Bauantrag: 1988).

Die Erwerbsnebenkosten (3,5 % Grunderwerbsteuer sowie Notarkosten i. H. v. 4.000,- zzgl. USt) werden per Banküberweisung beglichen. Der Kaufpreis des Grundstücks wird durch Aufnahme einer Hypothek bezahlt.

Im September wird das Lagergebäude für 120.000,- € (Rechnung des Generalbauunternehmers zzgl. 16 % USt) umgebaut.

Bisher wurden noch keine Buchungen vorgenommen.

Aufgabe:

1. Verbuchen Sie die Anschaffung des Grundstücks und die Erwerbsnebenkosten.
2. Verbuchen Sie den Umbau im September.
3. Errechnen Sie die Abschreibung des Gebäudes am Jahresende (Abschlussstichtag 31.12.04).

ABSCHLUSSPRÜFUNG 04

Ausbildungsberuf: Steuerfachangestellte/r
Rechtslage: **2004/2005**

RECHNUNGSWESEN   Bearbeitungszeit: 120 Minuten

Die Prüfungsaufgabe besteht aus zwei Teilen:
Teil 1: Buchführung/Gewinnermittlung (44 Punkte)
Teil 2: Jahresabschluss/Bewertung (56 Punkte)

Bitte **deutlich schreiben!**
Bitte mit Füllhalter, Filzstift oder Kugelschreiber schreiben!

Teil I

1. Aufgabe   (18 Punkte)

Arabella Käsbauer (K) betreibt in Bielefeld einen Großhandel für Baubedarf in der Rechtsform eines Einzelunternehmens. Zum 31.12.04 sind die Bilanzposten „Forderungen" und „Wertpapiere des Umlaufvermögens" noch zu ermitteln.

Zum Posten „Forderungen" ist folgendes bekannt: Der Saldo auf dem Sammelkonto „Forderungen" beträgt 834.000,- €. Darin enthalten ist eine Auslandsforderung i.H.v. 80.000,- €. Alle übrigen Forderungen enthalten 16 % USt. Eine Inlandsforderung i. H. v. 16.240,- gegen den Kunden Zwerg ist zweifelhaft. Aufgrund der Zahlungsschwierigkeiten wird der Ausfall auf voraussichtlich 50 % geschätzt. Eine weitere Forderung gegen den Kunden Rattig (11.600,- €) fällt wegen Zahlungsunfähigkeit ganz aus. Das Ausfallrisiko für die einwandfreien Forderungen beträgt 1 %.

Auf dem Posten „Wertpapiere des UV" ist ein Betrag von 22.000,- € verzeichnet. Der Ankauf von 100 Aktien der Pro8-AG (Nennwert: 5,-/Stück, Kurswert: 34,50 €/Stück, Erwerbsnebenkosten: 200,-€) im Dezember 2004 wurde noch nicht verbucht. Am 31.12.04 (Bilanzstichtag) beträgt der Kurswert je Aktie 38,- €.

Aufgabe:
1. Geben Sie die notwendigen Buchungen für das Konto „Forderungen" an.
2. Geben Sie die notwendigen Buchungen für das Konto „Wertpapiere" an.
3. Mit welchem Wert werden die Wertpapiere zum 31.12.04 in der Bilanz angesetzt? Begründen Sie Ihre Entscheidung kurz.
4. Wie wäre im Fall 3. zu entscheiden, wenn der Kurswert am 31.12.04 für die Steuerbilanz bei 18,- € liegen würde?

2. Aufgabe   (10 Punkte)

Dem Mandanten Hans Moser wird der ESt-Bescheid 2003 am 12.12.04 zugestellt. Darin wird ein Erstattungsbetrag von 23.550,- € festgesetzt. Laut beiliegender Umbuchungsmitteilung des Finanzamts wurde der Betrag wie folgt verwendet:

- Umbuchung auf fällige USt   8.100,- €
- Umbuchung auf fällige Säumniszuschläge zur USt   100,- €
- Umbuchung auf betriebl. Lohn-/Kirchensteuer   7.000,- €
- Umbuchung auf private Kfz-Steuer   1.000,- €
- Umbuchung auf Grunderwerbsteuer aus dem Kauf   4.000,- €
  eines unbebauten Betriebsgrundstücks
- Restbetrag, der auf das betriebl. Bankkonto überwiesen wurde   3.350,- €

Aufgabe:
1. Verbuchen Sie den Vorgang (einschließlich der Bankgutschrift).
2. Welche Gewinnauswirkung ergibt sich durch die Buchung(en)?
   (Angabe in € erforderlich)

3. Aufgabe (16 Punkte)

Ilona Kosten betreibt in Bad Godesberg einen Getränkegroßhandel. Ihr Wirtschaftsjahr entspricht dem Kalenderjahr. Sie ermittelt ihren Gewinn nach § 5 EStG. Die Voraussetzungen des § 7g EStG liegen für ihren Betrieb nicht vor. Wahlrechte sind so auszuüben, dass sich im jeweiligen Jahr der geringstmögliche Gewinn ergibt.

Im September 2003 kam es in einer Lagerhalle durch einen Kurzschluss zu einem Schmorbrand, der den betrieblichen Lkw völlig zerstörte. Der Lkw (Nutzungsdauer: 5 Jahre) war am 2.1.02 für 110.000,- € zzgl. 16 % USt angeschafft worden und degressiv abgeschrieben worden.

Die Versicherung sagte noch im September 2003 eine Entschädigung i. H. v. 70.000,- € verbindlich zu, zahlte sie allerdings erst im Januar 2004.

Im Februar 2004 wurde dann ein neuer, funktionsgleicher Lkw für 120.000,- € zzgl. 16 % USt erworben. Auch er hat eine Nutzungsdauer von 5 Jahren und soll höchstmöglich abgeschrieben werden.

Aufgabe:
1. Nehmen Sie alle notwendigen Buchungen anlässlich des Ausscheidens des alten Lkw vor.
2. Verbuchen Sie die Versicherungszusage.
3. Verbuchen Sie die Überweisung der Versicherungsentschädigung Jan. 04.
4. Verbuchen Sie die Anschaffung des neuen Lkw im Februar 2004.
5. Verbuchen Sie die Abschreibung des neuen Lkw zum Jahresende 2004.

Teil II

1 Aufgabe (32 Punkte)

Marie Curry betreibt in Mettmann eine Apotheke in der Rechtsform eines Einzelunternehmens. Sie ermittelt ihren Gewinn nach § 5 EStG. Ihr Wirtschaftsjahr entspricht dem Kalenderjahr. Sie versteuert ihre Umsätze nach vereinbarten Entgelten und ist Monatszahlerin.

Aufgabe:
Verbuchen Sie die nachfolgenden Geschäftsvorfälle des Jahres 2004. Sofern nichts anderes gesagt ist, sind Wahlrechte immer so auszuüben, dass sich der niedrigstmögliche Gewinn ergibt. **Die Angabe von Kontennummern aus dem Datev-Kontenrahmen ist nicht erforderlich.**

1.

Bei einem Einbruch im November 2004 entsteht im Verkaufsraum ein Sachschaden von 12.000,- €, der noch nicht verbucht wurde. Die entsprechenden Handwerkerleistungen wurden im Januar 2005 ausgeführt und bezahlt (12.000,- zzgl. 16 % USt).

Buchungssatz:

2.

Beim Einbruch (Tz.1) wurden Medikamente im Wert von 3.000,- € gestohlen. Die Versicherung sagte eine Entschädigung in gleicher Höhe zu, die allerdings erst im Mai 2005 geleistet wurde.

Buchungssatz:

3.

Die Dezembergehälter für die drei Angestellten wurden ebenfalls noch nicht verbucht, obwohl sie am 15.12. ausgezahlt wurden. Die Gehaltsabrechnungen addieren sich zu folgenden Beträgen:

Bruttogehälter	7.900,- €
- LSt, KiSt, Solizuschlag	1.380,- €
- Arbeitnehmeranteil SV	1.580,- €
= Nettogehälter:	4.940,- €

Buchungssatz:

4.

Auf dem Konto „Bewirtungskosten" sind in voller Höhe die 2004 angefallenen nachgewiesenen und angemessenen Bewirtungskosten verbucht worden. Die Vorsteuer wurde in Höhe von 640,- € (16 % auf den Nettobetrag von 4.000,- €) auf das Konto „Vorsteuer" gebucht.

Buchungssatz:

5.

Nach einer im September 2004 durchgeführten Außenprüfung erhielt Curry im November die geänderten Steuerbescheide. Danach ergaben sich folgende Nachzahlungen:

- Einkommensteuer:	7.170,- €
- Gewerbesteuer:	1.240,- €
- Umsatzsteuer:	3.690,- €
= Summe:	12.100,- €

Curry überwies den Betrag Anfang Dezember vom betrieblichen Bankkonto und buchte:

Steuern 12.100,-   an   Bank 12.100,-

Buchungssatz:

6.

Der betriebliche Pkw wird von Curry auch für Privatfahrten genutzt. Der Pkw war im Januar 2004 zum Listenpreis von 46.000,- € inkl. USt angeschafft worden. Curry führt kein Fahrtenbuch. Die Kfz-Kosten betrugen 2004 7.400,- €, wovon 1.480,- € auf nicht vorsteuerbehaftete Kosten entfallen.

Buchungssatz:

7.
Der Gesamtforderungsbestand betrug zum 31.12.04 69.600,- €. Darin enthalten ist eine Forderung aus 2003 über 8.700,- (inkl. 16 % USt) gegen das Krankenhaus der „Hl. Schwestern" in Düsseldorf. Aufgrund der schwierigen wirtschaftlichen Lage der Klinik rechnet Curry hier mit einem Forderungsausfall von 70 %.

Buchungssatz:

8.
An Kundin K wurde im Mai versehentlich ein falsches Medikament ausgegeben. Die Erben der K haben Curry auf Schadensersatz verklagt. Die voraussichtlichen Kosten des am Stichtag in der ersten Instanz befindlichen Prozesses werden im Fall des Unterliegens vor Gericht 30.000,- € betragen. Die Rechtslage ist aber umstritten, da Curry auf eine falsche Anwendung seitens der Kundin besteht (damit „nicht schuldig") und jede Verantwortung abstreitet. Curry würde auf jeden Fall in die zweite Instanz gehen. Bei einem Unterliegen vor Gericht in der zweiten Instanz würden weitere Prozesskosten von 20.000,- € auf sie zukommen.

Buchungssatz:

2. Aufgabe (15 Punkte)

Guido Westerwolle betreibt in Bonn einen Großhandel für Friseurbedarf. Die Trockenhauben (Modell 0815) bezieht er vom Hersteller zum Preis von 310,- €/Stück.

Sein Kalkulationszuschlag betrug bisher 53 %. Darin war außer den Handlungskosten ein Gewinnzuschlag von 13 % enthalten. Kundenskonti bzw. -rabatte sind nicht zu berücksichtigen.

Bedingt durch den modischen Wandel kann er die Trockenhauben nur noch zum Preis von (netto) 430,- € verkaufen. Alle anderen Beträge bleiben unverändert.

Aufgabe:

Ermitteln Sie (jeweils auf zwei Dezimalstellen genau)

1. den Handlungskostenzuschlag in Prozent
2. den nach der Preissenkung verbleibenden Gewinn in € und Prozent
3. den nach der Preissenkung verbleibenden Kalkulationszuschlag in Prozent.

3. Aufgabe (9 Punkte)

Eine Maschine der Wopper AG (Wirtschaftsjahr = Kalenderjahr) hat zum 31.12.2004 einen Buchwert von 230.400,- €. Die Maschine war im Juli 2002 angeschafft und höchstmöglich abgeschrieben worden. Die Nutzungsdauer beträgt 8 Jahre.

Aufgabe:

Ermitteln Sie durch Rückrechnung die Anschaffungskosten. Die Voraussetzungen des § 7g EStG lagen nicht vor.

ABSCHLUSSPRÜFUNG 05

Ausbildungsberuf: Steuerfachangestellte/r
Rechtslage: **2004/2005**

RECHNUNGSWESEN   Bearbeitungszeit: 120 Minuten

Die Prüfungsaufgabe besteht aus zwei Teilen:
Teil 1: 84 Punkte
Teil 2: 16 Punkte

Bitte **deutlich schreiben!**
Bitte mit Füllhalter, Filzstift oder Kugelschreiber schreiben!

1. Aufgabenteil (84 Punkte)

Allgemeine Angaben

Karl Watt (K. W.) betreibt seit 1995 in Köln eine EDV- und Elektrogroß- und Einzelhandlung als Einzelunternehmung, die jeweils zum 31.12. eines Kalenderjahres den Jahresabschluss erstellt.

K. W. ermittelt seinen Gewinn gem. § 5 EStG und versteuert seine Umsätze nach den allgemeinen Vorschriften des Umsatzsteuergesetzes. Er ist uneingeschränkt zum Vorsteuerabzug berechtigt und erstellt monatliche Umsatzsteuer-Voranmeldungen.

K. W. stellt den Jahresabschluss nach den Vorschriften des Handelsgesetzbuches (HGB) unter Beachtung der **steuerrechtlichen** Vorschriften auf und legt den Jahresabschluss unverändert der steuerlichen Gewinnermittlung zu Grunde.

Es soll der **niedrigst mögliche Gewinn** ausgewiesen werden.

Sachverhalt 1 (9,0 Punkte)

K. W. räumt seinen Kunden für gelieferte Elektrogeräte eine Garantiezeit von drei Jahren ein.

Im Wirtschaftsjahr 2004 wurden aus dem Verkauf von Elektrogeräten Erlöse in Höhe von

1.340.000,00 € erzielt. Für die Bildung der Rückstellung für Gewährleistungen wurden -zutreffend- die gebuchten Erlöszahlen der 3 letzten Jahre zugrunde gelegt.

Der Buchhaltung sind folgende Werte zu entnehmen:

	2001	**2002**	**2003**
Erlöse Warenverkäufe	1.110.000,00 €	1.282.500,00 €	1.447.500,00 €
Gewährte Garantieleistungen	17.700,00 €	24.375,00 €	34.725,00 €

Das Konto „Rückstellungen für Gewährleistungen" weist zum **31.12.2003** einen Saldo von
22.800,00 € aus.

Aufgaben

1. Berechnen Sie in einer übersichtlichen Darstellung die **Höhe** der zum 31.12.2004 zu bildenden Rückstellung.

2. Bilden Sie den **Buchungssatz** zum 31.12.2004.

3. Warum ist K. W. zur Bildung einer Rückstellung zum 31.12.2004 verpflichtet?

   Nennen Sie die **genaue gesetzliche Grundlage** aus dem **HGB**!

4. Nennen Sie **zwei Auswirkungen**, die sich aus der Bildung einer solchen Rückstellung ergeben!

Sachverhalt 2 (18,0 Punkte)

Ein am 01.09.2001 privat zum Preis von 12.000,00 € angeschaffter PKW (Nutzungsdauer: 5 Jahre) wurde bis zum 31.07.2004 durch die Ehegattin des K. W. privat genutzt. Seit dem 01.08.2004 wird dieser PKW nur noch für betriebliche Fahrten verwendet. Ein Kfz-Sachverständiger schätzte den PKW am 31.07.2004 auf 4.000,00 €.

K. W. hat in der Bilanz zum 31.12.2002 eine Rücklage (Ansparabschreibung) nach § 7g Abs. 3 EStG in Höhe von 25.000,00 € für die geplante Anschaffung eines betrieblichen Auslieferungsfahrzeugs gebildet. Wegen der nunmehr betrieblichen Nutzung des PKW ist eine Anschaffung bis zum 31.12.2004 nicht erfolgt.

Zu diesen Vorgängen erfolgten bisher noch keine Buchungen.

Aufgaben

1.
a) Ermitteln Sie in einer übersichtlichen Darstellung den **Einlagewert** des PKW. Die Angabe des Rechenwegs ist erforderlich!
b) Bilden Sie den **Buchungssatz** zu a).

2.

Ermitteln Sie in einer übersichtlichen Darstellung den **Bilanzansatz** des PKW zum 31.12.2004.

3.

a) Welche **Buchung** ist ggf. zum **31.12.2004** im Zusammenhang mit der zum 31.12.2000 vorgenommenen **Ansparabschreibung** vorzunehmen?

b) Welche **Folgewirkung** ist zu beachten? (**€-Angabe** erforderlich!)

c) Nennen Sie die Höhe (**€-Angabe**) der **steuerlichen Gewinnauswirkung** (gewinnerhöhend, gewinnmindernd oder gewinnneutral), die sich aus der Aufgabe 3 **insgesamt** ergibt!

Sachverhalt 3 (5,0 Punkte)

Am 29.08.2004 wurde dem betrieblichen Bankkonto des K. W. ein Betrag von 946,80 € gutgeschrieben. Es handelte sich um eine Dividende der Krawall-AG (nach Abzug von 20 % Kapitalertragsteuer und 5,5 % Solidaritätszuschlag auf die Kapitalertragsteuer). Eine ordnungsgemäße Steuerbescheinigung liegt vor.

Der Vorgang wurde in der Firma des K. W. wie folgt gebucht:

Bank 946,80 € an Dividendenerträge 946,80 €

Aufgabe

Nehmen Sie die ggf. erforderliche(n) **Berichtigungs- bzw. Ergänzungsbuchung(en)** vor.

Sachverhalt 4 (11,0 Punkte)

K. W. verkaufte dem Handelsvertreter Zahlnix e. K. aus Hilden am 28. 3. 2004 einen Computer inkl. Software zum Preis von 2350,- € zuzüglich 16 % Umsatzsteuer. Aus den Zahlungsbedingungen geht hervor, dass der Rechnungsbetrag am 27.4.2004 fällig war (ohne Abzüge).

Auf dem betrieblichen Bankkonto des K. W. geht der Betrag von 2726,- aus der Überweisung des Zahlnix am 17. 6. 2004 ein (Wertstellung des Betrags).

Hinweise:
- **Der Basiszinssatz 1.1.2004 bis 30.6.2004 betrug 1,14 %**

- **Rechnen Sie die Monate vereinfachend zu 30 Tagen**

Aufgaben

1. Wie hoch ist der **Prozentsatz der Verzugszinsen**, die Zahlnix zu zahlen hat?

2. Nennen Sie die **genaue gesetzliche Grundlage** für Ihre Antwort zu 1)

3. Berechnen Sie in einer übersichtlichen Darstellung den **Betrag der Verzugszinsen** in €.

4. Wie muss K. W. die Verzugszinsen buchen? **Buchungssatz!**

5. Nennen Sie die Höhe (**€-Angabe**) der **Gewinnauswirkung** (gewinnerhöhend, gewinnmindernd oder gewinnneutral), die sich aus der Buchung zu 4. ergibt!

Sachverhalt 5 (16,0 Punkte)

Im Januar 2003 kaufte K. W. einen Hubwagen (Ameise) für den innerbetrieblichen Transport (Anschaffungskosten: € 2500,- €; betriebsgewöhnliche Nutzungsdauer: 5 Jahre).

Nachhaltig gesunkene Wiederbeschaffungskosten veranlassten K. W. das Transportmittel zum 31.12.2003 zutreffend mit dem niedrigeren Teilwert von 1550,- € zu bilanzieren.

Den Nachweis eines niedrigeren Teilwerts kann K. W. zum 31.12.2004 jedoch nicht mehr erbringen.

Buchung:
In 2004 wurde gebucht: AfA an BGA 500,- €

Kontenentwicklung:

Zugang	1/2003	2.500,- €
- AfA linear 20 %	2003	500,- €
- Teilwertabschreibung	2003	450,- €
= Bilanzansatz	2003	1.550,- €
- AfA linear 20 %	2004	500,- €
= Bilanzansatz	2004	1.050,- €

Aufgaben

1.
a) Nennen Sie den **Bewertungsmaßstab (keine €-Angabe)** mit dem der Hubwagen grundsätzlich zum 31.12. 2004 zu bewerten ist.

b) Nennen Sie die **genaue gesetzliche Grundlage** aus dem **EStG**.

2.

a) Beurteilen Sie **steuerrechtlich** den Umstand, dass zum 31.12.2004 kein niedrigerer Teilwert mehr nachweisbar ist. Keine €-Angabe!

b) Nennen Sie die **genaue gesetzliche Grundlage** aus dem **EStG**.

3.

Gehen Sie von dem Bilanzansatz 31.12.2003 aus und **entwickeln Sie den Bilanzansatz** des Hubwagens zum 31.12 2004 in einer **übersichtlichen Darstellung** unter Berücksichtigung des **Rechenweges**. Begründen Sie Ihre Entscheidung!

4.

Nehmen Sie die erforderlichen **Buchungen für den Sachverhalt 5** vor.

5.

Nennen Sie die Höhe (**€-Angabe**) der **Gewinnauswirkung** (gewinnerhöhend, gewinnmindernd oder gewinnneutral), die sich aus den Buchungen zu 4. ergibt!

Sachverhalt 6 (9,0 Punkte)

Die Angestellte Joseline Schlaf-Mütze konnte einen Teil (15 Tage) ihres tariflichen Urlaubsanspruchs aus 2004 aus betrieblichen Gründen erst im März 2005 realisieren.

Die Personalbuchhaltung legt dazu folgende Daten vor:

- Tariflohn 2004: 30.000,- €
  (Erhöhung ab Januar 2005 um 1,5 %)

- Reguläre Arbeitstage 2004: 250

- Arbeitgeberanteile zur Sozialversicherung: 6.000,- €

- Urlaubsgeld lt. Tarifvertrag: 2.000,- €

- Weihnachtsgeld 1.500,- €

Aufgaben

1. Ist die rückständige Urlaubsverpflichtung zum 31.12.2004 zu passivieren ? Wenn ja, **in welcher Form** ? **Begründung** !

2. Nennen Sie für Ihre Antwort zu 1. die **genaue gesetzliche Grundlage** aus dem **HGB**!

3. Bestehen **steuerrechtliche Bedenken** gegen eine Passivierung ?

4. Nennen Sie die **genaue gesetzliche Grundlage** aus dem **EStG** für Ihre Antwort zu 3.

5. Berechnen Sie in einer übersichtlichen Darstellung den zu passivierenden **Betrag** in €.

Sachverhalt 7 (16,0 Punkte)

Bereits im Jahr 2002 hatte K. W. ein 1500 qm großes Grundstück gekauft. Es steht unverändert mit den Anschaffungskosten von 90.000,- € in den Büchern.

K. W. erwarb im Oktober 2004 ein angrenzendes Gelände (150 qm) zum Preis von 15.000,- € dazu, um einen seit einiger Zeit geplanten Anbau des Betriebsgebäudes zu realisieren. Der Notar stellte im Dezember 2004 300,- € zuzüglich 16 % Umsatzsteuer in Rechnung, das Amtsgericht berechnete ebenfalls noch im Dezember 2004 150,- € für die Grundbucheintragung. Buchungen erfolgten 2004 hierzu jedoch nicht, da beide Rechnungen erst Mitte Januar 2005 überwiesen wurden. Die Grunderwerbsteuer in Höhe von 525,- € wurde im Dezember 2004 überwiesen und gebucht:

Betriebliche Steuern an Bank 525,- €

Der **Teilwert** des gesamten Grund und Bodens (Altbestand und Zukauf) **zum 31.12.2004 betrug 181.500,- €.**

K. W. wünschte einen einheitlichen Wertansatz für den gesamten Grundstücksbestand (1650 qm), der gleichzeitig aktuelle Werte (100,- € pro qm, wie beim Zukauf) ausweisen sollte und buchte:

Grundstücke an Bank   **15.000,- €**
(für den Zukauf)

Grundstücke an Privateinlage   **60.000,- €**
(Wertanpassung Altbestand)

Aufgaben

1. Wie heißt der **Bewertungsmaßstab**, mit dem der Grund und Boden zum 31.12.2004 zu bewerten ist? **Bitte keine €-Angabe!**

2. Nennen Sie die **genaue gesetzliche Grundlage** aus dem **EStG** für Ihre Antwort **zu 1**.

3. Nehmen Sie eine **Beurteilung** der bezüglich des **Zukaufs** erfolgten **Buchung** vor.

4. Nehmen Sie eine **Beurteilung** der bezüglich des **Altbestandes** erfolgten **Buchung** vor.

5. Ermitteln Sie in einer **übersichtlichen Darstellung** den **Bilanzansatz** des Grund und Bodens in € zum 31.12.2004 und begründen Sie Nicht-Ansätze kurz.

6. Nehmen Sie die erforderlichen **Buchungen für den Sachverhalt 7** vor.

7. Nennen Sie die Höhe (**€-Angabe**) der **Gewinnauswirkung** (gewinnerhöhend, gewinnmindernd oder gewinnneutral), die sich aus den Buchungen zu 6. ergibt!

2. Aufgabenteil (16,0 Punkte)

Die Kleingewerbetreibende Rosie Blüte (R. B.) ermittelt ihren Gewinn aus Gewerbebetrieb eines Einzelhandelsgeschäftes für Blumen, das sie als Nebenbeschäftigung in Solingen eröffnet hat, zulässigerweise nach § 4 Abs. 3 EStG. Sie versteuert ihre Umsätze nach vereinnahmten Entgelten und gibt vierteljährliche Umsatzsteuer-Voranmeldungen ab.

Stellen Sie fest, ob sich die nachfolgenden Sachverhalte auf die Höhe der Betriebseinnahmen bzw. Betriebsausgaben der Jahre 2004 und 2005 auswirken.

Es ist der steuerlich zulässig niedrigste Gewinn für 2004 und 2005 zu ermitteln!

Bearbeitungshinweis:

In jedes Lösungsfeld ist jeweils alternativ einzutragen:

Betriebseinnahmen (mit €-Angabe)

o d e r

Betriebsausgaben (mit €-Angabe)

o d e r

keine Auswirkung

1. Eine Rechnung aus Warenverkauf über 200,- € wurde am 27. Dezember 2004 verschickt, vom Kunden jedoch erst am 5. Januar 2005 beglichen. Auf dem betrieblichen Bankkonto ging ein Betrag von 196,- € (nach Abzug von 2 % Skonto) ein.

2004	2005

2. Die umsatzsteuerfreie Miete für die Geschäftsräume für den Monat Januar 2004 (fällig spätestens am 3. Werktag des jeweiligen Monats) wurde bereits am 29. Dezember 2003 überwiesen: 900,- €.

2004	2005

3. Das FA Solingen buchte die Umsatzsteuer-Zahllast für das 4. Quartal 2004 in Höhe von 1.500,00 € am 17. Januar 2005 von dem betrieblichen Bankkonto der R. B. ab (dem FA liegt eine entsprechende Einzugsermächtigung vor).

2004	2005

4. Als einzige Geschenkaufwendungen in 2004 kaufte R. B. am 17. November 2004 45 Flaschen Champagner für insgesamt 1.827,00 € (einschl. 16 % USt) ein. Sie wurden zu Weihnachten an 45 Geschäftsfreunde verschenkt. Die Rechnung wurde am 17. Dezember 2004 durch Überweisung vom betrieblichen Bankkonto ohne Abzüge gezahlt.

Bearbeitungshinweis: Begründen Sie Ihre Entscheidung für das Jahr 2004!

2004	2005

5. Am 19. Dezember 2004 kaufte R. B. einen Tisch zum Binden von Blumen für 464,00 € (einschl. 16 % Umsatzsteuer) auf Ziel. Die Rechnung wurde am 11. Februar 2005 durch Banküberweisung bezahlt.

2004	2005

6. R. B. verkaufte am 15. Dezember 2004 eine gebrauchte Ladentheke für 1.000,- € (einschl. 16 % USt). Der Rechnungsbetrag des Zielverkaufs wurde am 15. Januar 2004 auf das betriebliche Bankkonto überwiesen. Der Restbuchwert zum Zeitpunkt des Verkaufs betrug 400,- €

2004	2005

7. Wegen eines Verstoßes gegen das Ladenschlussgesetz hatte das Ordnungsamt der Stadt Solingen gegen R. B. ein Bußgeld in Höhe von 1.400,00 € verhängt, das von R. B. im August 2004 vom betrieblichen Bankkonto gezahlt wurde. Die Geldbuße wurde im Widerspruchsverfahren auf 1.000,00 € herabgesetzt. Am 19. Januar 2005 wurde ein Betrag in Höhe von 400,00 € auf das betriebliche Bankkonto erstattet.

Bearbeitungshinweis: Nennen Sie jeweils die genaue gesetzliche Grundlage aus dem EStG! .

2004	2005

PRÜFUNGEN
WIRTSCHAFTSLEHRE

3 Prüfungen Wirtschaftslehre

ABSCHLUSSPRÜFUNG 01

Ausbildungsberuf: Steuerfachangestellte/r
Rechtslage: **2004/2005**

WIRTSCHAFTSLEHRE Bearbeitungszeit: 90 Minuten

Die Prüfungsaufgabe besteht aus drei Teilen:
Teil 1: 4 Aufgaben (33 Punkte)
Teil 2: 4 Aufgaben BWL/Recht (38 Punkte)
Teil 3: 3 Aufgaben Fachrechnen (29 Punkte)

Bitte **deutlich schreiben!**
Bitte mit Füllhalter, Filzstift oder Kugelschreiber schreiben!

Teil I

Arnold Schwitzenegger ist Kartoffelgroßhändler in Gelsenkirchen. Er betreibt sein Unternehmen als kaufmännisches Einzelunternehmen (Ist-kaufmann im Sinne des HGB) und beliefert mit seinen Produkten Märkte und Großküchen der Umgebung.

1. Aufgabe (12 Punkte)
Zur Sicherung eines betrieblichen Kredits übereignet Schwitzenegger seiner Hausbank einen Lkw seines Fuhrparks.

Aufgabe:

a) Warum wird die Bank die Übergabe des Kfz-Briefs des Lkws verlangen?
b) Wie kann sich die Bank davor schützen, dass der Lkw (z.B. durch Unfall) als Sicherungsgut wertlos wird?
c) Was würde mit dem Lkw passieren, wenn Schwitzenegger „in *Insolvenz*" gehen würde?
d) Welche Vorteile hat die Sicherungsübereignung für die Bank?
e) Welche Vorteile hat die Sicherungsübereignung für Schwitzenegger?

2. Aufgabe (9 Punkte)

Die Großküche des Altenheims „Drei heilige Schwestern" kann ihre Lieferverbindlichkeiten gegenüber Schwitzenegger bei Fälligkeit nicht begleichen. Die Geschäftsführung des Altenheims bittet Schwitzenegger um Stundung und bietet ihm zur Sicherheit zugleich die Abtretung einer Forderung gegen die Rentenversicherung RV-AG an.

Schwitzenegger ist einverstanden. In einer schriftlichen Abtretungserklärung wird die Forderung des Altenheims gegen die RV-AG auf Schwitzenegger übertragen.

Aufgabe:

a) An wen kann die RV-AG mit schuldbefreiender Wirkung zahlen
   - im Fall einer offenen Zession bzw.
   - im Fall einer stillen Zession?
b) Wer ist in diesem Fall
   - Drittschuldner
   - Zedent
   - Zessionar?
c) Welche Risiken sind für Schwitzenegger mit der stillen Zession verbunden? Nennen Sie drei davon!

3. Aufgabe (8 Punkte)

Um sich besser auf die strategische Unternehmensplanung konzentrieren zu können, ernennt Schwitzenegger die Leiterin der Rechnungswesen-Abteilung, Frau Brokkolek, zur Prokuristin.

Aufgabe:

a) In welcher Form muss die Erteilung der Prokura erfolgen?

b) Darf Brokkolek ein unbebautes Lagergrundstück verkaufen, ohne dass Schwitzenegger davon Kenntnis erlangt?

c) Obwohl Schwitzenegger dies ausdrücklich untersagt hat, kauft Brokkolek beim Bauern Stallo zehn Zentner Kartoffeln. Ist der Kaufvertrag wirksam?

4. Aufgabe (4 Punkte)

Im Jahre 2004 beantragt Schwitzenegger bei seiner Hausbank einen weiteren Kredit. Da der Lkw schon sicherungsübereignet ist, möchte die Bank nun die Jahresabschlüsse der letzten Jahre sehen, um die Kreditwürdigkeit des Schwitzenegger zu prüfen.

Aufgabe:

a) Warum sind die Jahresabschlüsse vergangener Jahre generell nur begrenzt aussagekräftig?

b) Warum sind einzelne Bilanzpositionen oft nur begrenzt aussagekräftig? Geben Sie ein Beispiel.

Teil II

1. Aufgabe (7 Punkte)

Die Urbi KG (Münster) verkaufte am 4.3.2004 Baustoffe im Wert von 11.600,- EUR an die Bettelsmann KG in Gütersloh auf Ziel. Die Bettelsmann KG akzeptierte einen Wechsel über diese Summe.

Aufgabe:

a) Wer ist „Aussteller" und wer ist „Bezogener" des Wechsels?
b) Unterstellt, die Urbi KG möchte den Wechsel weitergeben: Wie erfolgt wechselrechtlich die Übertragung des Wechsels auf einen anderen Wechselgläubiger?
c) Wie nennt man die Möglichkeit der Verlängerung des Wechselkredits?
d) Warum sind Wechselschulden Holschulden?

2. Aufgabe (13 Punkte)

Kfz-Mechanikermeister Bert Blechle (B) möchte zusammen mit seinem Freund Gregor Güsi (G) einen Kfz-Reparaturbetrieb in der Rechtsform einer OHG betreiben.

Im Mai 2004 wird ein schriftlicher Gesellschaftsvertrag geschlossen. Beide leisten die vereinbarte Einlage (B: 100.000,- EUR, G: 20.000,- EUR), und die Firma wird im Juli im Handelsregister eingetragen. Die Geschäftstätigkeit wird bereits im Juni aufgenommen.

Aufgabe:

a) In welcher Form können Einlagen der Gesellschafter erbracht werden?
b) Wann ist die OHG nach außen hin entstanden?
c) Wie könnte die Firma lauten? Nennen Sie drei Möglichkeiten.

d) Wer ist zur Geschäftsführung befugt?

e) Güsi ist der Meinung, dass eventuelle Gläubiger der OHG sich zunächst an Blechle halten müssen, da dieser die höhere Kapitaleinlage erbracht hat. Außerdem könne man bei ihm nur den Geschäftsanteil von 20.000,- EUR pfänden, seine private Eigentumswohnung aber nicht. Nehmen Sie zu diesen Aussagen kurz Stellung.

3. Aufgabe (8 Punkte)

a) Die Wurm KG hatte von der Urbi GmbH eine Rechnung über die Lieferung von Baustoffen erhalten. Letzter Tag der Zahlungsfrist war der 14.1.2004. Da die Wurm KG bald darauf in Zahlungsschwierigkeiten geriet, wurde ihr von der Urbi GmbH eine Stundung von 6 Monaten gewährt.

b) Wolf Wattig hatte am 15.2.2004 seinen privaten Pkw an Dieter Dammlich verkauft. Vereinbarungsgemäß sollte der Kaufpreis am 18.2.2004 gezahlt werden.

c) Die Fort-AG in Köln hat eine Forderung gegen das Autohaus Zottel KG in Remscheid, die am 1.9.2004 fällig war. Nach mehrmaliger Mahnung leistet die Zottel-KG am 4.1.2005 eine Abschlagszahlung.

Aufgabe:

Stellen Sie in den Fällen a) bis c) fest, wann die Forderungen verjähren. Geben Sie dabei Beginn und Ende der Verjährungsfrist mit Datum und Uhrzeit an.

4. Aufgabe (10 Punkte)

a) Die 8jährige Nina Hogen bekommt von ihrer Oma väterlicherseits 1.000,- EUR geschenkt. Als die Eltern davon erfahren, fordern sie Nina auf, das Geld zurückzugeben, da ihrer Meinung nach die Schenkung unwirksam ist.

b) Polizist P erwischt den Autoknacker A auf frischer Tat. Da P ohnehin seinen alten Wagen verkaufen möchte, bietet er A an, diesen für 5.000,- EUR zu kaufen. P verspricht A, den Diebstahl dann nicht zur

Anzeige zu bringen. Da A der Meinung ist, dass ihm keine andere Wahl bleibt, kauft er P den Wagen ab, der einen Verkehrswert von lediglich 500,- EUR hat.

c) Auf Anraten eines Freundes kauft Detlev Depp hochrisikoreiche Optionsscheine in der Erwartung steigender Kurse. Als die Optionsscheine an Wert verlieren, möchte Depp den Kauf anfechten, da er der Meinung ist, unter falschen Voraussetzungen gekauft zu haben.

d) Bei der abendlichen Skatrunde verkauft V dem K ein unbebautes Wiesengrundstück. Der Kaufvertrag wird schriftlich auf einem Bierdeckel festgehalten. Beide sind zum Zeitpunkt des Verkaufs noch völlig nüchtern. Der vereinbarte Kaufpreis ist auch angemessen.

Aufgabe:

Entscheiden und begründen Sie kurz, ob die obengenannten Rechtsgeschäfte a) bis d)

- wirksam **oder**
- wirksam und anfechtbar **oder**
- unwirksam/nichtig sind.

Teil III

1. Aufgabe   (9 Punkte)

Bärbel Schnaufer (S) möchte eine Eigentumswohnung kaufen. Sie verfügt über ein Eigenkapital von 96.000,- EUR. Der Kaufpreis der Wohnung beträgt 320.000,- EUR zzgl. Anschaffungsnebenkosten (Makler, Grunderwerbsteuer etc.) i. H. v. 5 % des Kaufpreises. Über den Restbetrag nimmt sie ein Darlehen auf, das zu 96 % ausgezahlt wird und mit 4 % p.a. verzinst ist.

Aufgabe:

Berechnen Sie in einer übersichtlichen Darstellung

a) die Höhe des Darlehens,

b) den jährlichen Reinertrag im Folgejahr der Anschaffung, wenn die Wohnung vermietet wird und die monatlichen Mieteinnahmen 1.100,- EUR betragen und die übrigen Kosten (ohne Zinsen) monatlich 125,- EUR betragen.
c) die Eigenkapitalrendite.

2. Aufgabe (10 Punkte)

Rolf Bonz ist stolzer Eigentümer eines kleinen Einfamilienhauses, das er mit einer Grundschuld bei der A-Bank finanziert hatte. Im Jahre 10 lief die Zinsbindung ab. Bonz entschloss sich zur Umschuldung und zur Ablösung der Restschuld. Seine Hausbank bot ihm folgende Konditionen an:

- Zinssatz 7,3 %
- Tilgung 2 %
- Disagio 1 %.

Die A-Bank hatte einen Zinssatz von 9 % genommen. Da die Umschuldung sich etwas verzögerte, musste Bonz noch für 22 Tage insgesamt 440,- EUR Zinsen an die A-Bank zahlen.

Aufgabe:

a) Berechnen Sie die Höhe der Restschuld bei der A-Bank (auf der Basis von 360 Tagen pro Kalenderjahr).
b) Auf welche Darlehenssumme muss das neue Darlehen lauten?
 (auf volle EUR abgerundet)
c) Wie hoch ist die jährliche Zinsbelastung für das neue Darlehen?
 (auf volle EUR aufgerundet)

3. Aufgabe (10 Punkte)

Die Gesellschafter der Bruchbud-KG aus Elmshorn beschließen einstimmig die Auflösung des Unternehmens. Zum Zeitpunkt der Auflösung beträgt das Aktivvermögen 2.330.000,- EUR, die Schulden betragen 1.710.000,- EUR.

Vereinbart wird, dass die drei Abteilungsleiter de Jong, de Fries und de Lacre jeweils eine Abfindung für ihre langjährigen treuen Dienste erhalten. Die Gesamtabfindung soll dabei nach der Betriebszugehörigkeit auf die drei verteilt werden. Auf de Jong entfällt ein Anteil von 1/3 der Abfindung, auf de Fries ein Anteil von ¼ der Abfindung und de Lacre erhält den Rest der Abfindung von 50.000,- EUR.

Das nach Zahlung der Abfindungen verbleibende Restvermögen wird auf die Gesellschafter Rolf Bruch (Komplementär) zu 3/5 und auf Jochen und Janus Bud (Kommanditisten) zu je 1/5 verteilt.

Aufgabe:

Berechnen Sie in einer übersichtlichen Darstellung

a) die Abfindungszahlungen an die Abteilungsleiter

b) die Liquidationserlöse der Gesellschafter.

ABSCHLUSSPRÜFUNG 02

Ausbildungsberuf: Steuerfachangestellte/r
Rechtslage: **2004/2005**

WIRTSCHAFTSLEHRE   Bearbeitungszeit: 90 Minuten

Die Prüfungsaufgabe besteht aus drei Teilen:
Teil 1: 6 Aufgaben (28 Punkte)
Teil 2: 5 Aufgaben BWL/Recht (38 Punkte)
Teil 3: 3 Aufgaben Fachrechnen (34 Punkte)

Bitte **deutlich schreiben!**
Bitte mit Füllhalter, Filzstift oder Kugelschreiber schreiben!

Teil I

Dieter Braten betreibt in Remagen einen Großhandelsbetrieb für Solarien- und Saunazubehör in der Rechtsform eines Einzelunternehmens (Firma: Dieter Braten e.K., Sonnenbänke).

1. Aufgabe   (7 Punkte)

Auf Anfrage der Sonnenstudio-Betreiberin Jenny Olvers hatte Braten ihr ein Fax geschickt, in dem er die Sonnenbank „Bronzeline 1000" für 1.245,- EUR angeboten hatte.
Da Olvers der Preis sehr günstig erscheint, bestellt sie umgehend die Sonnenbank. Bei Eingang der Bestellung merkt Braten, dass ihm beim Erstellen des Angebots ein Fehler unterlaufen ist. Er teilt Olvers mit, dass der richtige Preis 2.145,- EUR beträgt.

Olvers verlangt nun Lieferung zum Preis von 1.245,- EUR, mindestens aber Schadensersatz i. H. v. 150,- EUR, da sie in ihrem Laden bereits Werbung für die neue Sonnenbank gemacht habe und die Aufwendungen dafür 150,- EUR betragen hätten.

Braten ist der Meinung, dass er nicht liefern müsse, da ein Vertrag überhaupt nicht zustandegekommen ist. Die Forderung nach Schadensersatz lehnt er ab.

Aufgabe:

Beurteilen Sie (kurze Begründung),

a) ob ein Kaufvertrag zustandegekommen ist,

b) ob Braten liefern muss,

c) ob Braten schadensersatzpflichtig ist (150,- EUR).

2. Aufgabe   (4 Punkte)

Die Aushilfssekretärin des Braten hatte in der letzten Zeit mehrfach kleinere Geldbeträge vom Postboten in Empfang genommen und quittiert. Am 1.3. überbringt der Postbote einen Geldbrief mit 2.000,- EUR. Die Sekretärin quittiert wiederum die Summe und setzt sich dann nach Südamerika ab.

Braten verlangt nun von der Post die 2.000,- EUR, da er der Meinung ist, der Briefträger hätte das Geld nicht so leichtfertig an die Aushilfssekretärin aushändigen dürfen.

Aufgabe:

Kann Braten die 2.000,- EUR von der Post zurückverlangen? Beurteilen Sie kurz die Rechtslage.

3. Aufgabe   (4 Punkte)

Im Mai hatte Braten dem Sonnenstudio-Betreiber Thomas Unters (U) eine Sonnenbank unter Eigentumsvorbehalt verkauft.

Im Juni wird über das Vermögen des U das Insolvenzverfahren eröffnet. Die Rechnung hatte U bis dahin noch nicht bezahlt.

Abschlussprüfung 02

Aufgabe:
Entscheiden und begründen Sie, ob Braten die Herausgabe der Sonnenbank vom Insolvenzverwalter verlangen kann.

4. Aufgabe (2 Punkte)

Im Wonnemonat Mai heiratet Braten seine langjährige Freundin Nora Nulpe und nimmt ihren Namen an.

Aufgabe:
Entscheiden Sie, ob Braten nun auch die Firma ändern muss.

5. Aufgabe (4 Punkte)

Im Juni hatte Braten einen Container mit Sonnenschutzmittel „Lichtschutzfaktor 20" beim Hersteller Nivoa bestellt. Nivoa lieferte allerdings Sonnenschutzmittel „Lichtschutzfaktor 6".

Auf Drängen seiner Kunden musste Braten das Sonnenschutzmittel „Lichtschutzfaktor 20" dann kurzfristig bei einem anderen Hersteller kaufen, was bei ihm zu Mehrkosten von 250,- EUR führte.

Aufgabe:
Kann Braten den Ersatz der Mehrkosten von Nivoa verlangen? Begründen Sie Ihre Ansicht.

6. Aufgabe (7 Punkte)

Ein befreundeter Großhändler G., den Braten schon seit seiner Schulzeit kennt, bittet Braten, für seinen Bankkredit zu bürgen. Daraufhin gehen die beiden zur Bank und Braten erklärt (unter Zeugen), dass er für die Kreditverbindlichkeit i. H. v. 30.000,- EUR bürgen werde.

Aufgabe:

a) Ist die Bürgschaft wirksam zustandegekommen?

b) Kann die Bank bei Fälligkeit der Kreditsumme die 30.000,- EUR direkt von Braten verlangen?

Teil II

1. Aufgabe (6 Punkte)

a) Die Adversitatis GmbH gewährt mittellosen Hausfrauen Kredite zu einem Zinssatz von 10 % **pro Tag (!)**

b) Ein Dieb „verkauft" gestohlene Ware an einen Kunden.

c) Der Gebrauchtwagenhändler B. Trug verkauft einen Pkw an einen Kunden. Die Rostflecken des Pkw waren kunstvoll zugespachtelt und das Tachometer-Zählwerk von 80.000 km auf 800 km zurückgeschraubt worden. Dem Kunden versichert B. Trug, dass der Wagen „fabrikneu" sei.

Aufgabe:
Entscheiden und begründen Sie kurz, ob die unter a) bis c) dargestellten Rechtsgeschäfte
- wirksam,
- wirksam, aber anfechtbar oder
- nichtig sind.

2. Aufgabe (4 Punkte)

a) Privatperson P fertigt ein Testament an.

b) Oma O verspricht ihrer Enkelin E ein Geschenk im Wert von 1.000,- EUR.

c) Schwester S verbürgt sich für die Schulden ihres Bruders B.

d) Die Ehegatten Sausig vereinbaren den ehelichen Stand der Gütertrennung.

Aufgabe:
Welche Formvorschriften gelten für die unter a) bis d) dargestellten Rechtsgeschäfte?

3. Aufgabe (4 Punkte)

Bräsig betreibt in Leipzig ein Einzelhandelsgeschäft. Am 1.2. bestellt er Waren bei der Zwinger GmbH, die diese dann auch vereinbarungsgemäß am 10.2. liefert. Da Bräsig die Waren aber zwischenzeitlich woanders billiger eingekauft hat, verweigert er die Annahme der von Zwinger gelieferten Ware.

Aufgabe:
a) Ist Bräsig in Annahmeverzug geraten? (kurze Begründung)
b) Welche Rechte kann die Zwinger GmbH geltend machen, wenn sie die Waren wegen des zwischenzeitlichen Preisverfalls nicht weiterverkaufen kann?

4. Aufgabe (12 Punkte)

Die Peanuts KG betreibt in Lengerich eine Produktion von Knabberartikeln aller Art. Sie wurde 1985 gegründet. An der KG sind zur Zeit beteiligt:
- *Otto Pea* als Vollhafter mit einer Stammeinlage von 3.000,- EUR
- *Brunhilde Pea* als Vollhafterin mit einer Einlage von 300.000,- EUR
- *Sabrina Nuts* als Teilhafterin mit einer Einlage von 100.000,- EUR, davon eingezahlt: 80.000,- EUR
- *Gottfried Nuts* als Teilhafter mit einer Einlage von 40.000,- EUR (voll eingezahlt).

Otto Pea und *Sabrina Nuts* sind seit 1985 Gesellschafter, *Brunhilde Pea* ist seit 1991 Gesellschafterin und *Gottfried Nuts* ist 1999 beigetreten.

Als einige Kunden nicht zahlen, gerät die KG 2004 in eine Liquiditätskrise und kann ein fälliges Darlehen nicht zurückzahlen. Als daraufhin ein böser Brief von der Hausbank ankommt, in dem gedroht wird, den fälligen Betrag von 133.000,- EUR direkt bei den Gesellschaftern einzutreiben, fühlen sich alle vier nicht zuständig.

Otto Pea meint, angesichts einer Stammeinlage von 3.000,- EUR wäre es lächerlich, ihn zur Tilgung des Kredits heranzuziehen. Er habe schließlich die ganzen Jahre seine Arbeitskraft in die Firma eingebracht.

Brunhilde Pea meint, dass sie auch nicht für die Tilgung zuständig sei. Schließlich sei sie erst seit 1991 Gesellschafterin, der Kredit sei aber schon 1987 aufgenommen worden.

Sabrina Nuts meint, sie sei als Kommanditistin sowieso nicht haftbar zu machen. Höchstens ihre Einlage von 80.000,- EUR sei Haftungskapital.

Gottfried Nuts meint, er sei mehr als fünf Jahre nach Entstehung des Kredits eingetreten, also von jeder Haftung befreit.

Aufgabe:
Nehmen Sie Stellung zu den Ansichten der vier Gesellschafter. Wer haftet mit welchem Betrag?

5. Aufgabe (12 Punkte)

Die Topperware-AG vertreibt ihre langlebigen Haushaltswaren aus Plastik über ein dichtes Netz von *Handelsvertretern* und *Handlungsreisenden/ Vermittlungsvertretern*.

Die Handlungsreisenden erhalten ein monatliches Festgehalt von 1.000,- EUR und 5 % des Umsatzes.

Die Handelsvertreter erhalten 9 % des Umsatzes als Provision.

Aufgabe:
a) Wie unterscheiden sich Handlungsreisende und Handelsvertreter bezüglich ihrer Rechtsstellung und der Vergütung?
b) Die Handelsvertreter erhalten zusätzlich noch eine „Delkredereprovision". Erläutern Sie diesen Begriff.
c) Beiden Verkäufergruppen kann eine „Vermittlungsvollmacht" bzw. eine „Abschlussvollmacht" erteilt werden. Erläutern Sie den wesentlichen Unterschied.
d) Bei welchem Umsatz verdient ein Handlungsreisender monatlich den gleichen Betrag wie ein Handelsvertreter?

Teil III

1. Aufgabe   (16 Punkte)

Die Schneider-GmbH in Frankfurt benötigt zum 15.3.2004 einen Geldbetrag in Höhe von 376.680,- EUR, um die Erweiterung des Geschäftsgebäudes zu finanzieren. Die Summe muss insgesamt für 3 Monate zur Verfügung stehen, da dann der Geldbetrag aus dem Verkauf eines anderen Grundstücks finanziert werden kann.

Um die Summe von 376.680,- EUR aufzubringen, werden drei Wechsel bei der Hausbank zur Diskontierung (Diskontsatz: 8 %) eingereicht:
- Wechsel 1 mit einer Summe von 140.000,- EUR   (Restlaufzeit: 16 Tage)
- Wechsel 2 mit einer Summe von 130.000,- EUR   (Restlaufzeit: 26 Tage)
- Wechsel 3 mit einer Summe von   10.000,- EUR   (Restlaufzeit: 32 Tage)

Der Restbetrag soll mit einem Darlehen beglichen werden, dass mit 9,2 % verzinst ist und zu 98 % ausgezahlt wird.

Aufgabe:

Berechnen Sie in einer übersichtlichen Darstellung

a) das erforderliche Restdarlehen.

b) die insgesamt anfallenden Finanzierungskosten (auf Basis 360 Tage pro Kalenderjahr).

c) Erläutern Sie den Begriff „Prolongation" im Zusammenhang mit Wechseln.

2. Aufgabe   (12 Punkte)

Bertram Birne betreibt einen Elektronikhandel in Bonn. Von der Muh-AG erhält er am 12.4. ein Angebot über die Lieferung von 10 Abhöranlagen (Stückpreis: 8.000,- EUR lt. Liste, wobei die Muh-AG bei Bestellung von mehr als 5 Anlagen bereits einen Rabatt von 15 % gewährt).

Transportversicherungsbeiträge i. H. v. 450,- EUR würden ebenso in Rechnung gestellt werden wie die Frachtkosten i. H. v. 1.200,- EUR.

Alle o.g. Beträge sind Nettobeträge.

Bei Zahlung innerhalb von 30 Tagen wird 1 % Skonto gewährt.

Aufgabe:

Ermitteln Sie in einer übersichtlichen Darstellung (jeweils pro Abhöranlage)

a) den Zieleinkaufspreis,

b) den Bareinkaufspreis,

c) den Bezugspreis und

d) die Handelsspanne, wenn Birne die Abhöranlagen seinen Kunden zum Preis von 12.400,- EUR pro Stück anbietet. (Beträge sind auf zwei Stellen hinter dem Komma zu runden).

3. Aufgabe (6 Punkte)

Die RudisRosteRampe GmbH, ein Einzelhandelsbetrieb aus Rostock, ist erheblich überschuldet.

Gesellschafter sind zu je 50 % Wolfram Rudi und Wigbert Roste.

Engelberta Rampe ist als alleinige Geschäftsführerin der GmbH tätig.

Aufgabe:

a) Wer kann bzw. muss den Antrag auf Eröffnung des Insolvenzverfahrens stellen?

b) Welches Gericht ist sachlich zuständig?

c) Welche Insolvenzgründe müssen bei einer GmbH vorliegen?

ABSCHLUSSPRÜFUNG 03

Ausbildungsberuf: Steuerfachangestellte/r
Rechtslage: **2004/2005**

WIRTSCHAFTSLEHRE Bearbeitungszeit: 90 Minuten

Die Prüfungsaufgabe besteht aus drei Teilen:
Teil 1: 6 Aufgaben (32 Punkte)
Teil 2: 5 Aufgaben BWL/Recht (44 Punkte)
Teil 3: 3 Aufgaben Fachrechnen (24 Punkte)

Bitte **deutlich schreiben!**
Bitte mit Füllhalter, Filzstift oder Kugelschreiber schreiben!

Teil I

Guido Westerwolle betreibt in Konstanz eine Motoren- und Anlagenbaufirma in der Rechtsform eines Einzelunternehmens. Sein Betrieb ist im Handelsregister eingetragen.

1. Aufgabe (3 Punkte)

Für die Anschaffung einer neuen Maschine benötigt Westerwolle einen Kredit i. H. v. 300.000,- EUR.

Seine Bank ist zur Kreditvergabe bereit, verlangt allerdings eine Bürgschaftserklärung der Ehefrau des Westerwolle.

Aufgabe:

Erläutern Sie kurz den Unterschied zwischen der *selbstschuldnerischen Bürgschaft* und der *einfachen/gewöhnlichen Bürgschaft*.

2. Aufgabe (5 Punkte)

Westerwolle hatte seiner Bank weiterhin angeboten, zur Deckung des Kredits seine Forderungen an die Bank abzutreten.

Aufgabe:

a) Erläutern Sie die Begriffe
   - „stille Zession" und
   - „offene Zession".
b) Erläutern Sie den Begriff „Factoring".

3. Aufgabe (6 Punkte)

Im Rahmen der Finanzierung der Maschine hatte die Bank Westerwolle empfohlen, doch einmal darüber nachzudenken, ob der Kaufpreis nicht aus Mitteln finanziert werden kann, die im Unternehmen vorhanden sind. Westerwolle müsse dafür nur für einige Jahre auf die Gewinnausschüttung verzichten.

Aufgabe:

Nennen Sie drei Vorteile der Eigenfinanzierung (Finanzierung aus Mitteln des Betriebs) gegenüber der Fremdfinanzierung (hier: Kreditaufnahme bei der Bank).

4. Aufgabe (6 Punkte)

Die Aussicht auf verringerte Gewinnausschüttungen findet Westerwolle weniger schön. Er entschließt sich daher, die Maschine zu leasen.

Aufgabe:

Nennen Sie zwei Vorteile und zwei Nachteile des Leasings aus der Sicht Westerwolles.

5. Aufgabe (6 Punkte)

Kurze Zeit später hat Westerwolle wiederum erheblichen Geldbedarf, um eine betriebliche Investition zu finanzieren.

Er bietet seiner Bank an, den erforderlichen Kredit durch Eintragung einer *Hypothek* oder einer *Grundschuld* auf dem bisher unbelasteten Betriebsgrundstück abzusichern.

Aufgabe:

a) Nennen Sie den wesentlichen Unterschied zwischen einer *Hypothek* und einer *Grundschuld*.

b) Welche Formvorschrift ist zu beachten, wenn eine Grundschuld wirksam bestellt werden soll?

c) Ist die Grundschuld Betriebsvermögen oder Privatvermögen? Begründen Sie kurz Ihre Ansicht.

6. Aufgabe (6 Punkte)

Da Westerwolle weiterhin Geld benötigt, bietet er ein Aktienpaket, das seiner Frau gehört, als Pfand an. Die Bank stimmt zu und verlangt weiterhin die Sicherungsübereignung der neu erworbenen Maschine.

Aufgabe:

a) Wie bezeichnet man den Pfandkredit an beweglichen Sachen?

b) Wer ist beim *Pfandkredit* bzw. bei der *Sicherungsübereignung* jeweils *Eigentümer* bzw. *Besitzer*?

c) Nennen Sie jeweils einen Vorteil und einen Nachteil der Sicherungsübereignung.

Teil II

1. Aufgabe (9 Punkte)

a) Steuerberater Raffke berät eine Mandantin in einer Erbschaftsteuerangelegenheit.
b) Schreinermeister S. fertigt einen Küchenschrank nach den Vorgaben des Kunden an.
c) Ärztin L. behandelt Patient P.
d) Bauer Oswald überlässt Steuerberater Raffke eine Wiese zur Nutzung als Weidefläche für die Schafherde des Steuerberaters.
e) Die Firma Interrunt überlässt Schreinermeister S. einen Pkw zur Nutzung gegen Entgelt.
f) In der Werkstatt des W. wird am Wagen der Ärztin L. die Zündung neu eingestellt.

Aufgabe:
Welche Vertragsarten liegen bei den o.g. Sachverhalten a) bis f) vor?

2. Aufgabe (8 Punkte)

Steuerberater Raffke hatte am 6.6.2002 dem Mandanten Klaus Karaoke eine Rechnung über 3.000,- EUR zzgl. 16 % USt (= 480,- EUR) zugeschickt. Als letzter Zahlungstag war der 8.7.2002 angegeben.

Karaoke zahlte nicht bei Fälligkeit, sondern nach mehrfacher Mahnung (zuletzt mit Schreiben vom 5.5.2003) am 8.6.2004 einen Teilbetrag von 1.000,- EUR.

Aufgabe:
a) Prüfen Sie in einer übersichtlichen Darstellung, inwieweit die Forderung des Raffke verjährt ist.
b) Karaoke ist der Meinung, dass er in 2004 nicht mehr zahlen müsse. Er will sogar die Teilzahlung in Höhe von 1.000,- EUR zurück, da sie nach Verjährung der Forderung von ihm versehentlich gezahlt worden sei. Nehmen Sie zu seiner Ansicht Stellung.

3. Aufgabe (7 Punkte)

a) Min Kui hat sich mit Josef Lommers geeinigt, dass das Grundstück „Platanenallee 4" in Düsseldorf für 300.000,- EUR verkauft werden soll. Die mündliche Einigung erfolgt am *3.1.2004*, der schriftliche Kaufvertrag wird beim Notar am *24.2.2004* abgeschlossen. Vereinbarungsgemäß sollen Nutzungen und Lasten am Grundstück zum *1.4.2004* auf Min Kui übergehen. Die Eintragung im Grundbuch erfolgt am *1.5.2004*.

b) Während seines Sommerurlaubs am Bodensee verliebt sich Hans Moser spontan in ein Segelboot, das im Hafen von Konstanz vor Anker liegt. Er einigt sich mit dem Verkäufer, Rudi Korall, am *12.3.2004* auf einen Kaufpreis von 80.000,- EUR und leistet am *14.3.2004* die vereinbarte Anzahlung von 10.000,- EUR. Beide sind sich einig darüber, dass das Boot bis zur Wintersaison noch von Korall genutzt werden soll, um dann am *1.10.2004* in der Garage des Moser in Erftstadt eingelagert zu werden.

Aufgabe:
Bestimmen und begründen Sie, wann in den o.g. Fällen a) und b) das bürgerlich-rechtliche Eigentum auf den Erwerber übergeht.

4. Aufgabe (10 Punkte)

Ordnen Sie die nachfolgenden Finanzierungsmöglichkeiten den unter a) bis e) genannten Sachverhalten zu:
- Außenfinanzierung in Form von Fremdfinanzierung
- Außenfinanzierung in Form von Beteiligung
- offene Selbstfinanzierung
- verdeckte/stille Selbstfinanzierung

a) Die Karl Schlonz GmbH stellt den Jahresüberschuss in die Gewinnrücklagen ein.

b) Die GmbH nimmt für ihren Maschinenpark eine Sonderabschreibung nach § 7g EStG vor.

c) Die GmbH reicht Besitzwechsel zur Diskontierung ein.

d) Die GmbH verlangt von ihren Kunden Anzahlungen auf zukünftige Leistungen.

e) Durch Beschluss der Gesellschafterversammlung wird das Stammkapital der GmbH erhöht.

5. Aufgabe (10 Punkte)

a) Ronaldo Rotz und Wilfrid Wasser gründen die Rotz&Wasser Beerdigungsinstitut GmbH.

b) Max Ende und Moritz Ernte schließen einen mündlichen Gesellschaftsvertrag über die Gründung einer Gesellschaft bürgerlichen Rechts (GbR).

c) Michael Stuß wird zum Präsidenten des Tennisclubs Rot-Weiß Grünberg e.V. gewählt.

d) Walter Schöl (Istkaufmann) aus Arnsberg erteilt seinem Angestellten E. Wenzel Prokura.

e) Sven Fort erwirbt einen Geschäftsanteil an einer Genossenschaft (e.G.).

Aufgabe:

Welche der o.g. unter a) bis e) dargestellten Vorgänge müssen in ein beim Amtsgericht geführtes Register eingetragen werden? Sofern Sie die Eintragung bejahen, geben Sie an, in welches Register die Eintragung vorgenommen wird.

Teil III

1. Aufgabe (11 Punkte)

Steuerberater Rudi Raffke benötigt dringend personelle Verstärkung, um die im Frühjahr anfallenden Jahresabschlussarbeiten erledigen zu können.

Zwei Beschäftigungsmodelle kommen dafür in Betracht:

- die Einstellung einer sozialversicherungspflichtigen Halbtagskraft *oder*

- die Einstellung zweier Teilzeitbeschäftigten auf 400,- EUR-Basis.

Der Stundenlohn der Halbtagskraft würde bei 10,00 EUR brutto liegen (bei einer Tätigkeit von 80 Stunden monatlich), die Lohnsteuer (Steuerklasse V) würde 115,66 EUR betragen, der Solidaritätszuschlag 6,36 EUR und die Kirchensteuer 10,40 EUR.

Die Beitragssätze zur gesetzlichen Sozialversicherung in 2004 betragen:

- Rentenversicherung: 19,5 %
- Krankenversicherung: 14,3 %
- Arbeitslosenversicherung: 6,5 %
- Pflegeversicherung: 1,7 %.
-

Bei der Einstellung von geringfügig Beschäftigten (2 Beschäftigte á 40 Stunden monatlich) würden pauschale Sozialabgaben von 25 % anfallen.

Aufgabe:

a) Ermitteln Sie in einer übersichtlichen Darstellung die monatlichen Lohnkosten für Raffke bei

- Einstellung einer Halbtagskraft bzw.
- Einstellung von zwei geringfügig Beschäftigten.

b) Ermitteln Sie in einer übersichtlichen Darstellung den auszuzahlenden Nettostundenlohn

- der Halbtagskraft bzw.
- einer geringfügig Beschäftigten.

2. Aufgabe (3 Punkte)

Die Schlafland AG betreibt in Gera ein Möbelhaus. In Abteilung XII arbeiten die Angestellten

Britta B., Gerlinde G. und Dana D.

Eine für die Abteilung vorgesehene Erfolgsprämie i. H. v. 1.535,- EUR soll nach dem Verhältnis der Bruttolöhne auf die Angestellten verteilt werden.

Die Bruttolöhne betragen:

bei B: 1.200,- EUR

bei G: 800,- EUR

bei D: 1.070,- EUR.

Aufgabe:

Ermitteln Sie in einer übersichtlichen Darstellung die Anteile von B, G und D an der Prämie.

3. Aufgabe (10 Punkte)

Arabella Käsbauer (K) hat die Möglichkeit, ein Mehrfamilienhaus in Mainz zu erwerben. Der Anschaffungspreis beträgt 450.000,- EUR, der Grund- und Boden-Anteil 20 %.

Die Mieteinnahmen betragen 45.000,- EUR p.a. (inkl. aller Nebenkosten).

Die Grundstücksaufwendungen betragen:

- Heizung, Warmwasser: 8.000,- EUR
- Grundsteuer: 600,- EUR
- Flurlicht, Versicherungen: 2.240,- EUR
- Reparaturen
   (geschätzter jährlicher Aufwand) 2.500,- EUR
- sonstige Hauskosten: 1.200,- EUR
- Die AfA beträgt 2 % p.a.

Käsbauer hat aus einer Erbschaft 150.000,- EUR eigene Mittel, 250.000,- EUR könnte durch eine erstrangige Grundschuld aufgebracht werden (Zinssatz: 6,5 %).

Aufgabe:

Wie hoch darf der Zinssatz für das benötigte zweitrangige Restdarlehen noch sein, wenn Käsbauer eine mindestens 3 %ige Verzinsung ihres eingesetzten Eigenkapitals erzielen möchte.

Das Restdarlehen soll mit einem Agio von 2 % ausgezahlt werden.

ABSCHLUSSPRÜFUNG 04

Ausbildungsberuf: Steuerfachangestellte/r
Rechtslage: **2004/2005**

WIRTSCHAFTSLEHRE   Bearbeitungszeit: 90 Minuten

Die Prüfungsaufgabe besteht aus drei Teilen:
Teil 1: 6 Aufgaben (25 Punkte)
Teil 2: 6 Aufgaben BWL/Recht (38 Punkte)
Teil 3: 4 Aufgaben Fachrechnen (37 Punkte)

Bitte **deutlich schreiben!**
Bitte mit Füllhalter, Filzstift oder Kugelschreiber schreiben!

Teil I

Angela Mörtel (M) und Claudia Nulpe (N) betreiben in Berlin die Mörtel&Co Knabberfabrik KG.

M ist als Komplementärin mit einer Einlage von 100.000,- EUR beteiligt.

N ist als Kommanditistin mit einer Einlage von 200.000,- EUR beteiligt.

1. Aufgabe   (4 Punkte)

Zwischen den beiden Gesellschafterinnen kommt es im Juni zum Streit. Beide haben unterschiedliche Auffassungen zu der Frage, ob es günstig sei, dem langjährigen Buchhalter Wigald Börning *Prokura* oder *Handlungsvollmacht* zu erteilen.

Aufgabe:

Beurteilen Sie anhand der abgedruckten Tabelle, welche Folgen die Prokura-Erteilung bzw. die Erteilung der Handlungsvollmacht hat. Tragen Sie jeweils „ja" bzw. „nein" zu den dort gemachten Aussagen in die Tabelle ein.

Lösung:

Wigald Börning ist berechtigt ...	bei Prokura	bei Handlungsvollmacht:
... **nur** zur Vornahme von gewöhnlichen Rechtsgeschäften, die der Betrieb mit sich bringt		
Der Umfang seiner Befugnisse ist **gesetzlich** festgelegt.		
Die Erteilung muss ins Handelsregister eingetragen werden.		
Die Erteilung kann auch stillschweigend erfolgen (z.B. durch konkludentes Handeln).		

(jeweils 0,5 Punkte)

2. Aufgabe (3 Punkte)

Gegen einen säumigen Kunden hatte die KG am 7.3.2004 beim zuständigen Amtsgericht Berlin-Tierpark Antrag auf Erlass eines Mahnbescheids gestellt. Am 24.3.2004 wurde dem Schuldner der Mahnbescheid zugestellt. Der Kunde hat darauf bisher nicht reagiert.

Aufgabe:
Welchen weiteren Schritt kann die KG ergreifen, um eine Zahlung des Kunden zu erreichen?

3. Aufgabe (7 Punkte)

Im Versand beschäftigt die KG den Paketpacker Rüdi als Hilfskraft. Rüdi arbeitet wöchentlich 10 Stunden und erhält ein monatliches Gehalt von 400,- EUR. Er arbeitet nicht auf Lohnsteuerkarte.

Während der Fußball-Weltmeisterschaft steigt die Nachfrage nach Knabberartikeln sprunghaft an. Um Rüdi zu entlasten, wird die Hausfrau Lieschen Suppenklo (S) vom 1.6. bis 30.6. eingestellt. S. arbeitet als Vollzeitkraft 40 Stunden wöchentlich und erhält ein Entgelt von netto 2.800,- DM monatlich.

Aufgabe:
a) Prüfen und begründen Sie, ob für Rüdi Sozialversicherungspflicht besteht.
b) Prüfen und begründen Sie, ob für S Sozialversicherungspflicht besteht.

4. Aufgabe (4 Punkte)

Zwischen den Gesellschafterinnen der KG kommt es bezüglich der Gewinnverteilung für 2004 zum Streit. Der auf die Kommanditistin Nulpe entfallende Gewinnanteil beträgt für 2001 40.000,- EUR.
In den Vorjahren hatte das Unternehmen aber Verluste erzielt, die mit dem Kapitalkonto der Nulpe verrechnet wurden. Ihre Haftungseinlage

von 200.000,- EUR war zum 31.12.2003 bereits um 20.000,- EUR gemindert (Stand des Kapitalkontos: 180.000,- EUR).

Nulpe ist nun der Meinung, dass ihr für 2004 der volle Gewinnanteil zusteht und verlangt die Auszahlung der 40.000,- EUR.

Aufgabe:
Nehmen Sie Stellung zur Meinung der Nulpe. Kann sie nach den Vorschriften des HGB die Auszahlung der 40.000,- EUR verlangen?

5. Aufgabe (2 Punkte)

Kurz darauf kommt es wieder zum Streit zwischen den Gesellschafterinnen. Nulpe möchte die Firma in Mörtel & Nulpe Knabberfabrik KG umbenennen, um auch endlich im Firmennamen vertreten zu sein.

Aufgabe:
Vorausgesetzt, Mörtel stimmt der Umbenennung zu: Ist diese zulässig?

6. Aufgabe (5 Punkte)

Die KG hatte am 2.3.2004 eine Tonne Hefe beim Lieferanten Badische Futterfabriken GmbH gekauft.

Bei der Verarbeitung der Hefe im Berliner Betrieb der KG stellt sich heraus, dass die Hefe über die gesetzlichen Grenzwerte hinaus mit Bakterien verseucht ist (entgegen einer eindeutigen Zusicherung im Kaufvertrag).

Aufgabe:
Nennen Sie alle Rechte, die die KG wahlweise in diesem Fall gegenüber dem Lieferanten geltend machen kann.

Teil II

1. Aufgabe (6 Punkte)

a) Der Tennisclub RotWeiß-Oberhausen e.V. wird gegründet.
b) Die Wutz GmbH wird gegründet.
c) Die Faulpelz KG wird gegründet.

Aufgabe:

a) In welchem der o.g. Fälle a) bis c) muss eine Eintragung im Handelsregister vorgenommen werden?
b) Eintragungen im Handelsregister können *deklaratorische* oder *konstitutive* Wirkung haben. Nennen Sie den Unterschied zwischen beiden Rechtswirkungen und geben Sie an, in welchem der o.g. Fälle a) bis c) eine deklaratorische bzw. konstitutive Rechtswirkung vorliegt.

2. Aufgabe (6 Punkte)

a) Schulte erwirbt einen Blumenstrauß, um diesen seiner im Krankenhaus liegenden Bekannten zu schenken. Als er im Krankenhaus ankommt, erfährt er, dass sie vorgestern entlassen wurde. Er möchte nun den Blumenstrauß-Kauf rückgängig machen.
b) Nach Ablauf der Probezeit stellt sich heraus, dass das Arbeitszeugnis des Angestellten J. von diesem gefälscht worden war. Seine Trinkerkarriere hatte J. verheimlicht.
c) Um Zeit und Geld zu sparen, vereinbaren die beiden Freunde Max und Moritz, die Gründung einer GmbH lediglich schriftlich auf einem Blatt Papier zu fixieren.
d) Handwerker H. sagt dem Bauherrn B schriftlich zu, dessen Wohnzimmer für einen Komplettpreis von 10.000,- EUR zu fliesen. Auch die Art der Fliesen und die Ausführung wird schriftlich festgelegt. Nach Beginn der Arbeiten stellt H. fest, dass statt der ausgemessenen 20 Quadratmeter mehr als 30 Quadratmeter zu fliesen sind. Er hatte sich beim Ausmessen schlicht verrechnet.

Aufgabe:
Geben Sie an, welche der folgenden Rechtsgeschäfte a) bis d)
- wirksam,
- wirksam, aber anfechtbar
- nichtig sind.

Geben Sie dazu eine kurze Begründung.

3. Aufgabe (6 Punkte)

Damit die Bank Forderungen mittels Lastschrift einziehen kann, ist die Zustimmung des Zahlungspflichtigen erforderlich. Diese kann in Form einer *Einzugsermächtigung* oder eines *Abbuchungsauftrags* erteilt werden.

Aufgabe:

a) Erläutern Sie kurz die beiden Verfahren.

b) Bei welchem der beiden Verfahren hat der Zahlungspflichtige ein Widerspruchsrecht?

c) Innerhalb welches Zeitraums kann der Zahlungspflichtige der Belastung widersprechen?

4. Aufgabe (8 Punkte)

Die Löffel-GmbH möchte ihrer langjährigen Bilanzbuchhalterin Sigrid Kleine-Traute (T) Prokura erteilen, um die Geschäftsführung zu entlasten.

Aufgabe:

a) In welcher Form muss Prokura erteilt werden?

b) Erläutern Sie die Begriffe „Einzelprokura" und „Gesamtprokura".

c) Die GmbH möchte die Prokura so einschränken, dass T. keine Verbindlichkeiten für die GmbH eingehen kann. Ist das möglich?

d) Auf einer Geschäftsreise schließt T. spontan einen Kaufvertrag für die GmbH über den Ankauf von 1.000 Gartenzwergen ab, da ihr der

Preis ungewöhnlich günstig erscheint. Die GmbH handelt allerdings mit Lebensmitteln. War T. dazu befugt?

5. Aufgabe (6 Punkte)

Rechtsanwalt Stussken hat am Ende des Jahres 2004 noch zwei Honorarforderungen über jeweils 3.000,- EUR, die trotz Mahnung von den Mandanten noch nicht beglichen wurden. Die Honorarforderungen betreffen Beratungstätigkeiten für

- die Kleensmann KG
- die R. Voller GmbH.

Aufgabe:
Prüfen und begründen Sie, ob Stussken die Honorare auch bei den jeweiligen Gesellschaftern der Mandanten einfordern kann.

6. Aufgabe (6 Punkte)

a) Die Mommsen GmbH erwirbt eine Computeranlage auf Kredit. Die Computeranlage wird der A-Bank sicherungsübereignet.
b) Das Mehrfamilienhaus des Peter Lastig ist mit einer Grundschuld zugunsten der B-Bank belastet.
c) Die Inhaberin der Modeboutique MacPfusch, die Kauffrau Ilona Krusten, erwirbt beim Hersteller Steilfrau AG zehn Blusen. Die Blusen werden unter Eigentumsvorbehalt geliefert. Krusten verkauft eine der Blusen an die Kundin O.

Aufgabe:
Geben Sie an, wer in den o.g. Sachverhalten a) bis c) jeweils *Eigentümer* bzw. *Besitzer* ist.

Teil III

1. Aufgabe (6 Punkte)

Claudia Schiefer ist Filialleiterin der Parfümeriekette Dolas AG in Heilbronn.

Neben einem monatlichen Festgehalt von 1.950,- EUR erhält sie eine umsatzabhängige Provision von 1,3 % des Nettoumsatzes ihrer Filiale.

Da die Diebstahlsverluste in der Vergangenheit erheblich zugenommen haben, muss sie sich 0,8 % der Diebstahlsverluste (bezogen auf den Netto-Einkaufspreis der gestohlenen Waren) von ihrer Provision abziehen lassen.

Im vergangenen Monat betrug der Bruttoumsatz (incl. 16 % USt) 50.140,- EUR und die festgestellten Diebstahlsverluste 4.800,- EUR (= Nettoverkaufspreise; der Rohgewinnaufschlag beträgt 100 %).

Aufgabe:
Berechnen Sie in einer übersichtlichen Darstellung das Bruttogehalt der Claudia Schiefer für den vergangenen Monat.

2. Aufgabe (6 Punkte)

Die Raffeisen-Bank hatte dem Einzelhändler Ertel den Kauf eines Betriebsgrundstücks finanziert. Zu Lasten des Grundstücks war eine Hypothek i. H. v. 300.000,- EUR eingetragen worden.

Nach einem Brand im Lagergebäude verweigert die Versicherung die Zahlung. Ertel gerät in Zahlungsschwierigkeiten und muss schließlich die Eröffnung des Insolvenzverfahrens beantragen.

Die Raffeisen-Bank lässt das Grundstück versteigern. Die Versteigerung bringt allerdings nur einen Erlös i. H. v. 210.000,- EUR.

Mit der Restforderung nimmt die Bank am Insolvenzverfahren teil. Die Quote beträgt 32 %.

Aufgabe:

Berechnen Sie

a) die Höhe des Forderungsausfalls in EUR.

b) die Höhe des Forderungsausfalls in Prozent bezogen auf den Gesamtbetrag der Hypothek.

3. Aufgabe (12 Punkte)

Claire Grube erwarb im Januar 2004 eine Eigentumswohnung in Gotha.

Zur Finanzierung nahm sie u.a. am 5.8.2003 einen kurzfristigen Kredit i. H. v. 60.000,- EUR auf.

Der Kredit wird zu 8,5 % verzinst.

Am 20.10.2003 zahlt sie 20.000,- EUR zurück.

Am 15.3.2004 zahlt sie weitere 20.000,- EUR zurück.

Am 10.5.2004 zahlt sie die Restschuld inklusive der angefallenen Zinsen.

Aufgabe:

Berechnen Sie in einer übersichtlichen Darstellung die Höhe der Restschuld am 10.5.2004 (Basis 360 Tage pro Kalenderjahr).

4. Aufgabe (13 Punkte)

Einzelhändler Bert Bröchte (B) kalkuliert im Non-food-Bereich die Verkaufspreise mit einem Kalkulationszuschlag von 86,5 %.

Der Handlungskostensatz beträgt 55 %. Bezugspreis sei 100 €.

Anlässlich der Erhöhung der Umsatzsteuer von 15 % auf 16 % verändert B. seine Verkaufspreise wegen der großen Konkurrenz im Einzelhandel **nicht**.

Aufgabe:

Ermitteln Sie in einer übersichtlichen Darstellung

a) den alten Gewinn in Prozent (gerundet auf zwei Dezimalstellen)

b) den neuen Gewinn in Prozent (gerundet auf zwei Dezimalstellen)
c) den neuen Ladenverkaufspreis bei alter Gewinnspanne, wenn der Bezugspreis 10,- € pro Artikel beträgt.

ABSCHLUSSPRÜFUNG 05

Ausbildungsberuf: Steuerfachangestellte/r
Rechtslage: **2004/2005**

WIRTSCHAFTS- UND SOZIALKUNDE
Bearbeitungszeit: 90 Minuten

Die Prüfungsklausur besteht aus 6 A u f g a b e n:
1. **Aufgabe: 15 Punkte**
2. **Aufgabe: 29 Punkte**
3. **Aufgabe: 27 Punkte**
4. **Aufgabe: 17 Punkte**
5. **Aufgabe: 12 Punkte**

Aufgabe 1 (15 Punkte)

Sachverhalt

Die Allround Büroservice GmbH in Mettmann ist mit einem Stammkapital von

30.000,00 € ausgestattet (Bargründung). Der Gesellschafter Klaus Schreiber hat eine

Stammeinlage von **20.000,00 €** geleistet und wurde zum Geschäftsführer bestellt. Er bezog 2004 von der GmbH lt. Lohnsteuerkarte einen (angemessenen) Bruttoarbeitslohn in Höhe von 45.000,00 €. Der Gesellschafter Bruno Bucher ist mit einer Stammeinlage in Höhe von **10.000,00 €** beteiligt.

Zum 31.12.2004 beträgt das **Gezeichnete Kapital / Stammkapital** der GmbH **30.000,00 €**. Vor Ergebnisverwendung weist die Bilanz einen **Jahresüberschuss** von **75.000,00 €** aus. Weitere Posten umfasst das Eigenkapital der Allround Büroservice GmbH in der Bilanz zum 31.12.2004 nicht.

Im Gesellschaftsvertrag wurde u.a. vereinbart, dass **die Bestimmungen des § 29 GmbHG** für den Anspruch der Gesellschafter auf den Jahresüberschuss gelten.

Am 17.05.2005 hat die Gesellschafterversammlung einstimmig den Beschluss gefasst, ein Drittel des Jahresüberschusses 2004 in eine Gewinnrücklage einzustellen, ein Drittel des Jahresüberschusses 2004 an die Gesellschafter auszuschütten (und nach Abzug von 20 % Kapitalertragsteuer und des darauf entfallenden Solidaritätszuschlags den jeweiligen Gesellschafterverrechnungskonten gutzuschreiben) und das restliche Drittel des Jahresüberschusses 2004 auf neue Rechnung vorzutragen.

Aufgaben:

1. (3 P)

Stellen Sie das Eigenkapital der GmbH nach der vollständigen Ergebnisverwendung entsprechend den Gliederungsvorschriften des HGB dar (Angabe der €-Beträge ist erforderlich).

2.. (2 P)

Welche Einkunftsart(en) i.S.d. EStG ergibt/ergeben sich für den geschäftsführenden Gesellschafter Klaus Schreiber aus dem o.a. Sachverhalt? Die Angabe von €-Beträgen ist nicht erforderlich.

3. (2 P)

Geben Sie bitte für jede Einkunftsart getrennt an, in welchem Veranlagungszeitraum Klaus Schreiber die sich aus dem o.a. Sachverhalt ergebenden Einkünfte der Einkommensbesteuerung unterwerfen muss.

4. (1 P)

Nennen Sie die rechtliche Wirkung des Handelsregistereintrags.

5. (3 P)
Entspricht das Stammkapital der GmbH der gesetzlichen Vorgabe? Begründen Sie Ihre Entscheidung.

6. (3 P)
Entsprechen die Stammeinlagen der Gesellschafter der gesetzlichen Vorgabe? Begründen Sie Ihre Entscheidung.

7. (1 P)
In welche Abteilung des Handelsregisters ist die GmbH einzutragen?

Aufgabe 2 (29 Punkte)

Sachverhalt 1

Seit 2001 betreibt Karl Doll (K. D.) eine Maschinenbaufirma, die unter Karl Doll e. K. firmiert, als Einzelunternehmen. Er beschäftigt 43 Mitarbeiter.

Aufgaben:

1. (2 P)
Ist K. D. Kaufmann im Sinne des HGB ? Begründung !

2. (2 P)
Wie gestaltet sich die Haftung des K. D. für Verbindlichkeiten seines Unternehmens?

Sachverhalt 2

K. D. beteiligt seinen Freund Heronimus Anderteker (H. A.) an seiner Firma, da er zusätzliches Kapital für Investitionen benötigt. K. D. und H. A. treffen folgende Vereinbarungen und legen sie am 10. 03. 2005 **handschriftlich** nieder:

- K. D. und H. A. gründen in Mönchengladbach (Sitz) eine K.G.
- Der Vollhafter K. D. bringt seine Einzelunternehmung in die K.G. ein

    und betätigt sich als Geschäftsführer.
- Der Teilhafter H. A. beteiligt sich mit einer Einlage von 70.000,- € an der K.G.

    Davon zahlt er am 10. 03. 2005, also bei Vertragsabschluss, 45.000,- € ein.

    Der Rest (25.000,- €) wird durch Gewinnanteile erbracht.

Am 01.04.2005 wird die K.G. ins Handelsregister eingetragen.

Das ohne Unterbrechung fortgeführte Unternehmen erfordert auch in Zukunft einen nach Art oder Umfang in kaufmännischer Weise organisierten Geschäftsbetrieb.

Aufgaben

1. (2 P)

Wann entsteht die K.G. im Außenverhältnis? Begründung!

2. (2 P)

Wann entsteht die K.G. im Innenverhältnis? Begründung!

3. (2 P)

Wurde der Gesellschaftsvertrag für die K.G. am 10.3.2005 formgerecht geschlossen? Begründung!

4. (1,5 P)
Wer darf Prokura für den Bereich Verkauf erteilen?

5. (1,5 P)
Ist eine Einschränkung der Prokura im Außenverhältnis erlaubt?

6. (1 P)
Ist eine Einschränkung der Prokura im Innenverhältnis erlaubt?

7. (2 P)
Besteht für H. A. das Recht auf Privatentnahmen? Angabe der gesetzlichen Grundlage ist erforderlich.

8. (3 P)
Würde H. A. ein Büro für die K.G. anmieten, wäre die K.G. an diesen Mietvertrag gebunden? Begründen Sie Ihre Entscheidung und nennen Sie die gesetzliche Grundlage hierzu.

9. (4 P)
K. D. beabsichtigt den Kauf von Rohstoffen zu Angebotspreisen in Höhe von insgesamt 12.300,- €. Darf er die Rohstoffe erwerben, auch wenn H. A. dem Einkauf widerspricht?

Begründen Sie Ihre Entscheidung und nennen Sie die gesetzliche Grundlage hierzu.

10. (3 P)
Ein Lieferer wendet sich am 9. April 2005 wegen einer Forderung in Höhe von 30.000,- € an H. A. und bittet ihn um Zahlung. Muss er die Forderung begleichen? Begründen Sie Ihre Entscheidung!

11. (3 P)
Wie würden Sie den Sachverhalt 10 beurteilen, wenn sich der Lieferant bereits am 15. März 2005 an H. A. gewendet hätte? Begründen Sie Ihre Entscheidung und nennen Sie die gesetzliche Grundlage hierzu.

Aufgabe 3 (27 Punkte)

Sachverhalt 1

Karin Rastnich, wohnhaft in Remscheid, geschieden, ohne Konfession, hat zum 01.02.2005 einen Arbeitsvertrag mit der Kauffrau Sina Lump, die als bilanzierende Einzelunternehmerin eine Spielzeuggroßhandlung in Wuppertal betreibt, geschlossen.

Aufgaben

1. (2 P)
Nennen Sie **zwei** Unterlagen, die Sina Lump zur Erstellung der Lohnabrechnung für Karin Rastnich benötigt.

2. (2 P)
Nennen Sie **zwei** Pflichten der Sina Lump e. K als Arbeitgeberin aus dem Arbeitsvertrag.

3. (2 P)
Nennen Sie **zwei** Pflichten der Arbeitnehmerin Karin Rastnich aus dem Arbeitsvertrag.

Sachverhalt 2

Die Großhändlerin Sina Lump (Sina Lump e. K.) verkauft ihre Waren grundsätzlich unter einfachem Eigentumsvorbehalt.

Aufgaben

1. (2 P)

Was bedeutet Eigentumsvorbehalt?

2. (3 P)

Unter welchen Umständen wird dieser Eigentumsvorbehalt unwirksam? Nennen Sie **drei** Umstände, die Ihnen bekannt sind.

Sachverhalt 3

Frau Lump einigt sich am 3. Dezember 2004 in einem Gespräch mit dem Eigentümer über den Kauf einer kleinen Lagerhalle, die ausschließlich betrieblichen Zwecken dienen soll, zum Preis von 100.000,- €. Am 10. Dezember 2004 wird der Vertrag notariell beurkundet und gleichzeitig die Auflassung erklärt. Der Vertrag enthält u. a. die folgenden Vereinbarungen:

- Zum 1.1.05 erfolgt der Übergang von Besitz, Nutzen, Lasten und Gefahren
- Bis zum 31.12.04 ist der volle Kaufpreis auf ein Konto des Notars zu überweisen
- Der Notar überweist den Kaufpreis nach der Eintragung der Eigentumsänderung im
  Grundbuch an den Verkäufer

Am 12. Mai 2005 erfolgt die Grundbucheintragung durch das zuständige Amtsgericht.

Aufgaben

1. (2 P)

Wann (Datum) erfolgte der rechtswirksame Abschluss des Kaufvertrags? Begründung!

2. (4 P)

Wann (Datum) erfolgte der Übergang des bürgerlich-rechtlichen Eigentums auf Frau Lump? Begründung! Angabe der Rechtsvorschriften des BGB!

3. (3 P)

Wann (Datum) muss Frau Lump das Grundstück erstmals als Vermögensgegenstand in der Bilanz ausweisen? Begründung! Angabe der Rechtsvorschriften des HGB!

4. (2 P)

Ab wann (Datum) kann Sina Lump die Gebäudeabschreibung in Anspruch nehmen? Begründung!

Sachverhalt 4

Sina Lump plant die Aufnahme eines Darlehns zur Finanzierung des Kaufpreises der Lagerhalle. Zum Kaufpreis in Höhe von 100.000,- € kommen Anschaffungsnebenkosten von 8000,- € . Ihr stehen eigene Mittel in Höhe von 32.000,- € zur Verfügung. Das Darlehen wird unter Abzug eines Damnums von 5 % ausgezahlt.

Aufgabe

Berechnen Sie die Höhe des erforderlichen Darlehens (5 P)

Aufgabe 4 (17 Punkte)

Sachverhalt

Albert Kapone und Tobias Narbe sind Inhaber einer OHG zum Betrieb eines Partyservice und erteilen ihrem Mitarbeiter Florian Kill **Prokura** und der Mitarbeiterin Anke Danke, die für den Einkauf zuständig ist, **Handlungsvollmacht**.

Aufgaben

1. (2 P)
Wozu wird Frau Anke Danke durch die Handlungsvollmacht befähigt?

2. (2 P)
Erläutern Sie den Begriff Prokura.

3. (1 P)
Kann die Handlungsvollmacht der Anke Danke gegebenenfalls im Außenverhältnis eingeschränkt werden?

4. (1 P)
Erläutern Sie bezogen auf das Innenverhältnis die Entstehung der Prokura.

5. (8 P)
Welche der nachstehenden Geschäftshandlungen sind dem zukünftigen Prokuristen erlaubt bzw. nicht erlaubt? Antworten Sie mit „**Erlaubt**" oder „**Nicht erlaubt**".

    a) Einen Gerichtsprozess gegen einen säumigen Kunden führen
    b) Einen Dreimonatswechsels zur Absicherung einer Liefererrechnung zeichnen
    c) Prokura an Frau Danke erteilen
    d) Ein betriebliches Darlehen aufnehmen
    e) Kauf eines Grundstücks für betriebliche Zwecke der OHG
    f) Belastung des Betriebsgrundstücks mit einer Hypothek

g) Entlassung eines Arbeiters
h) Neueinstellung eines Mitarbeiters

6. (3 P)

Nennen Sie drei Möglichkeiten des Erlöschens der Prokura.

Aufgabe 5 (12 Punkte)

Sachverhalt 1

Zur Erweiterung ihres Geschäftsbetriebes benötigen Albert Kapone und Tobias Narbe
weitere Geldmittel. Die Hausbank, die zur Kreditgewährung bereit ist, verlangt ausreichende
Sicherheiten.

Die OHG bietet als Sicherheit folgende Vermögenswerte an:

- Unbelastetes Grundstück   40.000,00 €
- Fuhrpark   20.000,00 €
- Forderungen   10.000,00 €
- Aktien   5.000,00 €

<u>**Aufgabe**</u>

Nennen Sie für jeden der oben genannten Vermögensgegenstände die entsprechende Kreditsicherungsart. (4 P)

Sachverhalt 2

Die Hausbank verlangt eine Bürgschaftserklärung zur weiteren Kreditsicherung. Die Eigentümer der OHG bitten ihre gemeinsame Freundin Lola Senfgeb um die Übernahme einer selbstschuldnerischen Bürgschaft.

Aufgaben

a) In welcher Form muss Lola Senfgeb die Bürgschaftserklärung abgeben? Nennen Sie die gesetzliche Grundlage. (2 P)

b) Wem gegenüber muss Lola Senfgeb die Bürgschaftserklärung abgeben? (1 P)

c) Kann Lola Senfgeb sofort von der Hausbank in Anspruch genommen werden, wenn der Kredit notleidend wird? Begründung. (2 P)

d) Lola Senfgeb ist nur bereit eine einfache Bürgschaftserklärung abzugeben. Welchen Vorteil hat die einfache Bürgschaft für sie? (3 P)

LÖSUNGEN
STEUERLEHRE

4 Lösungen Steuerlehre

ABSCHLUSSPRÜFUNG 01

+++ **Lösungshinweis** +++

Ausbildungsberuf: Steuerfachangestellte/r
Rechtslage: **2004 / 2005**

STEUERWESEN Bearbeitungszeit: 150 Minuten

Teil I

zu Aufgabe 1 (Einkommensteuer) 41 Punkte

Hinweis: Die pro Aufgabe erzielbaren Punkte sind im Lösungshinweis in Klammern hinter der Lösung vermerkt.

Ermittlung der Einkünfte aus Gewerbebetrieb

	vorläufiger Gewinn:	120.000,- € (1)
1.	zzgl. 30 % der Bewirtungskosten	300,- € (1)
	(nur 70 % sind nach § 4 Abs.5 Nr. 2 EStG abzugsfähige Betriebsausgaben)	
2.	zzgl. stille Reserven der entnommenen Hantelbank (Teilwert 2.000,- abzgl. Buchwert 1,- €)	1.999,- € (1)
3.	zzgl. Aufwendungen für die private Feier	60,- € (1)

(nicht abzugsfähige Kosten der Lebensführung, vgl. § 12 Nr.1 EStG)

= berichtigter Gewinn = Einkünfte: 122.359,- €

Ermittlung der Einkünfte aus nichtselbständiger Arbeit

Einnahmen (Bruttoarbeitslohn):	50.000,- €	(1)
abzgl. Werbungskosten:		
- Fahrtkosten		
220 Arbeitstage x 15 km x -,30 € =	990,- €	(1)
- Kontoführungsgebühren	16,- €	(1)
- Fachliteratur	220,- €	(1)
- Lehrgangsgebühren	400,- €	(1)
- Fahrtkosten zum Lehrgangsort		
Abzug nach Dienstreisegrundsätzen, vgl. LStH 38: 1.000 km x -,30 € =	300,- €	(1)
= Einkünfte aus nichtselbständiger Arbeit (§ 19 EStG):	48.074,- €	

*Hinweis: Der Kilometer-Satz für Fahrten zur Arbeitsstätte beträgt gem. § 9 Abs.1 Nr.4 EStG (grds. unabhängig von der Wahl des Verkehrsmittels) pro **Entfernungs**-Kilometer ab 2004 -,30 €, während bei Dienstreisen ein Satz von -,30 € pro **gefahrenen** Kilometer angesetzt wird (dies im Übrigen auch nur, wenn das benutzte Verkehrsmittel ein Pkw ist). Logisch ist das nicht!*

Ermittlung der Einkünfte aus Kapitalvermögen

Einnahmen:

Zinsen aus Bundesschatzbriefen (ohne Steuerabzug):	1.000,00 € (1)
Zinsen aus festverzinslichen Wertpapieren	6.835,00 € (1)
+ 30 % Kapitalertragsteuer	3.000,00 € (1)
+ 5,5 % Solidaritätszuschlag (von 3.000,-)	165,00 € (1)
= Summe der Einnahmen:	11.000,00 €
abzgl. gemeinsamer Werbungskosten-Pauschbetrag	102,00 €
abzgl. gemeinsamer Sparerfreibetrag	2.740,00 €
= Einkünfte aus § 20 EStG (1)	8.158,00 €

(= je Ehegatte ½ = 4.079,00)

Hinweis: Das „Heraufrechnen" von der Nettodividende auf die Bruttodividende ist bei Abzug des Solidaritätszuschlags schwierig. In Prüfungen kann man zur Not eine „Herunterrechnung" vom Bruttobetrag vornehmen. Die Bruttozinsen betragen 100, davon gehen 30 „Teile" Kapitalertragsteuer (Zinsabschlagsteuer) ab, verbleiben 70 „Teile". Von den 30 Teilen wird der Solidaritätszuschlag mit 5,5% berechnet = 1,65 Teile, macht insgesamt Abzüge von 31,65 Teilen. Der verbleibende Ausschüttungsbetrag beträgt somit 100 - 31,65 = 68,35 Teile. Über einen Dreisatz lässt sich dann bequem auf 100 Teile hochrechnen.

Dividenden aus Aktien werden ab 2002 nach dem Halbeinkünfteverfahren des § 3 Nr. 40 sowie § 3c EStG versteuert. Dabei werden die Einnahmen nur zur Hälfte angesetzt. Steuerpflichtige Einnahme ist die Bardividende lt. Ausschüttungsbeschluss der Gesellschafter/Aktionäre. Diese wurde um 20 „Teile" Kapitalertragsteuer vermindert sowie davon 5,5 Teile Solidaritätszuschlag = Nettodividende. Die Nettodividende beträgt damit 100 - 21,1 = 78,9 Teile. Die 100 Teile sind steuerpflichtige Einnahme, werden aber nur zur Hälfte versteuert. Damit zusammenhängende Werbungskosten werden ebenfalls nur zur Hälfte angesetzt.

Ermittlung der Einkünfte aus Vermietung und Verpachtung

Mieteinnahmen
(12 Monate x 1.200,- € =)   14.400,- € (1)
abzgl. Werbungskosten:
- Grundbesitzabgaben: 3.000,- €
- Versicherungen: 1.000,- €
- Heizkosten: 2.000,- €
- sonstige Kosten: 3.000,- €
  insgesamt: 9.000,- € (2)
  davon abziehbar: ½ (bzgl. des vermiete-   4.500,- € (1)
  ten Teils des Hauses) =

= Einkünfte aus Vermietung und Verpach-   9.900,- €
  tung somit:

Hinweis: Die Selbstnutzung im Erdgeschoss führt nicht zu Einkünften. Die Eheleute können auch keine Eigenheimzulage beanspruchen, da das Objekt nicht entgeltlich erworben wurde.

Eine Abschreibung ist nicht zu berechnen, da keine Anschaffungs-/Herstellungskosten vorgelegen haben. Das Objekt wurde Frau Schwitzenegger ja geschenkt.

Ermittlung der sonstigen Einkünfte

Da die Ehegatten innerhalb von eines Jahres Aktien gekauft und verkauft haben (Kauf des Aktienpakets: November 2003, Verkauf: 15.6.2004), liegen Einkünfte aus privaten Veräußerungsgeschäften (§ 23 EStG) vor. (1)

Hinweis: Die Frage, ob die Besteuerung von Aktienverkaufserlösen verfassungsgemäß ist, ist im Zeitpunkt der Drucklegung noch nicht abschließend geklärt. Die Kläger hatten geltend gemacht, der Staat tue nichts gegen die Steuerhinterziehung in diesem Bereich, habe daher kein Recht, Steuern auf Einkünfte nach § 23

Abs.1 Nr.2 EStG von den wenigen "Steuerehrlichen" zu erheben. Die Rechtslage der Jahre 1997 und 1998 wurde schon für verfassungswidrig erklärt, für die folgenden Jahre ist die Verfassungswidrigkeit noch strittig.

Steuerpflichtige Einnahmen sind nur zur Hälfte anzusetzen (§ 3 Nr.40j EStG), die Anschaffungskosten und die Verkaufsnebenkosten sind ebenfalls nur zur Hälfte anzusetzen (§ 3c Abs.2 EStG).

Einnahmen: 70.000 €, davon ½	35.000,- € (1)
abzgl. Anschaffungskosten: 30.000 €, davon ½	15.000,- € (1)
abzgl. Verkaufsnebenkosten: 1.000,- €, davon ½ (Werbungskosten)	500,- € (1)
= Einkünfte aus § 23 EStG:	19.500,- €
(die auch steuerpflichtig sind, da sie die Freigrenze von 512,- € übersteigen.)	
je Ehegatte:	9.750,- €

Der Verkauf eines weiteren Aktienpakets im Dezember führt nicht zu steuerpflichtigen Einkünften, da er außerhalb der einjährigen Veräußerungsfrist geschieht.

somit Summe der Einkünfte   **207.991 €**

Ermittlung der Sonderausgaben

Unbeschränkt abzugsfähige Sonderausgaben werden nicht geltend gemacht. Angesetzt wird daher der Sonderausgaben-Pauschbetrag von 72,- € (bei Ehegatten). (1)

Vorsorgeaufwendungen (Arbeitnehmer-Anteil am Gesamtsozialversicherungsbeitrag i.H.v. 10.000,- sowie weitere Vorsorgeaufwendungen von 10.000,- =) 20.000,- € werden geltend gemacht.

Höchstbetragsberechnung:

Vorsorgeaufwendungen:		20.000,- €	
Vorwegabzug:	6.136,- €		
abzgl. 16 % des Bruttolohns von Irene S.	8.000,- €		
verbleiben:	0,- €	0,- €	0,- €
Rest:		20.000,- €	
abzgl. Grundhöchstbetrag:		2.668,- €	2.668,- €
verbleiben		17.332,- €	
abzgl. hälftiger Grundhöchstbetrag (max. ½ von 17.332,- €)		1.334,- €	1.334,- €
abzugsfähige Vorsorgeaufwendungen insgesamt:			4.002,- €

(4 Punkte)

Hinweis: Der Abzug von Vorsorgeaufwendungen ab 2005 richtet sich nach dem durch Alterseinkünftegesetz geänderten § 10 EStG.

1. Basisversorgung (§ 10 Abs.1 Nr.2 EStG)

Beiträge zu den gesetzlichen Rentenkassen sowie vergleichbare Beiträge und Beiträge zu privaten Rentenversicherungen (die allerdings nicht vererblich, übertragbar, beleihbar oder veräußerbar sein dürfen und frühestens ab dem 60. Lebensjahr als Leibrenten ausgezahlt werden müssen) sind in 2005 mit maximal 12.000 € abzugsfähig (bei zusammen veranlagten Ehegatten 24.000 €.

2. Grundförderung (§ 10 Abs.1 Nr.3 EStG)

Beiträge zu Kranken-, Pflege-, Unfall-, Arbeitslosenversicherungen sowie zu Risikolebensversicherungen und Lebensversicherungen mit mindestens 12jähriger Laufzeit (sofern die Verträge vor dem 1.1.2005 abgeschlossen wurden und bereits ein Beitrag gezahlt wurde) sind in 2005 mit maximal 2.400 € abzugsfähig (bei Beamten und gesetzlich Krankenversicherten: 1.500 €), jeweils pro Person und Jahr.

Der Gesetzgeber hat eine so genannte "Günstigerprüfung" vorgesehen (§ 10 Abs.4a EStG). Wenn das in 2004 angewandte Recht zu einem höheren Abzug führt, wird dies angewandt.
Im vorliegenden Fall sind also die genannten Beträge auf jeden Fall abzugsfähig.

Ermittlung der außergewöhnlichen Belastungen

Unterstützung bedürftiger Personen nach § 33a Abs.1 EStG (Vater des Albert S.):

monatlich 400,- € =	4.800,- €

eigene Einkünfte des Vaters:

Renteneinnahmen: 300,- € x 12 Monate =	3.600,- €
x Ertragsanteil lt. Tabelle des § 22 EStG:	
32 % = steuerpflichtige Einnahmen:	1.152,- €
abzgl. WK-Pauschbetrag (§ 9a Nr.3 EStG)	102,- €
= anrechenbare Einkünfte:	1.050,- €

Bezüge des Vaters:

Kapitalanteil der Rente (Einnahmen 3.600,- €	
abzgl. Ertragsanteil 1.152,- € =)	2.448,- €
abzgl. Kosten-Pauschbetrag	
(R 180e Abs.3 EStR):	180,- €
= anrechenbare Bezüge:	2.268,- €
Summe der anrechenb. Einkünfte und Bezüge:	3.318,- €
davon unschädlich:	624,- €
davon somit schädlich:	2.694,- €

Die schädlichen Einkünfte und Bezüge mindern den abzugsfähigen Höchstbetrag von 7.680,- €.

Abzugsfähig sind als außergewöhnliche Belastungen somit maximal (7.680,- € - 2.694,- € =) 4.986,- €.

Schwitzeneggers können somit die geleisteten Zahlungen von 4.800,- € voll absetzen.

(6 Punkte)

Kinderbetreuungskosten für Pamela können nach § 33c EStG abgesetzt werden, wenn beide Eltern berufstätig sind, wie in diesem Fall. Abzugsfähig sind Aufwendungen, die pro Jahr 1.548,- € überschreiten, somit (2.100 - 1.548 =) 552,- €. (1)

Zusammenfassung:

<u>1. Ermittlung des Einkommens</u>

Gesamtbetrag der Einkünfte (s.o.)	207.991,- €
abzgl. Sonderausgaben:	
- Sonderausgaben-Pauschbetrag:	72,- €
- Vorsorgeaufwendungen:	4.002,- €
abzgl. außergewöhnliche Belastungen:	
- Unterstützung des Vaters	4.800,- €
- Kinderbetreuungskosten Pamela	552,- €
= Einkommen:	198.565,- €

(insgesamt 2 Punkte bei Abzug der Sonderausgaben und außergewöhnlichen Belastungen in der richtigen Reihenfolge) (2)

2. Vergleichsrechnung „Kinderfreibetrag/Betreuungsfreibetrag oder Kindergeld"

	Kinderfreibetrag (€)	Kindergeld (€)
Einkommen:	198.565	198.565
Kinderfreibetrag für 1 Kind:	3.648	
Betreuungsfreibetrag:	2.160	
zu versteuerndes Einkommen:	192.757	198.565
tarifliche ESt:	69.050	71.663
abzgl. Kindergeld:		1.848
Gesamtbelastung:	69.050	69.815

Fazit: Die Inanspruchnahme des Kinderfreibetrags bzw. Betreuungsfreibetrags ist aufgrund des hohen Einkommens der Ehegatten günstiger als die Inanspruchnahme des gezahlten Kindergelds!

(4 Punkte)

Hinweis: Für Veranlagungszeiträume ab 2005 beträgt der "Spitzensteuersatz" nur noch 42%. Da die Schwitzeneggers zu den "Spitzenverdienern" gehören, ist das zu versteuernde Einkommen für das Jahr 2005 nach folgender Formel zu berechnen: $0{,}42 * x - 7914$ € (vgl. § 32a EStG i.d.F. ab 2005). x ist dabei das auf einen vollen Euro-Betrag abgerundete halbe z.v.E. Der sich aus der Berechnung ergebende Betrag ist zu verdoppeln (Splittingsystem). Somit ergibt sich für ein z.v.E. von 192.757 € eine tarifliche ESt 2005 von 65.129 €, für das z.v.E. von 198.565 € eine tarifliche ESt 2005 von 67.568 €. Kindergeld und Kinderfreibetrag ändern sich nicht.

Abgabenordnung (11 Punkte)

zu Aufgabe 1 (6 Punkte)

zu a)

Beginn der Festsetzungsfrist (§§ 169 ff AO, Ablauf des Jahres, in dem die Steuererklärung eingereicht wurde:

    mit Ablauf des Jahres 2001

    Dauer der Festsetzungsfrist: 4 Jahre

    Ende: mit Ablauf des 31.12.2005 (1,5 Punkte)

zu b) Beginn: mit Ablauf des 31.12.2002

    Dauer: 4 Jahre

    Ende: mit Ablauf des 31.12.2006 (1,5 P.)

zu c) Beginn: mit Ablauf des 31.12.2003

    Dauer: 4 Jahre

    Ende: mit Ablauf des 31.12.2007 (1,5 P.)

zu d) Beginn: mit Ablauf des 31.12.2003

    (hier: spätestens mit Ablauf des 3. Jahres nach dem betreffenden Steuerjahr)

    Dauer: 4 Jahre

    Ende: mit Ablauf des 31.12.2007 (1,5 P.)

zu Aufgabe 2 (5 Punkte)

zu 1)

Aufgabe zur Post: 17.6.2004
Bekanntgabe: Sonntag, den 20.6.2004

Bei Bekanntgabe am Sams-, Sonn- oder Feiertag verlängert sich die Frist auf den Ablauf des nächstfolgenden Werktages, hier: Montag, 21.6.2004

Beginn der Einspruchsfrist: 22.6.2004 / bzw. mit Ablauf des 21.6.2004

Ende der Einspruchsfrist: 21.7.2004

Folge: Ein Einspruch ist am 22.7.2004 wegen Fristablaufs nicht mehr möglich (3 Punkte)

zu 2)

Da der Feststellungsbescheid unter dem Vorbehalt der Nachprüfung gem. § 164 AO ergangen ist, kann er gemäß § 164 Abs.2 AO auch nach Ablauf der Einspruchsfrist noch geändert werden. Die Änderung kann zugunsten und zuungunsten des Steuerpflichtigen erfolgen. (2 Punkte)

Teil II

(Umsatzsteuer) 30 Punkte

1.

Westerwolle lässt die personalintensive Spinnerei in einer Betriebsstätte in Estoril (Portugal) erledigen. Im Februar 2004 hatte er einen Container Wolle von Portugal mit eigenem Lkw in das Hauptwerk in Hagen befördert. Der Warenwert betrug 22.000,- €.

Umsatzart:	innergemeinschaftlicher Erwerb (1 P.)
Rechtsvorschrift bzgl. der Umsatzart:	§ 1a Abs.2 UStG (Verbringen) (1 P.)
Bemessungsgrundlage (€):	22.000,- € (0,5 P.)
Umsatzsteuer (€):	3.520,- € (1 P.)
Vorsteuer (€):	3.520,- € (1 P.)

2.

Durch ein Versehen wurde im Juni 2004 dem Kunden Kinkel ein Posten Stoffe für 40.000,- € netto verkauft und die Umsatzsteuer mit 7 % (= 2.800,- €) ausgewiesen. Kinkel überwies auch 42.800,- €. Die Rechnung ist bisher nicht berichtigt worden.

Bemessungsgrundlage (€):	36.896,55 € (16% aus 42.800,- €) (1 P.)
Höhe der nachzuentrichtenden Umsatzsteuer (€):	(USt auf 36.896,55 = 5.903,45 € abzgl. 2.800,- € =) 3.103,45 € (1 P.)

3.
Im August 2004 erwarb Westerwolle von der Firma Gong aus Peking einen Webstuhl für 230.000,- € netto. Gong lieferte „verzollt und versteuert". Die Einfuhrumsatzsteuer wurde vom Spediteur des Gong an der Grenze bezahlt. Der Rechnungsbetrag der nach § 14 UStG ordnungsmäßigen Rechnung wurde von Westerwolle noch im August bezahlt.

Umsatzart:	Lieferung (0,5 P.)
Ort des Umsatzes:	Deutschland (§ 3 Abs.8 UStG) (1 P.)
Steuerbarkeit:	ja (0,5 P.)
steuerpflichtig/steuerfrei:	steuerpflichtig (0,5 P.)
Umsatzsteuer (in €):	36.800,- € (1 P.)
Vorsteuer (in €):	36.800,- € (1 P.)
Rechtsvorschrift für den Vorsteuerabzug:	§ 15 Abs.1 Nr.1 UStG (1 P.)

4.
Im Mai 2004 wurden im Rahmen einer Umbaumaßnahme zwei Büros in Westerwolles Firma renoviert. Dabei wurden die beiden Schreibtische durch neue ersetzt. Die alten Schreibtische schenkte Westerwolle seiner Buchführungsleiterin Krause. Die Schreibtische hatten einen Buchwert von (jeweils) 1,- € und einen Wiederbeschaffungswert zum Zeitpunkt des Schenkens von (jeweils) 100,- €.

Umsatzart:	unentgeltliche Lieferung an Arbeitnehmer (1 P.)
Steuerbarkeit:	ja (1 P.)

Bemessungsgrundlage (in €):	200,- € (1 P.)
Umsatzsteuer (in €):	32,- € (1 P.)

5.

Am 1.12.2004 bestellte Westerwolle ein elektronisches Steuerungsgerät für einen Färbebottich bei der Mannheimer Firma Lampsfuß. Lampsfuß sagte die Lieferung im Januar 2005 zu. Noch im Dezember 2004 leistete Westerwolle eine Anzahlung von 20.000,- €. Eine Anzahlungsrechnung erhielt er nicht.

Kann Westerwolle Vorsteuer geltend machen? Begründen Sie Ihre Antwort kurz (unter Angabe der Rechtsvorschrift).	Nein, da § 15 Abs.1 Nr.1 S.2 UStG auch bei Anzahlungen das Vorhandensein einer Rechnung voraussetzt. (1 P.)

6.

Im März 2004 wurde eine Kleinserie von Baumwoll-T-Shirts angefertigt, die ursprünglich auf dem Mayday-Festival in Dortmund verkauft werden sollten.

Da es zu Unstimmigkeiten mit den Veranstaltern kam, konnte Westerwolle die T-Shirts (Herstellungskosten 10,- € pro Stück) nicht verkaufen.

Daher verschenkte er 10 T-Shirts im April an die Praktikantin Pamela.

Umsatzart:	unentgeltliche Lieferung an Arbeitnehmer (1 P.)
Bemessungsgrundlage (in €):	100,- € (10 Stück á 10,- €) (1 P.)
Rechtsvorschrift für die Bemessungsgrundlage:	§ 10 Abs.4 Nr.1 UStG (1 P.)

7.
Weitere 5 T-Shirts (s. Sachverhalt 6) überließ er seiner Nichte Nina für 5,- € pro Stück.

Umsatzart:	Lieferung (1 P.)
Bemessungsgrundlage (in €):	50,- € (1 P.) Mindestbemessungsgrundlage § 10 Abs.5 UStG

8.
Beim Rangieren auf dem Betriebsgelände rammte ein Lkw des Lieferanten Lummer einen Container. Es entstand ein Sachschaden von 3.000,- €. Lummer zahlte Westerwolle zur Abgeltung aller Rechtsansprüche am 4.4.2004 die 3.000,- €.

Steuerbarkeit:	nein (1 P.)
Begründen Sie kurz Ihre Entscheidung für bzw. gegen die Steuerbarkeit:	Es handelt sich um nicht steuerbaren echten Schadensersatz (1 P.), vgl. A 3 UStR

9.
In der Hagener Innenstadt besitzt Westerwolle ein 2.000 m² großes Betriebsgelände.

1.500 m² sind an einen Lieferanten des Westerwolle, die Woll AG verpachtet. 500 m² sind an den K verpachtet, der auf dem Gelände einen Kiosk betreibt. K ist Kleinunternehmer nach § 19 UStG.

Die Pachtzahlungen für Dezember sind noch zu beurteilen.

Die Woll AG überwies am 2.12.2004 3.480,- € und K überwies 1.160,- €.

Umsatzart:	sonstige Leistung (0,5 P.)
Steuerbarkeit:	ja (0,5 P.)
Bemessungsgrundlage für die Verpachtung an die Woll AG (in €):	3.000,- € (1 P.)
Bemessungsgrundlage für die Verpachtung an K (in €):	1.160,- € (1 P.)
Umsatzsteuer (in €) für die Verpachtung an die Woll AG:	480,- € (0,5 P.)
Umsatzsteuer (in €) für die Verpachtung an K:	0,- € (0,5 P.) Eine Option nach § 9 UStG ist nicht möglich.

10.

Das Eingangstor zum Gelände, das an die Woll AG verpachtet wurde (s.o.), ließ Westerwolle im Oktober 2004 erneuern. Der Lieferant stellte 5.000,- € zzgl. 16 % USt (= 800,- €) in Rechnung.

Kann Westerwolle die in Rechnung gestellte Umsatzsteuer abziehen? (kurze Begründung)	ja, da er seinerseits steuerpflichtige Ausgangsleistungen erbringt und § 15 Abs.2 UStG den Vorsteuerabzug somit nicht verhindert. (1 P.)

11.

Am Kiosk des K (s.o.) ließ Westerwolle im Oktober 2004 eine kleine Reparatur durchführen. Der ausführende Unternehmer stellte Westerwolle dafür 500,- € zzgl. 16 % USt (= 80,- €) in Rechnung.

Kann Westerwolle die in Rechnung gestellte Umsatzsteuer abziehen? (kurze Begründung):	nein, da die Vermietung an K steuerfrei ist, hat Westerwolle auch keinen Vorsteuerabzug (§ 15 Abs.2 UStG) (1 P.)

Teil III

(Gewerbesteuer) 18 Punkte

Ermittlung des Gewerbeertrags:
vorläufiger Gewinn:	230.000,- €	(1 P.)
+ Geschäftsführervergütungen:	72.000,- €	(1 P.)
(3.000,- mtl. x 12 Monate x 2 Gesellschafter)		
+ 30 % der Bewirtungskosten:	1.500,- €	(1 P.)
(nicht abzugsfähige Betriebsausgaben)		
endgültiger Gewinn:	303.500,- €	(1 P.)

+ Hinzurechnungen:

½ der Dauerschuldentgelte (8.000,- x ½ =) 4.000,- € (2 P.)
für das Darlehen 200.000,- €
x 8 % x ½ Jahr = 8.000,- € Zinsen
Beim Kontokorrentkonto erfolgt kein Ansatz 0,- € (1 P.)
da der achtniedrigste Tagessaldo ein
Guthabenbetrag ist, somit keine Dauerschuld
vorliegt.
½ der Mietzinsen für den Büroschrank 3.000,- € (1 P.)

- Kürzungen

1,2 % des um 40 % erhöhten Einheitswerts
des Betriebsgrundstücks „Sandstr.1"
  (120.000,- x 140 % x 1,2 % =) 2.016,- € (1 P.)
1,2 % des um 40 % erhöhten Einheitswerts
des **betrieblich genutzten Teils** des Grundstücks
„Sandstr.2"
  (70.000,- x 140 % x 1,2 % x 80 % =) 941,- € (2 P.)
Gewinnanteil an der KG: 34.000,- € (1 P.)
Spende an den Verein „Kinder in Not": 6.000,- € (1 P.)

Gewerbeertrag:	267.543,- €
abgerundet:	267.500,- € (1 P.)
- Freibetrag:	24.500,- € (1 P.)
verbleibender Gewerbeertrag:	243.000,- €
x 5 % Steuermesszahl =	12.150,- € (1 P.)
(- 1.200,- € Ermäßigungsbetrag für Messzahlen 1 bis 4 % bei Gewerbeertrag bis 48.000,- €)	
=	10.950,- € (1 P.)
x Hebesatz 430 % = Gewerbesteuerschuld:	47.085,- € (1 P.)

ABSCHLUSSPRÜFUNG 02

+++ Lösungshinweis +++

Ausbildungsberuf: Steuerfachangestellte/r
Rechtslage: **2004 / 2005**

STEUERWESEN   Bearbeitungszeit: 150 Minuten

Teil I

Hinweis: Die pro Aufgabe erzielbaren Punkte sind im Lösungshinweis in Klammern hinter der Lösung vermerkt.

Lösungsschema zur ESt-Aufgabe

Ermittlung der Einkünfte aus Gewerbebetrieb

Handelsbilanzgewinn (40 %):	136.000,-	(1 P.)
+ Geschäftsführergehalt als Sonderbetriebseinnahme (4.000,- x 12 Monate, vgl. § 15 Abs.1 Nr.2 EStG)	48.000,-	(1 P.)
+ Darlehenszinsen	22.000,-	(1 P.)
− Fahrtkosten zum Betrieb (Sonderbetriebsausgaben)	2.400,-	(1 P.)
= Einkünfte aus § 15 EStG:	203.600,-	

Hinweis: Die Zinsen zählen unabhängig vom Auszahlungszeitpunkt zu den Einkünften aus gewerblicher Mitunternehmerschaft, ebenso der Gewinnanteil.

Ermittlung der Einkünfte aus nichtselbständiger Arbeit

Bruttoarbeitslohn (4.400,- € x 8 Monate)		35.200,- (1 P.)
zzgl. Abfindung:	31.000,-	
davon steuerfrei (§ 3 Nr.9 EStG)	11.000,-	
steuerpflichtig:		20.000,- (2 P.)
somit Summe der Einnahmen:		55.200,- (1 P.)
abzgl. Arbeitnehmer-Pauschbetrag:		920,- (1 P.)
Einkünfte aus § 19 EStG:		54.280,- (1 P.)

Ermittlung der sonstigen Einkünfte

Bruttorente 2004: (2.400,- € x 12 Monate)	28.800,- (1 P.)
davon steuerpflichtiger Ertragsanteil 28 %	8.064,- (1 P.)
abzgl. Werbungskosten-Pauschbetrag	102,- (1 P.)
= sonstige Einkünfte (§ 22 EStG):	7.962,- (1 P.)

Hinweis: Steuerpflichtig ist der Bruttorentenbetrag. Der Ertragsanteil ergibt sich aus der Tabelle des § 22 EStG.

Hinweis: Durch das Alterseinkünftegesetz hat sich ab 2005 die Rentenbesteuerung geändert:

Renten aus der Basisversorgung (§ 22 Nr.1 S.3 Buchst. aa EStG)
Die Rente ist zu 50% steuerpflichtig (gilt für alle Rentner, die 2005 oder früher erstmals Rente bekommen haben). Für alle folgenden Rentnerjahrgänge steigt der steuerpflichtige Anteil um 2% jährlich (d.h. ein Rentner, der erstmals 2006 Rente bekommt, muss während der gesamten Rentenlaufzeit 52% seiner Rente versteuern etc.) ("Kohortenprinzip").

Im vorliegenden Fall wären also 14.400 € steuerpflichtige Einnahmen 2005.

Der übrige, steuerfreie Anteil wird als persönlicher Freibetrag ermittelt, allerdings im auf das Jahr des Rentenbeginns folgenden Jahr. Dieser Freibetrag bleibt die gesamte Rentenbezugsdauer gleich, sodass spätere Rentenerhöhungen voll steuerpflichtig sind.

Renten aus der Grundförderung (§ 22 Nr.1 S.3 Buchst. bb)

Renten aus bestehenden oder neuen Lebensversicherungen sind weiterhin mit dem Ertragsanteil steuerpflichtig. Dieser wird allerdings stark vermindert.

Betriebsrenten und Beamtenpensionen (§ 19 Abs.1 Nr.2 EStG)

Diese Renten sind weiterhin voll steuerpflichtig. Der Versorgungsfreibetrag des § 19 Abs.2 EStG wird aber in den folgenden Jahren für folgende Rentnerjahrgänge abgeschmolzen ("Kohortenprinzip").

<u>Ermittlung der Einkünfte aus Vermietung und Verpachtung</u>

Mieteinnahmen:

- Erdgeschoss: 300,- € mtl. x 8 Monate =	2.400,-	(1 P.)
- 1. OG: 400,- € mtl. x 8 Monate =	3.200,-	(1 P.)
- 2. OG: 400,- € mtl. x 8 Monate =	3.200,-	(1 P.)
Mieteinnahmen gesamt:	8.800,-	

abzgl. Werbungskosten:

Abschreibung:

Kaufpreis	350.000,- €	(1 P.)
+ Grunderwerbsteuer	12.250,- €	(1 P.)
+ Notarkosten für die Beurkundung des Kaufvertrags	3.480,- €	(1 P.)
+ Gerichtskosten für die Auflassung	350,- €	(1 P.)
+ Gerichtskosten für die Eigentumsumschreibung	450,- €	(1 P.)
= Anschaffungskosten	366.530,- €	
abzgl. 10% Grund und Bodenwert	36.653,- €	

= verbleibender Gebäudewert	329.877,- € (1 P.)
x 2 % linearer AfA-Satz =	6.598,- € (2 P.)
x 8/12 Monate =	4.399,- € (1 P.)
Schuldzinsen	11.800,- € (1 P.)
Notarkosten für die Beurkundung der Grundschuld	1.160,- € (1 P.)
Gerichtskosten für die Eintragung der Grundschuld	650,- € (1 P.)
Reparaturkosten	10.000,- € (1 P.)
übrige laufende Kosten	6.000,- € (1 P.)
somit Einkünfte aus § 21 EStG	- 25.209,- €

Hinweis: Eine Kürzung der Werbungskosten wird hier nicht vorgenommen, da die Vermietung an den Neffen nicht zu weniger als 56 % der ortsüblichen Marktmiete erfolgt, sondern zu 75 % (vgl. § 21 Abs.2 EStG).

Einkünfte aus Gewerbebetrieb (Immo)	203.600,- €
Einkünfte aus nichtselbständiger Arbeit (Claire)	54.280,- €
Einkünfte aus Vermietung und Verpachtung (Claire)	- 25.209,- €
sonstige Einkünfte (Immo)	7.962,- €
Summe der Einkünfte	240.633,- €
abzgl. Altersentlastungsbetrag (§ 24 a EStG) für Immo (2 P.)	1.908,- €

(Bemessungsgrundlage:
Bruttoarbeitslohn 0,- € zzgl. positive Summe der übrigen Einkünfte 211.562,- € = 211.562,- € x 40 % , maximal 1.908,- €)

Claire erhält noch keinen Altersentlastungsbetrag für 2004, da sie zu Beginn des Jahres das 64. Lebensjahr noch nicht vollendet hatte. (1 Punkt Abzug bei Gewährung des AEB für Claire)

= Gesamtbetrag der Einkünfte	238.725,- €

Ermittlung der Sonderausgaben

    Sonderausgaben-Pauschbetrag (für Ehegatten):   72,- €
    (1 P.)
    Vorsorgeaufwendungen (lt. Sachverhalt):   5.000,- €
    (1 P.)

Ermittlung der außergewöhnlichen Belastungen

außergewöhnliche Belastungen nach § 33 Abs.1 EStG:
    neues Gebiss für Claire: 11.800,- €
    zumutbare Belastung nach § 33 Abs.3 EStG:
    4 % des Gesamtbetrags der Einkünfte
    (238.725,- €) (2 P.) =   9.549,- €
    somit abzugsfähig: 2.251,- €

Ausbildungsfreibetrag nach § 33 a Abs.2 EStG für Sohn Timmi:
    462,- €
(Pauschbetrag von 924,- € bei auswärtiger Unterbringung über 18 Jahre alter Kinder für 6/12 Monaten) (2 P.)

Hinweis: Schädliche Einkünfte und Bezüge werden nicht gegengerechnet, da Timmi erst nach Ende der Ausbildung (ab Juli) Einkünfte bezogen hat. Die Unterstützung der Eltern gehört nicht zu den Einkünften und Bezügen.

Somit ergibt sich folgende Berechnung:

    Gesamtbetrag der Einkünfte (s.o.):   238.725,- €
    abzgl. Verlustabzug: 44.000,- €
    (1 P.)

abzgl. Sonderausgaben: (1 P.)
- Sonderausgaben-Pauschbetrag   72,- €
- Vorsorgeaufwendungen   5.000,- €

abzgl. außergewöhnliche Belastungen:
- Gebiss (Claire Grube)   2.251,- €
- Ausbildungsfreibetrag   462,- €

= Einkommen: 186.940,- €

Abgabenordnung

zu Aufgabe 2   (9 Punkte)

zu 1)   Aufgabe zur Post: 3.5.2004
        Bekanntgabe: 6.5.2004
        Einspruchsfrist: 7.5.04 bis 6.6.04   24 Uhr (regulär)

Der Eingang des Einspruchsschreibens beim Finanzamt am 10.6.2000 ist damit verspätet (selbst unter Berücksichtigung der Tatsache, dass durch die Feiertagsregelung des § 108 Abs.3 AO sich die Frist auf Montag, den 7.6.2004 verlängert). Der Einspruch ist wegen Fristablaufs unzulässig. (3 Punkte)

Gründe für eine Wiedereinsetzung in den vorigen Stand sind nicht ersichtlich.

zu 2)   Auch nach Ablauf der Einspruchsfrist ist eine Änderung des Steuerbescheids möglich, wenn eine Berichtigungsvorschrift zutrifft. Der Vorläufigkeitsvermerk gemäß § 165 AO kommt hier nicht in Betracht, da er nur bezogen auf die unklare Frage der Erhaltungsaufwendungen gilt.

Die falsch erfassten Werbungskosten (3.000,- € statt 8.000,- €) können nach § 129 AO (offenbare Unrichtigkeit) berichtigt werden. Unter den Begriff der offenbaren Unrichtigkeit fallen Schreibfehler, Rechenfehler und andere Flüchtigkeitsfehler. (2 Punkte)

Die fehlerhafte Abschreibung (2 % statt 2,5 %) ist nicht berichtigungsfähig. Es liegt keine offenbare Unrichtigkeit vor, da der Bearbeiter bewusst die Entscheidung für 2 % getroffen hat. Auch ist kein Fall des § 173 AO gegeben, da keine neue Tatsache vorliegt (wie alt das Haus war, war ja aus der Steuererklärung ersichtlich). Ein Antrag nach § 172 AO scheidet ebenfalls aus, da er zugunsten des Steuerpflichtigen nur zulässig ist, wenn er innerhalb der Einspruchsfrist gestellt wird. (2 Punkte)

Der Behinderten-Pauschbetrag für Karl Lotta kann durch eine Berichtigung des Steuerbescheids nach § 175 Abs.1 Nr.2 AO (Eintritt eines Ereignisses mit steuerlicher Wirkung für die Vergangenheit) noch berücksichtigt werden (2 Punkte). *Ab 2005 ist hier keine Änderung mehr möglich, da § 175 Abs.1 Nr.2 AO bei rückwirkenden Bescheinigungen nicht mehr anwendbar ist. Im vorliegenden Fall käme aber eine Änderung nach § 175 Abs.1 Nr.1 AO in Betracht, da die Bescheinigung über die Behinderung ein Verwaltungsakt ist, der bindende Wirkung für den "Folge-Verwaltungsakt Steuerbescheid" hat.*

Ein Fall des § 173 AO liegt nicht vor, da der Bescheid des Versorgungsamts bei Erlass des Steuerbescheides noch nicht bestanden hat.

Teil II

Umsatzsteuer (34 Punkte)

1.
Bär ließ im Mai von seinem Angestellten A ein wertvolles Modellauto aus Blech reparieren. Das Auto gehört zum Privatvermögen des Bär. Es entstanden Materialkosten von 100,- € und Lohnkosten von 200,- €. Einem fremden Dritten hätte Bär für die Reparatur 500,- € zzgl. USt in Rechnung gestellt.

Umsatzart:	unentgeltliche Wertabgabe/ unentgeltliche Leistung (1 P.)
Bemessungsgrundlage (in €):	300,- € (1 P.)

2.

Zum Geburtstag im November schenkte Bär dem Angestellten A einen Plüschteddy aus dem Warenbestand. Der Einkaufspreis des Teddy betrug im Januar 2004 180,- €, der Verkaufspreis ist lt. Preisschild mit 348,- € angegeben. Der Wiederbeschaffungspreis im November beträgt netto 200,- €.

Umsatzart:	unentgeltliche Wertabgabe an Arbeitnehmer (1 P.)
Bemessungsgrundlage (in €):	200,- € (1 P.)
Rechtsvorschrift für die Bemessungsgrundlage:	§ 10 Abs.4 Nr.1 UStG (1 P.)

3.

Am 23.3.2004 verkaufte Bär einen Kinderwagen für 580,- € an seine Schwester. Der erst wenige Tage zuvor für 500,- € netto erworbene Kinderwagen hat einen Ladenverkaufspreis von 696,- € (inkl. 16 % USt).

Umsatzart:	Lieferung (1 P.)
Bemessungsgrundlage (in €):	500,- € (1 P.)

4.

Eine wertvolle Modelleisenbahn hatte Bär im Oktober 2004 an den Kunden K verkauft. K hatte eine Anzahlung von 1.160,- € geleistet. Die Restzahlung (3.480,- €) soll K vereinbarungsgemäß erst bei Lieferung Anfang 2005 zahlen, da die Eisenbahn erst aus Australien angeliefert werden soll.

Umsatzsteuer 2004 (in €):	160,- € (1 P.)

5.

Vom belgischen Großhändler Van Dumme erwarb Bär im Juli 2004 eine Ladung Monster-Puppen für (umgerechnet) 12.000,- €. Van Dumme hatte die Puppen per Bahn von Brüssel nach Geldern versenden lassen.

(Hinweis: Der Umsatz ist aus der Sicht des Bär zu beurteilen.)

Umsatzart:	innergemeinschaftlicher Erwerb (1 P.)
Rechtsvorschrift für die Umsatzart:	§ 1 Abs.1 Nr.5 / § 1a UStG (1 P.)
Ort des Umsatzes:	Geldern/Inland (1 P.)
Steuerbarkeit:	ja (1 P.)
Steuerpflicht:	ja (1 P.)
Bemessungsgrundlage:	12.000,- € (1 P.)
Vorsteuerabzug (in €):	1.920,- € (1 P.)
Rechtsgrundlage für den Vorsteuerabzug:	§ 15 Abs.1 Nr.3 UStG (1 P.)

6.

Am 4.12.2004 hatte Bär dem W eine Kinderschaukel für 800,- € zzgl. 16 % USt verkauft.

Da W in der darauffolgenden Woche immer noch keine Zahlung entrichtet hatte, stellte ihm Bär 30,- € Verzugszinsen in Rechnung. Der Gesamtbetrag (958,- €) wurde dann auch Ende Dezember 2004 von W gezahlt.

Beurteilen Sie kurz die umsatzsteuerliche Behandlung der Verzugszinsen: (Begründung)	Die Verzugszinsen sind echter Schadensersatz und damit nicht Teil der entgeltlichen Leistung (somit nicht steuerbar). Die Zinsen lösen keine USt aus. (2 P.)

7.
Bär hat eine Etage seines zum Unternehmensvermögen gehörenden Gebäudes (in dem sich auch sein Spielzeugladen befindet) an einen Steuerberater als Büroräume für 2.320,- € monatlich vermietet. Die Dezembermiete 2004 ging durch einen Buchungsfehler der Bank erst am 11.1.2005 auf dem Konto des Bär ein.

Bemessungsgrundlage (in €):	2.000,- € (1 P.)
Umsatzsteuer (in €):	320,- € (1 P.)
Entstehung der USt:	mit Ablauf des Dezember (Monat der Ausführung der Leistung) (2 P.)

8.
Aus China erwarb Bär im April eine Lieferung über 500 Stück Elektronik-Eier (Marke „Tamagutschi") für 10,- € pro Stück. Die Lieferung erfolgte per Schiff nach Hamburg, wo der Spediteur S dann im Auftrag des chinesischen Handelspartners die Einfuhrabgaben entrichtete. Bär erhielt die Elektronik-Eier vereinbarungsgemäß „verzollt und versteuert" frei Haus geliefert.

Umsatzart:	Lieferung (1 P.)
Ort des Umsatzes:	Inland (§ 3 Abs.8 UStG) (2 P.)
Steuerbarkeit:	ja (1 P.)

Steuerpflicht:	ja (1 P.)
Vorsteuerabzug:	ja, 800,- € (1 P.)

9.
Während des ganzen Jahres 2004 nutzte Bär sein 1998 erworbenes Betriebsfahrzeug auch zu Privatfahrten. Die Kosten des Pkw wurden ordnungsgemäß auf Aufwandskonten verbucht. Es entstanden Kosten mit Vorsteuerabzug (Benzin, Reparaturen, Abschreibungen) von 10.000,- € und Kosten ohne Vorsteuerabzug (Kfz-Steuer, Kfz-Versicherungen) von 1.000,-€.
Der durch ein ordnungsgemäßes Fahrtenbuch ermittelte private Nutzungsanteil beträgt 30 %. 10 % der privat gefahrenen Kilometer entfallen dabei auf Auslandsfahrten.
Bisher wurden diesbezüglich noch keine Buchungen vorgenommen.

Umsatzart:	unentgeltliche Wertabgabe (1 P.)
Steuerbarkeit:	ja (1 P.)
Bemessungsgrundlage für den steuerpflichtigen Umsatz:	3.000,- € (1 P.)
Umsatzsteuer (in €):	480,- € (1 P.)

Hinweis: Die AfA für das Auto wird für Zwecke der USt gem. § 15a UStG berechnet, also immer linear und zeitanteilig auf den Verteilungszeitraum von 5 Jahren (gilt für die Bemessungsgrundlage bei unentgeltlichen Leistungen gem. § 10 Abs.4 Nr.2 UStG ab 1.7.2004).

10.

In den Buchführungsunterlagen findet sich auch eine Rechnung (datiert vom 6.6.2004) des Rechtsanwalt Hals-Abschneider über 500,- € zzgl. 16 % USt.

Die Rechnung bezieht sich auf ein Beratungsgespräch und einige Briefe, die in einer Mietstreitigkeit angefallen sind. Bär hatte den Rechtsanwalt konsultiert, weil er Ärger mit den Mietern einer Wohnung in einem seiner Mietshäuser hatte.

Prüfen und begründen Sie kurz, ob Bär Vorsteuer aus der Rechnung abziehen kann:	Ein Vorsteuerabzug ist nicht möglich, da die Wohnungsvermietung steuerfrei erfolgt und keine Option möglich ist. Bei steuerfreien Ausgangsumsätzen ist bei den damit zusammenhängenden Eingangsleistungen kein Vorsteuerabzug möglich. (2 P.)

Teil III

Gewerbesteuer (16 Punkte)

zu 1)

vorläufiger Gewinn:	300.000,- €	(1 P.)
+ Geschäftsführergehalt H.B.	80.000,- €	(1 P.)
+ Teilwert entnommener Pkw	9.500,- €	(1 P.)
− Buchwert	<u>10.000,- €</u>	(1 P.)
= berichtigter (steuerlicher) Gewinn:	379.500,- €	

+ Hinzurechnungen (§ 8 GewStG):

½ der Dauerschuldentgelte: Hypothekenzinsen (300.000,- x 7 % x ½ =)   10.500,- € (1 P.)

kein Ansatz des Kontokorrentkontos, da es sich hier nicht um eine Dauerschuld handelt   (1 P.)

	Gewinnanteile des stillen Gesellschafters	4.000,- € (1 P.)
-	Kürzungen (§ 9 GewStG):	
	Betriebsgrundstück	605,- € (1 P.)
	(Einheitswert: 40.000,- € x 140 % x 1,2 % x 90 % betriebliche Nutzung)	

somit Gewerbeertrag:	393.395,- €
Abrundung:	393.300,- € (1 P.)
abzgl. Freibetrag:	24.500,- € (1 P.)
verbleiben:	368.800,- €
x 5 % Messzahl abzgl. 1.200,- Kürzungsbetrag für Sätze 1 bis 4 %	17.240,- € (2 P.)
= (Gewerbesteuermessbetrag)	

zu 2)

	Gewerbesteuerschuld	60.000,- €
x	5/6 =	50.000,- €
-	Vorauszahlungen	30.000,- €
=	Gewerbesteuer-Rückstellung:	20.000,- € (2 P.)

alternativ:

	Gewerbesteuerschuld	60.000,- €
:	Divisor 1,240 =	48.387,- €
	(bei Messzahlen beim Gewerbeertrag von 5 % ist Divisor immer 1,halber Hebesatz)	
-	Vorauszahlungen	30.000,- €
=	Gewerbesteuer-Rückstellung:	18.387,- € (2 P.)

ABSCHLUSSPRÜFUNG 03

+++ Lösungshinweis +++

Ausbildungsberuf: Steuerfachangestellte/r
Rechtslage: 2004 / 2005

STEUERWESEN Bearbeitungszeit: 150 Minuten

Teil I

Umsatzsteuer (40 Punkte)

1. Verkäufe in seinem Laden in Aachen für insgesamt 210.000,- € (nur inländische Kunden und nur Außer-Haus-Verkäufe)

Bemessungsgrundlage (in €):	196.261,68 € (1 P.)
Steuersatz:	7 % (1 P.)
Steuerbetrag (in €):	13.738,32 € (1 P.)

2. Vermietung eines Printenbackofens an einen befreundeten Bäckermeister für 5.800,- € in der Zeit vom 5.6. bis 20.6.2004.

Bezeichnung des Umsatzes:	sonstige Leistung (0,5 P.)
Bemessungsgrundlage (in €):	5.000,- € (0,5 P.)
Steuerbetrag (in €):	800,- € (0,5 P.)

3. An Privatkunden aus den benachbarten Niederlanden hat er im Juni 2004 in seinem Ladengeschäft in Aachen Backwaren für 12.000,- € (Umsatzerlöse brutto) verkauft.

Ort des Umsatzes:	Aachen
steuerpflichtig/steuerfrei:	steuerpflichtig (1 P.)
Bemessungsgrundlage (in €):	11.214,95 € (1 P.)
Umsatzsteuer (in €):	785,05 € (0,5 P.)

4. Weiterhin wurden Printen an ausgewählte Kunden in den Niederlanden auf dem Postweg versandt. Die maßgebende Lieferschwelle der Niederlande hat S dabei in 2004 überschritten. Die Versandumsätze betrugen im Juni 2004 insgesamt 20.000,- € netto.

Ort des Umsatzes:	Niederlande (1 P.)
Steuerbarkeit:	nein (1 P.)

5. Jupp Schmitz, in Oregon (USA) lebender Auswanderer, war von den Printen des S so begeistert, dass er am 13.6.2004 ein Maxi-Paket für 980,- € (Ladenpreis) im Laden des S erwarb und nach Oregon mitnahm. Ein entsprechender Ausfuhrnachweis liegt vor.

Bezeichnung des Umsatzes:	Ausfuhrlieferung (1 P.)
Ort des Umsatzes:	Aachen (1 P.)
Steuerbarkeit:	ja (1 P.)
steuerpflichtig/steuerfrei:	steuerfrei (0,5 P.)
Umsatzsteuer (in €):	0,- € (0,5 P.)

6. Vor Mitgliedern des Bäckereifachverbandes hielt S am 22.6.2004 in Frankfurt am Main einen Vortrag über gentechnisch veränderte Printen. Er erhielt dafür eine Aufwandsentschädigung i.H.v. 480,- €. Den Vortrag hat er in den Wochen zuvor in Aachen vorbereitet.

Ort des Umsatzes:	Frankfurt am Main (1 P.)
Steuerbarkeit:	ja (1 P.)
steuerpflichtig/steuerfrei:	steuerpflichtig (1 P.)
Bemessungsgrundlage (in €):	413,79 € (1 P.)

7. Einer langjährigen Mitarbeiterin verkaufte S am 2.6.2004 für 200,- € eine spezielle Lagerbox für Backwaren. Der Restbuchwert der Box betrug 1,- €, der Wiederbeschaffungspreis 348,- € (inkl. Umsatzsteuer). Der Neupreis einer derartigen Box liegt bei 1.160,- €.

Bemessungsgrundlage:	300,- € (1 P.)

8. Seinen 2004 erworbenen betrieblichen Pkw hat S in 2004 auch privat genutzt. Aus Bequemlichkeitsgründen führt S allerdings kein Fahrtenbuch. Die Kosten des Pkw (vom Finanzamt anerkannt) betragen in 2004 monatlich 800,- € (Benzin, Reparaturen und andere Kosten, die einen Vorsteuerabzug ermöglicht haben) sowie 200,- € (Kfz-Steuer und Versicherungen, die keinen Vorsteuerabzug ermöglicht haben). Der Bruttolistenpreis des Pkw beträgt 80.000,- €, der Buchwert: 60.000,- €.

Umsatzart:	unentgeltliche Wertabgabe (1 P.)
Rechtsvorschrift für die Umsatzart:	§ 3 Abs.9a Nr.1 UStG (1 P.)
Bemessungsgrundlage (steuerpflichtiger Umsatzanteil):	400,- € (2 P.) (50% der vorsteuerbehafteten Kosten, vgl. BMF-Schreiben vom 29.5.2000)
Bemessungsgrundlage (steuerfreier Umsatzanteil):	100,- € (1 P.) (50% der nicht vorsteuerbehafteten Kosten)
Umsatzsteuer (in €):	64,- € (1 P.)

9. Am 14.6.2004 erhielt er einen Schnellbackofen, den er bei der spanischen Firma Solidad S.A. im Mai bestellt hatte, angeliefert. Die Rechnung über 30.000,- € beglich er am 14.7.2004 vereinbarungsgemäß durch Überweisung von seinem betrieblichen Bankkonto.

Umsatzart:	innergemeinschaftlicher Erwerb (1 P.)
Steuerbarkeit:	ja (0,5 P.)
Steuerpflicht:	ja (0,5 P.)
Bemessungsgrundlage (in €):	30.000,- € (0,5 P.)
Umsatzsteuer (in €):	4.800,- € (0,5 P.)

10. Am 25.6.2004 übergab S einen gebrauchten Backofen der Bahn. Der Backofen wurde an eine Großbäckerei in der Ukraine geliefert und wurde dort am 2.7.2004 von der staatlichen Bahnspeditionsgesellschaft übergeben. Den Rechnungsbetrag von 11.000,- € beglich die ukrainische Firma am 2.8.2004.

Umsatzart:	Versendungs-/Ausfuhrlieferung (1 P.)
Steuerbarkeit:	ja (1 P.)
steuerpflichtig/steuerfrei:	steuerfrei (1 P.)
Bemessungsgrundlage (in €):	11.000,- € (1 P.)

11. Die Mieteinnahmen im Juni betrugen insgesamt 12.000,- €. Davon entfielen 8.120 € auf das Erdgeschoss.

Bemessungsgrundlage (in €):	7.000,- € (1 P.)
Umsatzsteuer (in €):	1.120,- € (1 P.)

12. Der Arzt im 1. OG zahlte in 2004 monatlich 3000,- € Miete.

Ist ein Verzicht auf Steuerbefreiung bei der Vermietung des 1. OG möglich? Entscheiden Sie unter Angabe der Rechtsvorschrift:	nein, da der Arzt nur steuerfreie Umsätze durchführt (vgl. § 9 Abs.2 UStG) (1 P.)
Bemessungsgrundlage (in €):	3.000,- € (0,5 P.)
Umsatzsteuer (in €):	0,- € (0,5 P.)

13. Im Juni 2004 fielen folgende Vorsteuerbeträge an:
   - aus Einkäufen für das Ladengeschäft: 12.800,- €

   (Sich eventuell aus Sachverhalt 9 ergebende Vorsteuer ist in dem Betrag von 12.800,- € nicht enthalten.)

   - Im Zusammenhang mit dem Mietshaus fielen Vorsteuerbeträge von 1200,- € an, die im Verhältnis der Nutzflächen aufgeteilt werden sollen.

Ermittlung der für Juni 2004 abziehbaren Vorsteuer:

aus dem Ladengeschäft:	lt. Sachverhalt 12.800,- € + 4.800,- € aus Sachverhalt 9 (1 P.)
aus dem Grundstück:	1/3 der gesamten Vorsteuer entsprechend dem steuerpflichtig vermieteten Teil = 400,- € (1 P.)

Die gesamte Vorsteuer beträgt daher 18.000,- €.

	Bemessungsgrundlage:	Umsatzsteuer:
Lieferungen und Leistungen sowie unentgeltliche Wertabgaben zu 16 % (Tz.2,6,7,8,11)	13.113,79	2.098,21 €
zu 7 % (Tz. 1,3)	207.476,63 €	14.523,37 €
steuerfreie Umsätze ohne Vorsteuerabzug (Tz.12)	3.000,- €	--
steuerfreie Ausfuhr (Tz 5,10)	11.980,- €	--
steuerpflichtiger innergemeinschaftlicher Erwerb (Tz. 9)	30.000,- €	4.800,- €
Umsatzsteuer gesamt:		21.421,58 €
abzgl. Vorsteuer:		18.000,00 €
= Zahllast:		3.421,58 €

(4 Punkte)

Teil II

Abgabenordnung

zu Aufgabe 1 (5 Punkte)

Ein Einspruch ist wegen Fristablauf unzulässig:

zur Post am: 12.7.2004

Bekanntgabe: 15.7.2004

Einspruchsfrist: 16.7.2004 (bzw. mit Ablauf des 15.7.2004) bis 15.8.2004, Verlängerung durch Feiertagsregelung auf Montag, den 16.8.2004. (2 P.)

Damit ist auch ein Antrag auf schlichte Änderung zugunsten des Fröhlich unzulässig (vgl. § 172 Abs.1 Nr.2a AO).

Eine Änderung des Steuerbescheids ist aber nach § 129 AO möglich, da ein Rechenfehler (offenbare Unrichtigkeit) vorliegt. (3 Punkte)

zu Aufgabe 2 (5 Punkte)

Fälligkeit:
- zur Post am   7.12.2004
- Bekanntgabe am   10.12.2004
- Zahlungsfrist: 11.12.2004 (bzw. mit Ablauf des 10.12.2004)
  bis 10.1.2005 (1 P.)

1. Rate:
Zinslauf: 11.1.2005 bis 9.2.2005
= kein voller Monat
daher entstehen keine Zinsen (2 Punkte)

2. Rate:
Zinslauf: 11.1.2005 bis 9.3.2005
= ein voller Monat
Zinsen: 12.550,- € x 0,5 % x 1 Monat = 62,75 €   (2 Punkte)

Teil III

zu Aufgabe 1 (24 Punkte)

a) Ermittlung des zu versteuernden Einkommens:

Einkünfte aus nichtselbständiger Arbeit (Gandalf Müller)

Einnahmen (Bruttoarbeitslohn)	75.000,- € (1 P.)
abzgl. Werbungskosten	
Fahrtkosten: 210 Tage x 30 km x -,25 € =	1.575,- € (1 P.)
(vgl. § 9 Abs.2 EStG)	
- vom Arbeitgeber pauschal versteuerte Fahrtkostenerstattungen:	621,- € (1 P.)
=	954,- €
weitere Werbungskosten:	5.000,- € (1 P.)
somit Einkünfte aus § 19 EStG:	69.046,- €

Einkünfte aus Kapitalvermögen (Gesine Müller)

Zinseinnahmen:	9.002,- € (1 P.)
abzgl. Werbungskosten-Pauschbetrag	102,- € (1 P.)
abzgl. Sparerfreibetrag:	2.740,- € (1 P.)
somit Einkünfte aus § 20 EStG:	6.160,- €

sonstige Einkünfte (Gesine Müller)

Renteneinnahmen:	12.804,- € (1 P.)
x Ertragsanteil 50 % =	6.402,- € (1 P.)
abzgl. Werbungskosten-Pauschbetrag:	102,- € (1 P.)
somit Einkünfte aus § 22 EStG:	6.300,- € (1 P.)

Hinweis: Im Januar 1999 bei Beginn des Rentenbezugs hatte Gesine Müller das 44. Lebensjahr noch nicht vollendet (somit Ertragsanteil 50 %).

Summe der Einkünfte:	81.506,- €
= Gesamtbetrag der Einkünfte	

Sonderausgaben

<u>Spenden:</u> 2.000,- € (0,5 P.)

(max. 5 % des GdE von 81.506,- €)

Für die Parteispenden und Mitgliedsbeiträge wird die Steuerermäßigung nach § 34g EStG gewährt: 4.000,- € x 50 %, maximal 1.650,- € bei Ehegatten

verbraucht somit: 3.300,- € (1 P.)

Der Restbetrag von 700,- € kann nach § 10b Abs.2 EStG als Spende abgezogen werden. (0,5 P.)

<u>Vorsorgeaufwendungen:</u>

Versicherungsbeiträge:		6.000,- €	
zzgl. Arbeitnehmeranteil zur Sozialversicherung:		15.000,- €	
abzgl. steuerfreier Arbeitgeberzuschuss:		<u>4.500,- €</u>	
= Vorsorgeaufwendungen:		16.500,- €	
Vorwegabzug:	6.136,-		
abzgl. 16 % des Bruttolohns:	<u>12.000,-</u>		
verbleibender Vorwegabzug:	0,-	0,- €	0,- €
Grundhöchstbetrag:		<u>2.668,- €</u>	2.668,- €
verbleiben (16.500 - 2.668)		13.832,- €	
abzgl. hälftiger Höchstbetrag		1.334,- €	<u>1.334,- €</u>
max. ½ von 13.832,-			
somit abzugsfähige Vorsorgeaufwendungen:			4.002,- €
(3 P.)			

außergewöhnliche Belastungen

Ausbildungsfreibetrag für Hugo: 924,- € (1 P.)
(er ist unter 27 Jahre alt, in Ausbildung und auswärtig untergebracht)

Hinweis: Für Else wird kein Ausbildungsfreibetrag gewährt, da sie höhere Einkünfte als 7.680,- € jährlich hat, die Eltern für sie damit weder Kinderfreibetrag noch Kindergeld erhalten. Für abzugsfähige Aufwendungen nach § 33a Abs.1 EStG fehlen im Sachverhalt die Angaben; auch wären in diesem Fall ihre Einkünfte zu hoch.

Behinderten-Pauschbetrag für Gandalf Müller (bei 80 %):
1.060,- € (1 P.)

Somit ergibt sich folgendes z.v.E.:

Sonderausgaben:

Spenden:	2.700,- €
Vorsorgeaufwendungen:	4.002,- €

außergewöhnliche Belastungen:

Ausbildungs-Freibetrag:	924,- €
Behinderten-Pauschbetrag:	1.060,- €
Einkommen:	72.820,- €
- Kinderfreibetrag für Hugo	3.648,- €
- Betreuungsfreibetrag für Hugo	2.160,- €
(1 P.)	
= zu versteuerndes Einkommen	67.012,- €

bei richtiger Reihenfolge der Darstellung: 2 Punkte

b) Ermittlung der ESt-Abschlusszahlung bzw. -erstattung

zu versteuerndes Einkommen (s.o.):	67.012,- €
tarifliche ESt nach Splittingtarif 2004:	14.316,- €
(1 P.)	
abzgl. Steuerermäßigung für Parteispenden	
(§ 34g EStG): (1 P.)	1.650,- €
festzusetzende ESt	12.666,- €
abzgl. gezahlte Lohnsteuer	10.000,- €
(0,5 P.)	
= ESt-Nachzahlung:	4.266,- €
(0,5 P.)	

Hinweis: Der ab 2005 geltende ESt-Tarif sieht Steuersätze zwischen 15 und 42% vor (in 2004: 16 bis 45%). Grundfreibetrag (7.664 €) und Grenzbetrag zum Spitzensteuersatz (52.152 €) bleiben gleich. Zur Steuerberechnung 2005 vgl. § 32a EStG in der Fassung ab 2005.

zu Aufgabe 2 (12 Punkte)

	Herr G.-B.	Frau G.-B.	
Werbungskosten Herr G.-B.			
Fahrtkosten: 210 Tage x 25 km			
x -,30 € =	1.575,- €		(1 P.)
Besuch der Meisterschule:	3.300,- €		(1 P.)
Summe:	4.875,- €		
den Arbeitnehmer-Pauschbetrag von	920,- €		(1 P.)
übersteigender Betrag:	3.955,- €		(1 P.)

Werbungskosten Frau G.B.

Fahrtkosten:	560,- €	(1 P.)
Arbeitskleidung:	100,- €	(1 P.)
den Arbeitnehmer-Pauschbetrag von	920,- €	
übersteigender Betrag:	0,- €	(1 P.)

Sonderausgaben:

Kirchensteuer 3.000,- € abzgl.
Sonderausgaben-Pauschbetrag 72,- €
= 2.928,- € zu je 1/2:   1.464,- €   1.464,- €
(2 P.)
Verlust aus Vermietung und Verpach-
tung zu je 1/2:   3.500,- €   3.500,- €
(2 P.)

einzutragender Jahresfreibetrag: 8.919,- €   4.964,- €
(1 P.)

Teil IV

Gewerbesteuer (14 Punkte)

vorläufiger Gewinn:	216.000,- € (1 P.)
+ 30 % der Bewirtungskosten	1.200,- € (1 P.)
endgültiger Gewinn:	217.200,- €

+ Hinzurechnungen:

½ der Dauerschuldentgelte: 40% von 40.000,- (lt. GuV) x ½ — 8.000,- € (1 P.)

Zinsen für das Kontokorrentkonto 40.000,- € (8niedrigster Schuldenstand des Jahres) x 11 % x ½ — 2.200,- € (1 P.)

keine Erfassung der Gewinnanteile aus der stillen Gesellschaft, da die Hinzurechnungsvorschrift des § 8 Nr.3 GewStG nur für Einlagen eines Außenstehenden im eigenen Unternehmen gilt. Hier ist es umgekehrt: Nulpe ist an einem anderen Unternehmen beteiligt.

keine Hinzurechnung der Garagenmiete, da die Vorschrift des § 8 Nr.7 GewStG nur für Vermietung und Verpachtung beweglicher Wirtschaftsgüter gilt

Hinzurechnung der Miete für die Kühltheke zu ½ : — 1.000,- € (1 P.)

kein Ansatz der Miete für die Telefonanlage, da der Vermieter Gewerbetreibender ist — 0,- € (1 P.)

Kürzungen:

1,2 % des um 40 % erhöhten Einheitswerts des Betriebsgrundstücks: 150.000,- € x 140 % x 1,2 %	2.520,- € (1 P.)
Gewerbeertrag:	225.880,- €
Abrundung:	225.800,- € (1 P.)
abzgl. Freibetrag:	24.500,- € (1 P.)
verbleiben:	201.300,- € (1 P.)
x 5 % Steuermesszahl abzgl. 1.200,- Kürzungsbetrag für die Steuermesszahlen von 1 bis 4 % =	8.865,- € (2 P.)

ABSCHLUSSPRÜFUNG 04

+++ **Lösungshinweis** +++

Ausbildungsberuf: Steuerfachangestellte/r
Rechtslage: **2004 / 2005**

STEUERWESEN   Bearbeitungszeit: 150 Minuten

Teil I

Hinweis: Die pro Aufgabe erzielbaren Punkte sind im Lösungshinweis in Klammern hinter der Lösung vermerkt.

zu Aufgabe 1   (15 Punkte)

Inhaltliches Kernstück des Briefes

Zu 1:

Für den VZ 2004 kann keine getrennte Veranlagung durchgeführt werden, weil die Voraussetzungen der Ehegattenveranlagung (nicht dauernd getrennt leben § 26(1) EStG) nicht erfüllt sind. **(1 P.)**

Für 2004 ist eine Einzelveranlagung gem. § 25(1) EStG mit dem Grundtarif § 32a EStG durchzuführen. **(1 P.)**

Zu 2:

Das Finanzamt prüft im Rahmen der Einkommensteuerveranlagung, ob der Kinderfreibetrag/Betreuungsfreibetrag günstiger ist, als das für das Kalenderjahr gezahlte Kindergeld .(§ 31 EStG) **(2 P.)**

Wird der Kinderfreibetrag/Betreuungsfreibetrag vom Einkommen abgezogen, wird das erhaltene Kindergeld mit der Steuerermäßigung verrechnet, indem die tarifliche ESt um das Kindergeld erhöht wird. (§ 2(6) EStG) **(2 P.)**

Zu 3:

Für Ihre beiden Kinder erhalten Sie nach § 32(6) EStG je einen halben Kinderfreibetrag (2 x 1.824,- € = 3.648,- €) und je einen halben Betreuungsfreibetrag (2 x 1.080,- € = 2.160,- €).

Außerdem erhalten Sie für 2004 einen Entlastungsbetrag für Alleinerziehende i.S.v. § 24b EStG. Dieser Betrag wird von der Summe der Einkünfte abgezogen und beträgt jährlich 1.308,- €. Sie erhalten den Entlastungsbetrag, da Sie alleinstehend sind, also nicht als Ehegatten veranlagt werden und Ihre Kinder zusammen mit Ihnen eine Haushaltsgemeinschaft bilden. **(4 P)**

Hinweis: Zum Zeitpunkt der Drucklegung (Frühjahr 2005) war der Entlastungsbetrag nach § 24b EStG rechtlich umstritten. Es waren einige Klagen wegen verfassungsmäßiger Bedenken gegen diese Regelung anhängig.

Ausdruck, Rechtschreibung, Sprache   **3**
Form, Gestaltung 2

zu Aufgabe 2 (15 Punkte)

1. Ermittlung der Bemessungsgrundlage für die Eigenheimzulage

 Bemessungsgrundlage sind gem. § 8 EigZulG die Anschaffungskosten des Objekts. Der Begriff der AK ist dabei nach allgemeinen Kriterien auszulegen. Zu den AK gehören hier:

der Kaufpreis	300.000,- (1)
die Grunderwerbsteuer	10.500,- (1)
Kosten Grundbuchamt für Eigentumsübertragung	700,- (1)
Notarkosten (inkl. USt) für Eigentumsübertragung	1.160,- (1)
= Gesamt-AK	312.360,- (1)

Die Kosten des Grundbuchamts für die Eintragung der Hypothek und die Kosten des Notars für die Beurkundung der Hypothek gehören nicht zu den AK, sondern zu den Finanzierungskosten. Finanzierungskosten und die Aufwendungen für die Renovierung (Maler, Armaturen, Teppichböden) sind nicht begünstigungsfähig.

(3 Punkte)

2. Eigenheimzulage

Die Eheleute Morchel erhalten zunächst den Fördergrundbetrag i.H.v. 1% der Bemessungsgrundlage (312.360,- x 1 % = 3.124,- €, maximal allerdings 1.250,- €, sowie die Kinderzulage für Tochter Anna (800,- €) insgesamt 2.050,- € jährlich (§ 9 Abs.2 + 5 EigZulG).

(2 Punkte)

3. Beantragung

Die EigZul wird beim zuständigen Wohnsitzfinanzamt *beantragt* (§ 11 Abs.1 EigZulG).

(2 Punkte)

4. Auszahlung

Die *Auszahlung* der Eigenheimzulage erfolgt einen Monat nach Bekanntgabe des Bescheids (bei erstmaliger Gewährung). In den Folgejahren wird sie zum 15.3. ausgezahlt (§ 13 EigZulG). (3 Punkte)

zu Aufgabe 3 (24 Punkte)

1. Einkünfte der Café GbR

vorläufiger Gewinn:	180.000,-	
abzgl. Buchwert der gestohlenen Sitzgarnitur	800,-	(1)
(kein Ansatz des Teilwerts, da dies durch die Abschreibung auf den Buchwert bereits berücksichtigt wurde)		
abzgl. Gewinnminderung durch die zu bildende Prozesskosten-Rückstellung	5.000,-	(1)
abzgl. Aufwand für Reinigungsmittel	200,-	(1)
(als BA abzugsfähig, § 4 Abs.4 EStG)		
= berichtigter Gewinn	174.000,-	(1)

Gewinnverteilung der GbR

	Brock	Badendorf
Geschäftsführergehalt (Einkünfte gem. § 15 Abs.1 Nr.2 EStG) (1)	24.000,-	
Verteilung des GbR-Gewinns (70:30)	121.800,-	52.200,-
Einkünfte (1)	145.800,-	52.200,-

2. Ermittlung des Einkommens von Brock

    Einkünfte aus Gewerbebetrieb (GbR):   145.800,- (0,5)

    Einkünfte aus Gewerbebetrieb: 120.000,- (1)

    (Gewinnanteil aus der KG-Beteiligung, Erfassung im Jahr der wirtschaftlichen Zugehörigkeit gemäß § 4a Abs.2 Nr.1 EStG)

Einkünfte aus Gewerbebetrieb § 16: (1)

    Veräußerung des Mitunternehmeranteils an der KG

    Veräußerungserlös: 340.000,-

    abzgl. Buchwert der Beteiligung: 300.000,- (1)

    abzgl. Veräußerungskosten: 5.000,- (1)

    = Veräußerungsgewinn: 35.000,- (1)

Ein Freibetrag nach § 16 Abs.4 EStG wird nicht gewährt, da Brock weder das 55. Lebensjahr vollendet hat, noch im sozialversicherungsrechtlichen Sinn berufsunfähig ist. (1)

Damit betragen die Einkünfte gemäß § 16 EStG 35.000,- €.

Sie werden nach § 34 EStG ermäßigt besteuert.

Einkünfte aus Kapitalvermögen:

Zinserträge (Gutschrift	6.835,-	
zzgl. Kapitalertragsteuer	3.000,-	(1)
/Zinsabschlagsteuer (30% des Bruttobetrags)		
zzgl. 5,5 % Solidaritätszuschlag	165,-	(1)
Bruttoerträge = Einnahmen	10.000,-	
abzgl. Werbungskosten-Pauschbetrag gem. § 9a EStG	51,-	(0,5)
abzgl. Sparer-Freibetrag § 20 Abs.4 EStG	1.370,-	(0,5)
= Einkünfte	8.579,-	(0,5)

Summe der Einkünfte 309.379,- (0,5)
   abzgl. Entlastungsbetrag für 1.308,- (1)
   Alleinerziehende (vgl. § 24b EStG)
= Gesamtbetrag der Einkünfte 308.071

abzgl. Sonderausgaben
   - Steuerberatungskosten 800,- (1)
   - Bausparbeiträge: nicht abzugsfähig: 0,-

   - Vorsorgeaufwendungen
      insgesamt: 15.000,-
      Vorwegabzug: 3.068,-
      abzgl. 16 % des Bruttolohns: 0,-
      = ungekürzter Vorwegabzug: 3.068,- (1)

      Grundhöchstbetrag: 1.334,- (1)
      hälftiger Grundhöchstbetrag: 667,- (0,5)
      = Vorsorgeaufwendungen: 5.069,-

= Sonderausgaben insgesamt: 5.869,- (1)

= Einkommen: 302.202,-

zu 3. kindbezogene Vergünstigungen
   Bei gleichem Sachverhalt erhält Brock für ihre Tochter im Jahre 2004:

   - den Kinderfreibetrag (bedingt durch das hohe Einkommen ist dieser günstiger als das Kindergeld) von 3.648,- € für das „sächliche Existenzminimum" des Kindes (1)

   - den Betreuungsfreibetrag von 2.160,- €, unabhängig von den tatsächlich angefallenen Aufwendungen (1)

Hinweis: Da der leibliche Vater von Lola keinen Anspruch auf Kinderfreibetrag/Kindergeld bzw. Betreuungsfreibetrag hat, verdoppeln sich diese Freibeträge für Laura Brock..

Teil II

zu Aufgabe 1   (6 Punkte)

1.

Ort der Leistung:	Kobe (Japan) (1 P.)
Rechtsgrundlage:	§ 3a Abs.4 Nr.3, Abs.3 S.1 UStG (1 P.)

2.

Ort der Leistung:	Bad Oenhausen (1 P.)
Rechtsgrundlage:	§ 3a Abs.1 UStG (1 P.)

3.

Ort der Leistung:	Ontario/Kanada (1 P.)
Rechtsgrundlage:	§ 3a Abs.4 Nr.3, Abs.3 S.3 UStG (1 P.)

zu Aufgabe 2   (20 Punkte)

1.

Im September 2004 verkaufte die GmbH in ihrem Ladengeschäft in Mettmann Bücher für 74.900,- €.

Umsatzart:	Lieferung (1 P.)
Bemessungsgrundlage (in €):	70.000,- € (1 P.)
Umsatzsteuer (in €):	4.900,- € (1 P.)

2.

Auf der Leipziger Buchmesse im März war die GmbH auch durch einen Stand vertreten. Weil einem der Messekunden ein Bücherregal aus Holz so gut gefiel, wurde es ihm kurzer Hand verkauft. Das Regal wurde Anfang April von Mettmann aus mit der Post nach Neubrandenburg verschickt, wo der Messekunde wohnte. Es wurden ihm 2.320,- € in Rechnung gestellt, die durch Überweisung beglichen wurden.

Umsatzart:	Lieferung (1 P.)
Umsatzort:	Mettmann (1 P.)
Bemessungsgrundlage (in €):	2.000,- € (1 P.)
Umsatzsteuer (in €):	320,- € (1 P.)

3.

Einem guten Kunden schenkte die GmbH zu Weihnachten 2004 ein wertvolles Weinregal, das am 22.2.2004 für 200,- € zzgl. 16 % USt erworben wurde. Die GmbH hatte in der Februar-Voranmeldung Vorsteuer abgezogen, da das Regal zunächst in der Buchhandlung genutzt wurde.

Umsatzart:	unentgeltliche Wertabgabe/Lieferung (1 P.)
Bemessungsgrundlage (in €):	200,- € (1 P.)
Rechtsvorschrift für die Bemessungsgrundlage:	§ 10 Abs.4 Nr.1 UStG (1 P.)
Umsatzsteuer (in €):	32,- € (1 P.)

4.

Zur Erweiterung des Sortiments nahm die GmbH im Dezember 2004 noch Plüschtiere in den Verkauf. Bis Ende Dezember wurden Plüschtiere im Wert von 10.000,- € verkauft.

Umsatzart:	Lieferung (1 P.)
Bemessungsgrundlage (in €):	8.620,69 € (1 P.)
Umsatzsteuer (in €):	1.379,31 € (1 P.)

5.

Durch einen Wasserschaden wurden im September 2004 mehrere Bücherkisten im Lagerkeller beschädigt. Die Versicherung erstattete den Einkaufswert der Bücher i. H. v. netto 8.000,- €.

Steuerbarkeit:	nein (1 P.)
Begründung:	Es liegt nicht steuerbarer echter Schadensersatz vor. (2 P.)

6.

Im Juli versandte die GmbH eine Reihe von seltenen Sachbüchern, die sie aus einem Nachlass erworben hatte, an den Antiquar A in Avignon (Frankreich). A betreibt sein Geschäft in Avignon und Paris. Der Wert der Warensendung betrug 30.000,- €.

Ort des Umsatzes:	Mettmann (1 P.)
Steuerbarkeit:	ja (1 P.)
Steuerpflicht:	nein (innergemeinschaftliche Lieferung) (1 P.)

zu Aufgabe 3 (6 Punkte)

1.

Ein Vorsteuerabzug kommt nicht in Betracht, da Delle keine von einem anderen Unternehmer ausgestellte Rechnung vorlegen kann. Eine Rechnung mit gesondertem USt-Ausweis ist aber nach § 15 Abs.1 Nr.1 UStG Voraussetzung für den Vorsteuerabzug.

(2 P.)

2.

Kleinunternehmer sind nicht zum gesonderten Ausweis von USt in einer Rechnung befugt (vgl. § 19 Abs.1 S.4 UStG). Der Kleinunternehmer schuldet zwar die unberechtigt ausgewiesene USt (§ 14c Abs.2 UStG), ein Vorsteuerabzug ist aber für Delle nicht möglich (vgl. A 192 Abs.6 UStR).

(2 P.)

3.

Wiederum ist die Rechnung nicht ordnungsgemäß. Da es sich nicht um eine Kleinbetragsrechnung i.S.v. § 33 UStDV handelt (Rechnungsgesamtbetrag im vorliegenden Fall über 100,- €), muss gem. § 14 Abs.4 Nr.7 und 8 UStG Entgelt und Steuer gesondert ausgewiesen sein. Dies ist hier nicht der Fall. Es ist nur der Gesamtbetrag ausgewiesen sowie der Prozentsatz. Die Vorsteuer ist daher auch in diesem Fall nicht abzugsfähig (§ 15 Abs.1 Nr.1 UStG).

(2 P.)

zu Aufgabe 4 (14 Punkte)

1. Auswirkung: + 8.000,- € (Hinzurechnung nach § 8 Nr.3 GewStG) (2 Punkte)

2. Auswirkung: + 6.000,- € (200.000,- x 6 % x ½ ; Hinzurechnung nach § 8 Nr.1 GewStG) (3 Punkte)

3. Auswirkung: − 941,- € (EW 70.000,- x 140 % x 1,2 % x 80 %; Kürzung nach § 9 Nr.1 GewStG) (3 Punkte)

4. Auswirkung: + 30.000,- € (Hinzurechnung nach § 8 Nr.8 GewStG) (3 Punkte)

5. Auswirkung: + 100,- € (Hinzurechnung von 1/2 des Mietaufwands § 8 Nr. 7 GewStG) (3 Punkte)

ABSCHLUSSPRÜFUNG 05

+++ Lösungshinweis +++

Ausbildungsberuf: Steuerfachangestellte/r
Rechtslage: **2004 / 2005**

STEUERWESEN   Bearbeitungszeit: 150 Minuten

Teil I

Hinweis: Die pro Aufgabe erzielbaren Punkte sind im Lösungshinweis in Klammern hinter der Lösung vermerkt.

zu Aufgabe 1   (35 Punkte)

<u>1. Ermittlung der anteiligen Einkünfte des Wutz Grünbein aus der Beteiligung an der Bär KG</u>

Anteil am Handelsbilanzgewinn	75.000,- €	(1 P.)
Tätigkeitsvergütung als Sonderbetriebseinnahme (3.000 € x 12 Monate)	36.000,- €	(1 P.)
abzgl. Sonderbetriebsausgaben:		
Fahrten Wohnung/Betriebsstätte (200 Tage x 23 km x -,30 €)	1.380,- €	(1 P.)
= anteilige Einkünfte aus der Beteiligung	109.620,- €	(1 P.)

2. Ermittlung des Gesamtbetrags der Einkünfte für Wutz Grünbein

Einkünfte aus Gewerbebetrieb	109.620,- €	(1 P.)
Einkünfte aus Vermietung und Verpachtung	5.800,- €	(1 P.)
= Summe der Einkünfte	115.420,- €	(1 P.)
abzgl. Altersentlastungsbetrag (hier wird der Höchstbetrag angesetzt)	1.908,- €	(1 P.)
= Gesamtbetrag der Einkünfte	113.512,- €	(1 P.)

3. Ermittlung des Gesamtbetrags der Einkünfte für Ottilie Grünbein

a) Einkünfte aus nichtselbständiger Arbeit

Bruttoarbeitslohn	43.000,- €	(1 P.)
abzgl. Werbungskosten		
- Kosten der doppelten Haushaltsführung:		(1 P.)
Miete (320,- € x 12 Monate)	3.840,- €	(1 P.)
Familienheimfahrten: 180 km x 2 (Hin- u. Rückfahrt) x -,30 € x 42 Fahrten	4.536,- €	(1 P.)
- übrige Werbungskosten	900,- €	(1 P.)
= Einkünfte	33.724,- €	(1 P.)

b) Einkünfte aus Kapitalvermögen

Gewinnanteil (Dividende) brutto (zu ½ als Einnahme zu erfassen)	5.000,- €	(1 P.)
abzgl. Werbungskosten		
- Zinsen (zu ½)	165,- €	(1 P.)
abzgl. Sparerfreibetrag (doppelter Betrag wegen Zusammenveranlagung)	2.740,- €	(1 P.)
= Einkünfte	2.095,- €	(1 P.)

Summe der Einkünfte Ottilie Grünbein   35.819,- € (1 P.)
= Gesamtbetrag der Einkünfte

4. Ermittlung des zu versteuernden Einkommens der Eheleute Grünbein

GdE Wutz Grünbein	113.512,- € (1 P.)
GdE Ottilie Grünbein	35.819,- € (1 P.)
= Summe	149.331,- € (1 P.)

abzgl. Sonderausgaben

- abzugsfähige Vorsorgeaufwendungen	4.002,- € (1 P.)
- Spende 8.000,- €, max. 5% von 149.331,- €	7.467,- € (1 P.)

abzgl. außergewöhnliche Belastungen

Krankheitskosten	14.000,- € (1 P.)
abzgl. Erstattung der Krankenkasse	4.500,- € (1 P.)
abzgl. zumutbare Belastung (6% von 149.331,- €)	8.959,- € (1 P.)

verbleiben abziehbar: 541,- € (1 P.)

= Einkommen/zu versteuerndes Einkommen   137.321,- € (1 P.)

5. Ermittlung der tariflichen Einkommensteuer sowie die Ermittlung der ESt-Nachzahlung bzw. -erstattung

tarifliche Einkommensteuer nach Splittingtarif auf z.v.E. von 137.321,- €	44.124,- € (1 P.)
(ab 2005: vgl. § 32a EStG i.d.F. des Jahres 2005)	
abzgl. Steuerermäßigung gem. § 35 EStG	4.050,- € (1 P.)
50% des Gewerbesteuermessbetrags der KG: 2.250 € x 1,8	
= festzusetzende ESt	40.074,- €
abzgl. einbehaltene LSt	7.340,- € (1 P.)
abzgl. anrechenbare KESt	2.000,- € (1 P.)
(vgl. § 43a Abs.1 Nr.1 EStG)	
abzgl. geleistete ESt-Vorauszahlungen 3.000,- € x 4	12.000,- € (1 P.)
= Einkommensteuer-Nachzahlung	18.734,- €

Teil II

Umsatzsteuer

1.

An einen österreichischen Fahrradhändler lieferte Wockert 20 Fahrräder zum Preis von netto 4.000 €. Die ihm beim Einkauf der Fahrräder von einem inländischen Unternehmer in Rechnung gestellte Vorsteuer betrug 160 €.

Umsatzart:	Lieferung (0,5 P.)
Ort des Umsatzes:	Bamberg (0,5 P.)
Steuerpflicht/Steuerbefreiung:	steuerfreie innergemeinschaftliche Lieferung (0,5 P.)
Stellen Sie fest, ob und in welcher Höhe Wockert ggf. Vorsteuer abziehen kann:	Vorsteuerabzug ist möglich i.H.v. 160,- € (0,5 P.)
Rechtsgrundlage für den Vorsteuerabzug:	§ 15 Abs.3 Nr.1 UStG (1 P.)

2.

Von einem französischen Hersteller erwarb Wockert drei Motorräder. In Rechnung gestellt wurden 15.000 €. Der Hersteller brachte die Ware mit eigenem Lkw nach Bamberg.

Umsatzart:	innergemeinschaftlicher Erwerb (0,5 P.)
Ort des Umsatzes:	Bamberg (0,5 P.)
Rechtsgrundlage:	§ 3d UStG (0,5 P.)

Bemessungsgrundlage (€):	15.000,- € (0,5 P.)
Umsatzsteuer (€):	2.400,- € (0,5 P.)
Vorsteuer (€):	2.400,- € (0,5 P.)

3.

Wockert erwarb 10 Mountainbikes von einem Schweizer Unternehmen mit Sitz in Zürich für 3.000 US-$ (umgerechnet: 2.800 €). Der Betrag entspricht dem Zollwert. Ein vom Schweizer Lieferanten beauftragter Spediteur brachte die Fahrräder nach Bamberg. Die Einfuhrumsatzsteuer wurde vereinbarungsgemäß von Wockert getragen.

Umsatzart:	Einfuhr (0,5 P.)
Bemessungsgrundlage (€):	2.800,- € (0,5 P.)
Stellen Sie fest, ob und ggf. in welcher Höhe ein Vorsteuerabzug möglich ist:	Vorsteuerabzug ist möglich i.H.v. 448,- € (0,5 P.)
Rechtsgrundlage für den Vorsteuerabzug:	§ 15 Abs.1 Nr.2 UStG (0,5 P.)

4.

Beim Transport von Zürich nach Bamberg (siehe Fall 3) wurden zwei Mountainbikes schwer beschädigt. Die Transportversicherung zahlte Wockert 500 €.

Steuerbarkeit:	nicht steuerbar (1 P.)
Begründung:	Es liegt echter Schadensersatz vor (1 P.)

5.
Wockert verkaufte 20 Rennräder für umgerechnet 70.000 € an einen Unternehmer in China. Die Fahrräder wurden per Container von Frankfurt aus per Flugzeug nach Shanhai gebracht.

Umsatzart:	(Ausfuhr-)Lieferung (0,5 P.)
Ort des Umsatzes	Bamberg (0,5 P.)
Steuerpflicht/Steuerfreiheit:	steuerfrei (0,5 P.)
Rechtsgrundlage:	§ 4 Nr.1a UStG (0,5 P.)

6.
An eine Gruppe japanischer Touristen vermietete Wockert in Bamberg 20 Fahrräder für 2 Tage. Pro Fahrrad und Tag betrug die Miete (Zahlbetrag) 15 €. Die Fahrräder wurden zur Hälfte in Bamberg und zur Hälfte in der benachbarten tschechischen Republik genutzt.

Umsatzart:	sonstige Leistung (0,5 P.)
Ort des Umsatzes:	Bamberg (0,5 P.)
Bemessungsgrundlage:	517,24 € (1 P.) (600,- € abzgl. 16% USt)

7.

Wockert schenkte seinem in Großbritannien lebenden Neffen zum Geburtstag aus dem Lagerbestand seines Geschäftes in Bamberg ein Mountainbike.

Der ursprüngliche Einkaufspreis des Fahrrads betrug 1.300 €, sein Wiederbeschaffungspreis am Tag der Schenkung 1.100 € (jeweils ohne Umsatzsteuer).

Umsatzart:	Lieferung/unentgeltliche Lieferung/unentgeltliche Wertabgabe (1 P.)
Steuerbarkeit:	steuerbar (0,5 P.)
Rechtsgrundlage für die Steuerbarkeit:	§ 1 Abs.1 Nr.1 i.V.m. § 3 Abs.1b UStG (1 P.)
Ort des Umsatzes:	Bamberg (0,5 P.)
Rechtsgrundlage für Ort des Umsatzes:	§ 3f UStG (0,5 P.)
Bemessungsgrundlage:	1.100,- € (0,5 P.)
Stellen Sie fest, ob und ggf. in welcher Höhe Wockert Vorsteuer aus dem Einkauf abziehen kann:	Vorsteuerabzug ist möglich (1.300,- € x 16% = 208,- €) (1 P.)

8.
Wockert hatte 2004 in Bamberg ein Wohn- und Geschäftshaus errichten lassen. Die Herstellungskosten betrugen 1,5 Mio. € netto zzgl. USt. Eine ordnungsgemäße Rechnung im Sinne von § 14 UStG wurde erstellt.

Wockert möchte gemäß § 9 UStG soweit wie möglich auf die Umsatzsteuerbefreiungen verzichten.

Das Haus hat eine Gesamtnutzfläche von 300 qm und wird seit Fertigstellung wie folgt genutzt:

Erdgeschoss (100 qm): eigener Betrieb des Wockert, Mietwert 23.000 € jährlich

1. Obergeschoss (100 qm): vermietet an einen praktischen Arzt, Mieteinnahmen 24.000 € jährlich

2. Obergeschoss (100 qm): vermietet zu Wohnzwecken, Mieteinnahmen 18.000 € jährlich

Erdgeschoss:

Steuerbarkeit:	nicht steuerbar (0,5 P.)
Begründung:	Innenumsatz (1 P.) alt.: kein Leistungsaustausch
Vorsteuerabzug:	ja (0,5 P.)
Begründung:	Das EG wird zur Erzielung steuerpflichtiger Umsätze genutzt (0,5 P.)

1. Obergeschoss:

Umsatzart:	sonstige Leistung (0,5 P.)
Steuerpflicht/Steuerfreiheit:	steuerfrei (0,5 P.)
Optionsmöglichkeit gemäß § 9 UStG:	nein (0,5 P.)
Rechtsgrundlage:	§ 9 Abs.2 UStG (0,5 P.)
Vorsteuerabzug:	nein (0,5 P.)
Begründung:	§ 15 Abs.2 Nr.1 UStG (0,5 P.) alt.: Ausschlussumsatz

2. Obergeschoss:

Umsatzart:	sonstige Leistung (0,5 P.)
Steuerpflicht/Steuerbefreiung:	steuerfrei (0,5 P.)
Optionsmöglichkeit gemäß § 9 UStG:	nein (0,5 P.)
Rechtsgrundlage:	§ 9 Abs.1 UStG (0,5 P.)
Vorsteuerabzug:	nein (0,5 P.)

Ermittlung der abziehbaren Vorsteuer aus dem Bau des Gebäudes nach Maßgabe der Nutzfläche:

Nutzfläche insgesamt:	300 qm,
davon Erdgeschoss:	100 qm
Vorsteuer insgesamt:	240.000,- €
davon abzugsfähig 1/3:	80.000,- €
(2 P.)	

Teil III

Gewerbesteuer

vorläufiger handelsrechtlicher Gewinn	**888.000,- €**	
+ Tätigkeitsvergütung J. Bleibtreu	45.000,- €	(0,5 P.)
+ alle Spenden	1.000,- €	(0,5 P.)
+ 30% der Bewirtungsaufwendungen	690,- €	(1 P.)
= steuerlicher Gewinn	**934.690,- €**	

Hinweis: Vereinzelt werden in den Abschlussprüfungen hier Lösungen angeboten, bei denen die nicht abzugsfähige 30%ige Vorsteuer auf die Bewirtungskosten zunächst vom vorläufigen handelsrechtlichen Gewinn **abgezogen** wird. Das Ergebnis ist dann der endgültige handelsrechtliche Gewinn. Der nicht abzugsfähige Vorsteuerbetrag wird sodann wieder bei Ermittlung des steuerlichen Gewinns **hinzugerechnet**. Im Ergebnis ergibt sich keine Änderung.

Da diese Vorsteuer aber in jedem Fall gewinnneutral zu verbuchen ist, wurde in dieser Musterlösung auf eine Vorsteuerkorrektur verzichtet.

+ Gewerbesteuervorauszahlungen 2004	10.000,- €	(1 P.)
= Gewinn vor Berücksichtigung der Gewerbesteuer	**944.690,- €**	

Übertrag:	944.690,- €
+ Hinzurechnungen:	
Dauerschuldentgelte:	6.500,- € (1 P.)
13.000,- € x 50%	
Leasing der EDV-Anlage	0,- € (1 P.)
kein Ansatz, da Vermieter Gewerbetreibender ist	
Miete für den Rasenmäher zu ½	1.000,- € (1 P.)
Ansatz, da Vermieter als Landwirt nicht der Gewerbesteuer unterliegt	
- Kürzungen:	
eigenbetrieblich genutztes Grundstück	1.613,- € (1 P.)
120.000,- € EW x 140% x 1,2% x 80% eigenbetrieblicher Anteil	
Spenden für religiöse Zwecke	500,- € (1 P.)
Parteispenden sind gem. § 9 Nr.5 GewStG nicht abzugsfähig	
= Gewerbeertrag	**950.077,- €**
Abrundung auf volle 100 €	950.000,- € (0,5 P.)
- Freibetrag	24.500,- € (0,5 P.)
= verbleiben	925.500,- €
x 5% Messzahl (abzgl. 1.200,- € Staffelbetrag) = **Steuermessbetrag**	**45.075,- €** (1 P.)
Steuermessbetrag x 400% Hebesatz = vorläufige Gewerbesteuer	180.300,- € (1 P.)
: Divisor (1,halber Hebesatz) 1,2 =	
wahrscheinliche Gewerbesteuer	**150.250,- €** (1 P.)
- Vorauszahlungen	10.000,- € (1 P.)
= Gewerbesteuer-Rückstellung	**140.250,- €** (1 P.)

Teil IV

Abgabenordnung

zu Sachverhalt 1 Aufgabe 1

Aufgabe zur Post: 22.3.2005
Tag der Bekanntgabe: 25.3.2005 (regulär)
29.3.2005 *(Verlängerung durch Feiertagsregelung: 25.3.05: Karfreitag, anschließend Samstag, Sonntag und Ostermontag)*

Einspruchsfrist (Beginn): Ablauf des 29.3.2005 *(alternativ: Beginn des 30.3.2005)*
Einspruchsfrist (Ende): Ablauf des 29.4.2005

Ein Einspruch am 2.5.2005 ist nicht mehr möglich, da die einmonatige Einspruchsfrist des § 355 Abs.1 AO abgelaufen ist.

(4 Punkte)

zu Sachverhalt 1 Aufgabe 2

Es handelt sich in diesem Fall um eine offenbare Unrichtigkeit gem. § 129 AO. Eine Änderung ist dann jederzeit bis zum Ende der Festsetzungsfrist möglich.

(2 Punkte)

Sachverhalt 2

1)

Verspätungszuschlag gem. § 152 AO (1 P.)

2)

Der Verspätungszuschlag beträgt maximal 10% der festgesetzten Steuer, maximal 25.000,- € gem. § 152 AO. (2 P.)

3)

Die GmbH kann gegen die Festsetzung von Verspätungszuschlägen Einspruch gem. § 347 AO einlegen. (1 P.)

Teil V

Körperschaftsteuer

zu 1. Ermittlung des z.v.E. der GmbH

vorläufiger Jahresüberschuss:	**275.000,- €**
+ Geschenke über 35,- €	3.440,- € (1 P.)
+ als BA gebuchte Vorsteuer	560,- € (1 P.)
+ KSt-Vorauszahlungen	53.000,- € (1 P.)
+ Solidaritätszuschläge	2.915,- € (1 P.)
+ Gewerbesteuer (keine Hinzurechnung, da abzugsfähige BA)	0,- € (1 P.)
+ Hinzurechnung der Spende	5.085,- € (1 P.)
= Einkommen vor Spendenabzug	**340.000,- €**
- maximal abzugsfähige Spenden: 5% von 340.000 € = 17.000 €	5.085,- € (1 P.)
= zu versteuerndes Einkommen	**334.915,- €** (1 P.)

zu 2. Berechnung der tariflichen Körperschaftsteuer und des Solidaritätszuschlags

tarifliche KSt 2004: 25 % von 334.915,- € = 83.728,- €
(1 P.)

Solidaritätszuschlag: 5,5 % von 83.728,- € = 4.605,- €
(1 P.)

LÖSUNGEN
RECHNUNGSWESEN

5 Lösungen Rechnungswesen

ABSCHLUSSPRÜFUNG 01

+++ Lösungshinweis +++

Ausbildungsberuf: Steuerfachangestellte/r
Rechtslage: **2004 / 2005**

RECHNUNGSWESEN   Bearbeitungszeit: 120 Minuten

Teil I

zu Aufgabe 1 (8 Punkte)

Buchungssätze:
Abschreibungen auf Anlagevermögen (alter Drucker) 1.000,-
an Geschäftsausstattung 1.000,-
(2 Punkte)

Anlagenabgänge bei Buchverlust 1.400,-
an Geschäftsausstattung (alter Drucker) 1.400,-
(2 Punkte)

Geschäftsausstattung 8.800,- an Kasse 9.744,-
Vorsteuer 1.408,-   Erlöse aus Anlagenverkäufen 400,-
                                 Umsatzsteuer 64,-

(2 Punkte)

Abschreibungen auf Anlagevermögen 733,-
an Geschäftsausstattung 733,-

(neuer Drucker: lineare Abschreibung auf 3 Jahre, zu 3 Monaten in 2004)

(2 Punkte)

zu Aufgabe 2 (10 Punkte)

zu a) Bruttogehalt (Barlohn): 2.500,- €
    zzgl. Pkw-Gestellung (Sachbezug): 174,- €
    steuerpflichtiger Bruttolohn: 2.674,- €
    - Lohnsteuer/KiSt/Solizuschlag: 400,- €
    - Sozialversicherungsbeitrag 500,- €
     (Arbeitnehmeranteil)
    - Personalkauf (Verrechnung): 107,- €
    - Pkw-Gestellung (Sachbezug): 174,- €
    = Auszahlungsbetrag (Netto-Barlohn): 1.493,- €

(5 Punkte)

zu b) Löhne 2.674,- an Bank 1.493,-
    ges. soz. Aufw. 500,- Verbindlichk. LSt/KiSt/Soli 400,-
                              Verb. im Rahmen der sozialen
                              Sicherheit 1.000,-
                              Umsatzerlöse 100,-
                              Umsatzsteuer 7 % 7,-
                              verrechnete Sachbezüge 150,-
                              Umsatzsteuer 16 % 24,-

(5 Punkte)

<u>Hinweis:</u> *Lohnsteuerliche Werte sind umsatzsteuerrechtlich immer Bruttowerte. Daher muss aus dem angegebenen lohnsteuerlichen Wert für die Pkw-Gestellung die Umsatzsteuer mit 16 % **herausgerechnet** werden.*

zu Aufgabe 3 (10 Punkte)

zu a)
Anfangsbestand	122.000,- €
+ Wareneingang	1.534.000,- €
+ Bezugskosten	23.000,- €
- Rücksendungen an Lieferanten	62.000,- €
- Preisnachlässe von Lieferanten	20.600,- €
- Schlussbestand	115.000,- €
= Wareneinsatz	1.481.400,- €

(4 Punkte)

zu b)
Verkaufserlöse:	2.896.000,- €
- Preisnachlässe an Kunden	44.000,- €
- Wareneinsatz	1.481.400,- €
= Rohgewinn	1.370.600,- €

(2 Punkte)

zu c) Rohgewinnaufschlagsatz/Kalkulationszuschlag:
1.370.600,- x 100 : 1.481.400,- = 92,52 %
(2 Punkte)

zu d) Rohgewinnsatz/Handelsspanne
1.370.600,- x 100 : (2.896.000,- - 44.000,-) = 48,06 %
(2 Punkte)

zu Aufgabe 4 (9 Punkte)

Vermögen:	1.800.000,- €
- Schulden:	800.000,- €
- Abfindung Geschäftsführer	50.000,- €
- Abfindungen übrige Mitarbeiter	50.000,- €
= Restvermögen:	900.000,- €

(2 Punkte)

davon erhält Jakob 1/3 = 20/60 =   300.000,- € (2 Punkte)
              Josef ¼ = 15/60 =   225.000,- € (2 Punkte)
              Jussuf 1/5 = 12/60 = 180.000,- € (2 Punkte)
              Joderius den Rest =   195.000,- € (1 Punkt)

zu Aufgabe 5   (10 Punkte)

Halbeinkünfteverfahren (ab 2002)

abgezogene Kapitalertragsteuer   20 %
davon 5,5 %   1,1 %
gesamt: 21,1 %

somit beträgt die Auszahlung 100 – 21,1 = 78,9 % der Bardividende
(4Punkte)

Bardividende: 30.922,50 € : 78,9 x 100 = 39.192,02 (3 Punkte)
Bei Zufluss in 2004 sind nach dem Halbeinkünfteverfahren nur 39.192,02 : 2 = 19.596,01 als steuerpflichtige Einnahme anzusetzen.

Teil II

zu Aufgabe 1   (35 Punkte)
1.
Privat 696,- an Telefonkosten 600,-
              Vorsteuer   96,-   (5 Punkte)

(Da es sich hier um den Bezug einer sonstigen Leistung handelt, die nach § 15 Abs.4 UStG sofort in einen VorSt-abzugsberechtigten Teil und einen nicht VorSt-abzugsberechtigten Teil aufgeteilt werden muss, sind die auf die Privatnutzung entfallenden Telefonkosten und Vorsteuerbeträge auszubuchen, vgl. auch A 192 Abs.18 Nr.1 UStR)

2.

nicht abzugsfähige Betriebsausg. 1.044,-

an   Bewirtungskosten   900,-

Vorsteuer   144,-

(5 Punkte)

(*Nichtabzugsfähigkeit und kein VorSt-Abzug bzgl.* **(NEU !) 30 %** *der angemessenen und nachgewiesenen Aufwendungen.*)

3.

Forderungen aLuL 2.320,- an Umsatzerlöse 2.000,-

Umsatzsteuer   320,-

(5 Punkte)

4.

aktive RAP 1.650,- an Kfz-Kosten 1.650,-   (5 Punkte)

5.

Die Forderung muss mit dem Umrechnungskurs zum Zeitpunkt der Anschaffung erfasst werden:

19.366,25 : 1,5493 = 12.500,00 €   (1,5 P)

Zum 31.12.04 sind höchstens die Anschaffungskosten anzusetzen, d. h. der Kurs zum 31.12.04 wird nicht berücksichtigt. (1,5 P)

(oder: nicht realisierte Gewinne dürfen nicht ausgewiesen werden)

steuerfreie Umsätze 102,49   an Ford. a. L. u. L. 102,49   (2 P.)

6.

aktive RAP 4.800,- an Mietaufwand 4.800,-   (5 Punkte)

7.

Einzelwertbericht. auf Forderungen 15.000,-

an   Forderungen aLuL 34.800,-

Forderungsverluste 15.000,-

Umsatzsteuer 16 %   4.800,-

zu Aufgabe 2 (13 Punkte)

a)

Liegen in Höhe des Versicherungsbeitrags Betriebsausgaben vor? (kurze Begründung)

ja, da die Aufwendungen betrieblich veranlasst sind (2 Punkte)

Anmerkung: Ein Sonderausgabenabzug von Haftpflichtversicherungsbeiträgen käme nur in Betracht, wenn es sich um private Haftpflichtversicherungen handeln würde.

In welchem Kalenderjahr könnte K die Aufwendungen als Betriebsausgaben geltend machen?
(kurze Begründung)

2005, da abweichend vom Abflussprinzip die regelmäßig wiederkehrenden Zahlungen innerhalb von 10 Tagen um den Jahreswechsel herum im Jahr der wirtschaftlichen Zugehörigkeit erfasst werden (2 Punkte)

b)

In welcher Höhe liegen Betriebsausgaben vor? (betragsmäßige Angabe)

232,- €, da dieser Betrag verausgabt wurde (Abflussprinzip) (2 Punkte)

In welcher Höhe liegen steuerlich abzugsfähige Betriebsausgaben vor? (betragsmäßige Angabe)

162,40 € (70 % von 232,- €) (2 Punkte)

c)

> In welcher Höhe liegen 2004 diesbezüglich Betriebsausgaben (betragsmäßige Angabe) vor, wenn K einen niedrigstmöglichen Gewinn haben möchte. K erfüllt die Voraussetzungen des § 7g EStG für kleine und mittlere Unternehmen.
>
> degressive AfA (1.200,- x 20 % = 240,- : 12 x 5 Monate =) 100,- €
> § 7g-AfA (20 % von 1.200,- =) 240,- €
> insgesamt: 340,- €
> (3 Punkte)
>
> *Anmerkung: verausgabte USt (=Betriebsausgabe) und vereinnahmte Vorsteuer (= BE) heben sich auf.*

> In welcher Höhe liegen unter den o.g. Voraussetzungen im Jahr 2005 Betriebsausgaben vor?
>
> degressive AfA vom Restbuchwert (20 % von 840,- € =) 172,- €
> (2 Punkte)

zu Aufgabe 3 (5 Punkte)

zu 1) Für unterlassene Instandhaltungen, die in den ersten drei Monaten des folgenden Wirtschaftsjahres nachgeholt werden, ist nach § 249 HGB zwingend eine Rückstellung in der Handelsbilanz zu bilden. Diese Pflicht besteht durch die Maßgeblichkeit auch für die Steuerbilanz.
(3 Punkte)

zu 2) Buchungssatz im Rahmen des Jahresabschlusses:
Aufwendungen für Instandhaltung/Reparaturen 27.000,-
an Rückstellungen für unterlassene Instandhaltungen 27.000,-
(2 Punkte)

ABSCHLUSSPRÜFUNG 02

+++ **Lösungshinweis** +++

Ausbildungsberuf: Steuerfachangestellte/r
Rechtslage: **2004 / 2005**

RECHNUNGSWESEN Bearbeitungszeit: 120 Minuten

Teil I

zu Aufgabe 1   (15 Punkte)

zu 1) Maschine 45.000,-   an Verbindlichkeiten aLuL 45.000,-
Vorsteuer aus inner-   an Umsatzsteuer aus IGE 7.200,-
gemeinschaftlichem
Erwerb 7.200,-

Abschreibung auf Sachanlagen 600,- an Maschine (alt) 600,-

Anlagenabgänge bei Buchverlust 7.400,- an Maschine (alt) 7.400,-

Verbindlichkeiten aLuL 5.000,-
an Erlöse aus steuerfreier innergemeinschaftlicher Lieferung 5.000,-

(6 Punkte)

zu 2) Verbindlichkeiten aLuL 40.000,- an Bank 40.000,-
(2 Punkte)

zu 3) Reparaturaufwendungen 1.000,- an Bank 1.160,-
Vorsteuer 160,-
(2 Punkte)

zu 4) Abschreibung: AK 45.000,- x 16,66 % degressive AfA
(2fache der linearen AfA)   = 7.500,- €
zeitanteilig: 7500 : 12 x 10 Monate = 6.250,- €

Buchungssatz:
Abschreibung auf Sachanlagen 6.250,- an Maschine 6.250,-
(5 Punkte)

zu Aufgabe 2   (7 Punkte)

zu 1) Rohstoffe/Wareneingang 2.000,-
   an   Verbindlichkeiten aLuL 2.140,-
         Vorsteuer 7 %   140,-
(2 Punkte)

zu 2) Verbindlichkeiten aLuL 4.000,- an Besitzwechsel 4.000,-
(2 Punkte)

zu 3) Bank   1.793,60 an Verb. aLuL 1.860,-
      Kosten des Geldverkehrs   40,-
      Vorsteuer 16 %   6,40
      Diskontaufwand   20,-
(3 Punkte)

zu Aufgabe 3 (15 Punkte)

zu 1) Wareneingang 880.000,- €
- Lieferskonti 1.808,- €
- Rücksendungen an Lieferanten 12.454,- €
+ Warenbestand 1.1. 230.000,- €
- Warenbestand 31.12 280.000,- €
= Wareneinsatz 815.738,- €
+ Handlungskosten 500.000,- €
= Selbstkosten 1.315.738,- €

übrige Handlungskosten 500.000,- x 100
815.738,-
= 61,29 % Handlungskostenzuschlag (4 Punkte)

zu 2) Erlöse: 1.740.000,- €
- Kundenskonti 4.888,- €
- Rücksendungen von Kunden 22.798,- €
- Wareneinsatz 815.738,- €
= Rohgewinn: 896.576,- €

Rohgewinn 896.576,- x 100
Wareneinsatz 815.738,- = 109,91 % Rohgewinnaufschlagsatz
(5 Punkte)

zu 3) Rohgewinn 896.576,- x 100
Nettoumsatz 1.712.314,- = 52,36 % Rohgewinnsatz
(Nettoumsatz = Umsatz - Rücksendungen von Kunden - Kundenskonti)
(3 Punkte)

zu 4) Rohgewinn 896.576,- €
- Handlungskosten 500.000,- €
= Reingewinn: 396.576,- €
(3 Punkte)

zu Aufgabe 4 (5 Punkte)

zu 1) 2.430.000,- € : 88.000,- € = 27,61 (2,5 Punkte)

zu 2) 360 Tage : 27,61 = 13,04 Tage (2,5 Punkte)

zu Aufgabe 5 (6 Punkte)

Buchwert 2.1.2004 36.000,- €
abzgl. AfA 04 (20 % von 36.000,-) 7.200,- €
= Buchwert 31.12.04 28.800,- € (1 Punkt)
abzgl. AfA 05 (20 % von 28.800,-) 5.760,- €
= Buchwert 31.12.05 23.040,- € (1 Punkt)
davon degressive AfA 06 (20 % von 23.040,- =) 4.608,- €
(1 Punkt)
davon lineare AfA 06 (23.040,- : 5 Jahre Restnutzungsdauer =)
4.608,- € (2 Punkte)
Im Jahr 2006 ist die lineare gleich der degressiven AfA.
Im Jahre 2007 ist die lineare AfA höher.
Der Wechsel von der degressiven zur linearen AfA empfiehlt sich daher im Jahre 2006, spätestens 2007. (1 Punkt)

Teil II

zu Aufgabe 1 (31 Punkte)

1.
Grund und Boden 104.000,- an Gebäude 84.000,-
  Grundstücksaufwand 20.000,-
(5 Punkte)

2.
Gebäude 160.000,- an Grundstücksaufwand 160.000,-
(4 Punkte)
(*Hinweis*: *es liegen anschaffungsnahe Herstellungskosten vor, da die Umbaukosten mehr als 15 % der Anschaffungskosten des Gebäudes betragen.*)

3.
aktive RAP/Damnum 3.000,- an Darlehensverbindlichkeiten 3.000,-
Zinsaufwand 250,- an aktive RAP/Damnum 250,-
(5 Punkte)

4.
Zinsaufwand 26.000,- an Sonst. Verbindlichkeiten 26.000,-
(3 Punkte)

5.
nicht abzugsf. BA 1.740,-
an   Unentgeltliche Wertabgaben 1.500,-
      Umsatzsteuer 16 %   240,-
(5 Punkte)

Hinweis: Grundsätzlich ist ein VorSt-Abzug bei Geschenken über 35,- €/vorher 40,- € ab 1.4.99 nicht mehr zulässig, vgl. § 15 Abs.1a Nr.1

UStG. Da hier aber VorSt abgezogen worden war (weil das einzelne Geschenk weniger als 35,- € gekostet hat), muss eine Besteuerung als unentgeltliche Wertabgabe (früher Eigenverbrauch) gem. § 3 Abs.1b Nr.3 UStG erfolgen.

6.
Privat 4.176,- an Unentgeltliche Wertabgabe 3.600,-
         Umsatzsteuer 16 %   576,-
(4 Punkte)

7.
Gewerbesteuerrückstellung 8.000,-
Periodenfremder Aufwand 1.000,-
an Sonst. Verbindlichkeiten 9.000,-

Gewerbesteueraufwand   14.000,- an Gewerbesteuerrückstellung 14.000,-
(5 Punkte)

zu Aufgabe 2 (21 Punkte)

1.
keine Auswirkung (vgl. § 11 Abs.2 S.2 EStG) (3 Punkte)

2.
- 500,- € (3 Punkte)

3.
keine Auswirkung (3 Punkte)

4.
keine Auswirkung (3 Punkte)

5.

> - 4.000,- € (3 Punkte)

6.

> -162,40 € (70 % von 200,- € + USt) (3 Punkte)

7.

> -1.793,- € (lineare AfA = 2000,- : 12 x 5 Monate = 833,- €
> zzgl. gesamte USt von 960,-)   (3 Punkte)

ABSCHLUSSPRÜFUNG 03

+++ Lösungshinweis +++

Ausbildungsberuf: Steuerfachangestellte/r
Rechtslage: **2004 / 2005**

RECHNUNGSWESEN   Bearbeitungszeit: 120 Minuten

Teil I

Die Punkte sind hinter dem Lösungstext in Klammern vermerkt.

zu Aufgabe 1 (18 Punkte)

zu 1)

Gesellschafter	Franz M.	Frieda M.	Friedrich T.
Kapitalkontoverzinsung	10.500,-	10.000,-	2.000,-
Restgewinn: (322.500,-)	193.500,-	96.750,-	32.250,-
Sondervergütungen	96.000,-	30.000,-	--
Einkünfte aus § 15:	300.000,-	136.750,-	34.250,-

steuerlicher Gesamtgewinn der OHG: 471.000,-
(13 Punkte)

zu 2) Anfangsbestand: 200.000,-
       + Kapitalkontenverzinsung   10.000,-
       + Gewinnanteil   96.750,-
       - Entnahmen   20.000,-
       = Stand des Kapitalkontos   286.750,-
         am 31.12.04
       (5 Punkte)

zu Aufgabe 2 (9 Punkte)

zu 1) alte Kalkulation   neue Kalkulation

       Einstandspreis   100   103

       x Faktor 2,5 =   250   jetzt 20 % weniger =   200

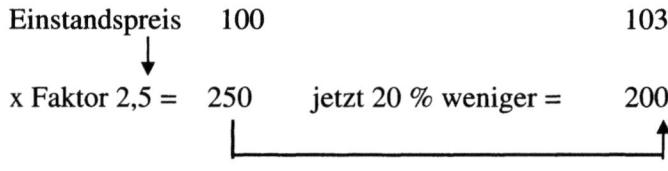

       200 : 103 = 1,94 Kalkulationsfaktor   (5 Punkte)

zu 2) Rohgewinn (200 - 103 =) 97

       $\frac{97 \times 100}{200}$ = Handelsspanne 48,5   (4 Punkte)

zu Aufgabe 3 (7 Punkte)

zu 1) 2.000,- € x 1,20 = 2.400 $ (3 Punkte)

zu 2) 1.200 $ restliches Urlaubsgeld erbringen beim Rücktausch 1.020,- €
       1.020 : 1.200 = 0,85
       Umtauschkurs also 1 $ = 0,85 Euro (2 Punkte)

zu 3) Umtauschgewinn während des Urlaubs 20,- €   (2 Punkte)

zu Aufgabe 4 (10 Punkte)

zu 1) Forderungen aLuL 48.000,-
an Erlöse aus steuerfreien Ausfuhren 48.000,-
(5 Punkte)

zu 2) Eine Buchung zum 31.12.04 findet nicht statt, da nicht realisierte (Kurs)Gewinne nicht ausgewiesen werden dürfen. (Realisationsprinzip, vgl. § 252 HGB)

Bei Bezahlung am 15.2.05 ist zu buchen:

Bank 49.600,- an Forderungen aLuL 48.000,-
Erträge aus Kursdifferenzen 1.600,-

(5 Punkte)

Teil II

zu Aufgabe 1 (32 Punkte)

1.
aktive RAP/Damnum 5.200,- an Darlehensverbindlichkeiten 5.200,-
Zinsaufwand 434,- an aktive RAP/Damnum 434,-
(4 Punkte)

2.
Zinsaufwand 4.062,50 an Sonst. Verbindlichkeiten 4.062,50
(4 Punkte)

3.
Anlagenabgänge (bei Buchgewinn) 1,- an BGA 1,- (TV alt)

BGA (TV neu)   9.000,-   an   Kasse   10.092,-
Vorsteuer 16 %   1.440,-   Erlöse aus Anlagenverkäufen   300,-
                                        (bei Buchgewinn)
                                Umsatzsteuer 16 %   48,-
(5 Punkte)

4.
Pkw   30.000,-   an Verbindlichkeiten aLuL   34.800,-
Vorsteuer 16 %   4.800,-
(3 Punkte)

KFZ-Kosten   50,-   an Verbindlichkeiten aLuL   58,-
Vorsteuer 16 %   8,-
(2 Punkte)

5.
BGA   1.400,-   an Privat   1.400,-   (5 Punkte)
Einlage erfolgt mit dem Teilwert, da die fortgeführten Anschaffungskosten (1.740,- €) höher sind, vgl. § 6 Abs.1 Nr.5 EStG.

6.
nicht abzugsf. BA   174,-   an   Unentgeltliche Wertabgaben   150,-
                                 Umsatzsteuer   24,-

ODER (weniger gute Lösung)
nicht abzugsf. BA   174,-   an   Unentgeltliche Wertabgaben   150,-
                                 Vorsteuer   24,-
(5 Punkte)

(Hinweis: aufgrund der Verbuchung auf einem falschen Konto wären die Geschenke, auch wenn sie betragsmäßig unter 35,- € gelegen hätten, nicht abzugsfähige Betriebsausgaben, vgl. § 4 Abs.7 EStG. Die VorSt ist in diesem Fall nicht abzugsfähig, vgl. § 15 Abs.1a Nr.1 UStG.)

7.

Verbindlichkeiten aLuL 348,- an Wareneinkauf 300,- (4 Punkte)
Vorsteuer 16 % 48,-

zu Aufgabe 2 (12 Punkte)

zu 1) Umsätze (570.000,- + 630.000,- + 660.000,- =) 1.860.000,-

Garantieaufwendungen (14.100,- + 6.800,- + 7.000,- =) 27.900,-

$$\frac{27.900{,-} \times 100}{1.860.000{,-}} = 1{,}5\,\%$$

In Höhe von 1,5 % des Umsatzes fallen durchschnittlich Garantieaufwendungen an. Für den Umsatz 2004 ist somit eine Garantierückstellung i. H. v. (680.000,- x 1,5 % =) 10.200,- € zu bilden. (7 Punkte)

zu 2) Aufwand für Garantieleistungen 3.200,-

an Rückstellung für Garantieleistungen 3.200,-

(2 Punkte)

zu 3) Gemäß § 249 HGB müssen für Garantieleistungen Rückstellungen in Höhe des nach kaufmännischer Beurteilung wahrscheinlichen Aufwands gebildet werden (Pflichtrückstellung für ungewisse Verbindlichkeiten). Dies ist auch maßgeblich für die Steuerbilanz (§ 5 Abs.1 S.1 EStG). (3 Punkte)

zu Aufgabe 3 (12 Punkte)

zu 1) Grund und Boden 80.000,- an Hypothekenschuld 400.000,-

Gebäude 320.000,-

Grund und Boden 3.600,- an Bank 18.640,-

Gebäude 14.400,-

Vorsteuer 640,-

(Grunderwerbsteuer 3,5 % von 400.000,- = 14.000,- zzgl. 4000,- Notar)

(5 Punkte)

zu 2) Da die Aufwendungen für den Umbau (innerhalb von drei Jahren nach Erwerb) mehr als 15 % der Anschaffungskosten betragen, liegen aktivierungspflichtige anschaffungsnahe Herstellungskosten vor (vgl. R 157 EStR, § 6 Abs.1 Nr.1a EStG).

Gebäude 120.000,- an Verbindlichkeiten/Geldkonto 139.200,-

Vorsteuer 19.200,-

(4 Punkte)

zu 3) Anschaffungskosten 320.000,- + 14.400,- zzgl. nachträgliche Herstellungskosten 120.000,- = 454.400,- Bemessungsgrundlage x 3 % lineare AfA x 7/12 Monate = 7.952,- € AfA

(3 Punkte)

ABSCHLUSSPRÜFUNG 04

+++ **Lösungshinweis** +++

Ausbildungsberuf: Steuerfachangestellte/r
Rechtslage: **2004 / 2005**

RECHNUNGSWESEN   Bearbeitungszeit: 120 Minuten

Teil I

zu Aufgabe 1   (18 Punkte)

zu 1)   zweifelhafte Forderungen 16.240,-
an Forderungen aLuL 16.240,-
(2 Punkte)
Abschreibung auf Forderungen 7.000,-
an Einzelwertberichtigung auf Forderungen 7.000,-
(2 Punkte)
Forderungsverluste 10.000,- an Forderungen aLuL 11.600,-
Umsatzsteuer   1.600,-
(3 Punkte)

Einstellung in PWB a. Ford. 7.060,-
an Pauschalwertberichtigung auf Ford. 7.060,-

*(Gesamtforderungen 834.000,- abzgl. einzelwertberichtigte Forderungen 16.240,- bzw. 11.600,- = einwandfreie Forderungen 806.160,- €
abzgl. steuerfreie Auslandsforderung 80.000,- € = 726.160,- € abzgl. 16
% USt = netto 626.000,- zzgl. Auslandsforderung 80.000,- = 706.000,-
€ x 1 % = 7.060,- €)*

(3 Punkte)

zu 2) Wertpapiere des UV 3.650,- an Geldkonto 3.650,-
(3 Punkte)

zu 3) Mit 3.650,-.Eine Bewertung über die Anschaffungskosten hinaus (hier: mit dem gestiegenen Teilwert) ist unzulässig, da nicht realisierte Gewinne ausgewiesen werden würden. (3 Punkte)

zu 4) Eine Abschreibung auf den gesunkenen Teilwert/Kurswert kommt nach § 6 Abs.1 Nr.2 EStG nur in Betracht, wenn die Wertminderung (voraussichtlich) von Dauer ist. Dies wäre z. B. der Fall, wenn der Wert zwischen dem Stichtag (hier 31.12.04) und dem Tag der Bilanzaufstellung weiter sinkt oder auf dem niedrigen Wert von 18,- bleibt. Die Abschreibung auf den niedrigeren Teilwert ist dann aufgrund der Maßgeblichkeit der Handelsbilanz für die Steuerbilanz zwingend für buchführende Gewerbetreibende. (2 Punkte)

zu Aufgabe 2   (10 Punkte)

zu 1) Umsatzsteuer   8.100,-
      steuerl. Nebenleistungen   100,-
      Verbindlichk. aus LSt/KiSt 7.000,-
      Grund und Boden   4.000,-
      Bank   3.350,-
      an Privat(einlage) 22.550,-
      (7 Punkte)

zu 2) Gewinnauswirkung: - 100,- € (Säumniszuschläge zur USt)
(3 Punkte)

zu Aufgabe 3 (16 Punkte)

zu 1) AfA Sachanlagen 17.325,- an Lkw (alt) 17.325,-
(Buchwert 1.1.01 77.000,- x 30 % x 9/12 Monate)
(2 Punkte)

außerplanm. Abschreibungen AfaA 59.675,-
an Lkw (alt) 59.675,-
(2 Punkte)

zu 2) sonstige Forderungen 70.000,-
an sonst. betriebl. Erträge 70.000,-
(Ertrag aus Versicherungsentschädigung)
(2 Punkte)

Einstellung in So.po. mit Rücklageanteil R 35 EStR 10.325,-
an Sonderposten mit Rücklageanteil 10.325,-
(= aufgedeckte stille Reserve als Differenz von Versicherungserstattung und Restbuchwert des alten Lkw)
(3 Punkte)

zu 3) Bank 70.000,- an sonstige Forderungen 70.000,-
(1 Punkt)

zu 4) Lkw (neu) 120.000,- an Geldkonto/Verbindlichk. 139.200,-
Vorsteuer 19.200,-
(2 Punkte)

zu 4/5) Sonderposten mit Rücklageanteil 10.325,-
an Lkw (neu) 10.325,-*
(2 Punkte)

Vertretbar auch Buchung:
SoPo an s.b. Erträge 10.325,- *und*
s.b.Aufwendungen an Lkw (neu) 10.325,-

zu 5) Abschreibung auf Sachanlagen 18.279,-
an Lkw (neu) 18.279,-
(AK 120.000,- abzgl. übertragene Rücklage 10.325,- = 109.675,-
x 20 % lineare AfA = 21.935 : 12 x 10 Monate (zeitanteilig)
(2 Punkte)

Teil II

zu Aufgabe 1 (32 Punkte)

1. sonstige betriebl. Aufwendungen 12.000,-
   an Rückstellung für unterlassene Instandhaltung 12.000,-
   (3 Punkte)

2. sonstige Forderungen 3.000,-
   an sonstige betriebliche Erträge 3.000,-
   (3 Punkte)

3. Löhne und Gehälter 7.900,-
   gesetzliche soziale Aufwendungen 1.580,- (ArbG-Anteil SV)
   an Bank 4.940,-
   an Sonst. Verbindlichkeiten 4.540,- (LSt, KiSt, Soli, SV)
   (4 Punkte)

4. nicht abzugsfähige Betriebsausgaben 1.392,-
   an Bewirtungskosten 1.200,-
   an Vorsteuer   192,-
   (4 Punkte)

5. Privat 7.170,- an Steuer(aufwand) 7.170,-
   (nicht abzugsfähige Privatsteuern: Einkommensteuer)
   (4 Punkte)

6. Privat 6.226,56
   an Unentgeltliche Wertabgabe 4.416,-
   Unentgeltl. Wertabgabe o. USt 1.104,-
   Umsatzsteuer 706,56
   (Berechnung: Bruttolistenpreis 46.000,- x 1 % x 12 Monate = 5.520,-; davon 80 % steuerpflichtige UWA = 4.416,-)
   (5 Punkte)

7. zweifelhafte Forderungen an Forderungen aLuL 8.700,-
   (2 Punkte)
   Abschreibungen auf Forderungen
   an EWB auf Forderungen 5.250,-
   (2 Punkte)
   (netto 7.500,- / davon 70 % = 5250,-)

8. Rechts- u. Beratungskosten
   an Prozesskostenrückstellung 30.000,-
   (5 Punkte)

zu Aufgabe 2 (15 Punkte)

zu 1) Bezugspreis: 310,00 €
   + Kalkulationszuschlag (53 %) 164,30 €
   = Listenverkaufspreis: 474,30 €
   (2 Punkte)

Selbstkostenpreis:	419,73 €	100 %
+ Gewinn	54,57 €	13 %
= Listenverkaufspreis:	474,30 €	113 %

474,30 : 113 x 13 = 54,57
(2 Punkte)

Bezugspreis:	310,00 €
+ Handlungskosten (Differenz)	109,73 €
= Selbstkostenpreis:	419,73 €

(2 Punkte)

$$\frac{\text{Handlungskosten } 109{,}73 \times 100}{\text{Bezugspreis } 310{,}-}$$

= 35,4 % Handlungskostenzuschlag
(2 Punkte)

zu 2)
neuer Preis:	430,- €	
abzgl. Selbstkostenpreis:	419,73 €	
= Gewinn:	10,27 €	(2 Punkte)

$$\frac{\text{Gewinn} \quad 10{,}27 \times 100}{\text{Selbstkostenpreis } 419{,}73}$$

= 2,45 % (2 Punkte)

zu 3)
neuer Verkaufspreis:	430,- €	
- Bezugspreis:	310,- €	
= Kalkulationszuschlag (in €)	120,- €	(1 Punkt)

$$\frac{\text{Kalkulationszuschlag (neu) } 120{,}- \times 100}{\text{Bezugspreis } 310{,}-}$$

= 38,71 % neuer Kalkulationszuschlag in Prozent (2 Punkte)

zu Aufgabe 3 (9 Punkte)

Buchwert 31.12.2004	230.400,- €
+ AfA 04 (degressiv 20 %)	57.600,- €
(230.400 : 80 x 20) (2 Punkte)	
= Buchwert 1.1.04/31.12.03	288.000,- €
+ AfA 2003 (20 %)	72.000,- € (2 Punkte)
= Buchwert 1.1.01/31.12.00	360.000,- €
+ AfA 2002	40.000,- € (3 Punkte)
(10 % degressive AfA für ein halbes Jahr)	
= Anschaffungskosten	400.000,- €
(2 Punkte)	

ABSCHLUSSPRÜFUNG 05

+++ Lösungshinweis +++

Ausbildungsberuf: Steuerfachangestellte/r
Rechtslage: **2004 / 2005**

RECHNUNGSWESEN Bearbeitungszeit: 120 Minuten

Die Punkte sind hinter dem Lösungstext in Klammern vermerkt.

1. Aufgabenteil (84 P.)

Sachverhalt 1 (9 P.)

zu 1.

Garantieleistungen 2001 bis 2003 x 100 : Erlöse 2001 bis 2003

76.800,00 € **(1P)** x 100 : 3.840.000,00 € **(1P)** = 2 %

2 % von 1.340.000,00 € **(0,5P)** = 26.800,00 € **(0,5P)**

zu 2.

Aufwand f. Gewährleistungen 4.000,-
an Rückstellung f. Gewährleistungen 4.000,-
(2 P)

zu 3.

§ 249 Abs. 1 S. 2 Nr. 2 HGB **(1 P)**

Pflichtrückstellung für Gewährleistungen ohne rechtliche Verpflichtungen. **(1 P)**.

zu 4.
- Gewinnminderung
- Steuerliche Entlastung
- Zinsgewinn durch steuerliche Entlastung
- Liquidität der Unternehmung steigt
- weitere Antworten möglich

1 Punkt pro Antwort, maximal 2 Punkte

Sachverhalt 2 (18 P.)

zu 1.a)

Anschaffungskosten	12.000,-	**(0,5P)**
- AfA 2001 4 Monate	800,-	**(1 P)**
- AfA 2002	2.400,-	**(0,5P)**
- AfA 2003	2.400,-	**(0,5P)**
- AfA 2004 7 Monate	1.400,-	**(1 P)**
= fortgef. AK	5.000,-	**(0,5P)**

Einlage zum geringeren Teilwert von 4.000,- **(1 P)**

zu 1.b)

PKW 4.000,- an Privateinlagen 4.000,- **(1 P)**

zu 2.

Berechnung der AfA pro Jahr:

Einlagewert : Restnutzungsdauer = 4.000,- : 2
= 2.000,-

(1 P)

Einlagewert 1.8.2004   4.000,-
(1 P)

- AfA 5 Mon. in 2004   833,-
(1 P)

= Bilanzansatz 31.12.2004   3.167,-
(0,5P)

zu 3.a)

Sonderposten § 7g EStG 25.000,-
an Erträge aus der Auflösung SoPo § 7g 25.000,- **(2 P)**

zu 3.b)

Die aufzulösende Rücklage muss für 2003 und 2004 mit 6% pro Wirtschaftsjahr verzinst werden. **(2 P)**. Der Zinsbetrag wird dem Gewinn außerhalb der Bilanz hinzugerechnet.

6 % von 25.000,- = 1.500,- x 2 = 3.000,- **(2 P)**

zu 3.c)

Gewinnerhöhend **(0,5P)**

    25.000,-
+   3.000,-
= 28.000,- **(2 P)**

Sachverhalt 3 (5 P.)

Privatentnahme (oder Privatsteuern) 253,20
an Dividendenerträge 253,20
    1 Buchungspunkt
    2 Rechenpunkte

Dividendenerträge 1.200,-

an   steuerfreie Dividendenerträge   600,-
steuerpflichtige Dividendenerträge 600,-

(2 P)

Sachverhalt 4 (11 P.)

zu 1.

9,14 % **(2 P)**

zu 2.

§ 288 Abs. 2 BGB **(2 P)**

zu 3.

2.726,- x 9,14 : 100 x 50 : 360 **(2 P)** =
34,60 **(1 P)**

zu 4.

Sonstige Vermögensgegenstände (oder Sonst. Ford.) 34,60

an Zinserträge 34,60

(2 P)

zu 5.

gewinnerhöhend **(1 P)**   34,60 **(1 P)**

Sachverhalt 5 (16 P.)

zu 1.a)

fortgeführte Anschaffungskosten (oder AK – AfA) **(1,5 P)**

zu 1.b)

§ 6 Abs. 1 Nr. 1 Satz 1 EStG **(1,5 P)**

zu 2.a)

Das Wertaufholungs- bzw. Zuschreibungsgebot **(1,5 P)** ist für die Steuerbilanz 2004 zu beachten (gleichbedeutende Antworten sind möglich)

zu 2.b)

§ 6 Abs. 1 Nr. 1 S. 4 EStG **(1,5 P)** (i. V. mit § 5 Abs. 6 EStG)

zu 3.

Bilanzwert 31.12.2003 **(0,5 P)**	1.550,00
- linear AfA, 25 % v. Restbuchwert **(2 P)**	387,50
= vorläufiger Bilanzansatz 31.12.2004 **(0,5 P)**	1.162,50
+ Zuschreibung 2004 **(1 P)**	337,50
= Bilanzansatz 31.12.2004 **(0,5 P)**	1.500,00

Die Zuschreibung erfolgt bis zu den fortgeführten AK in Höhe von 1.500,00.

Berechnung:

AK
2.500,00

- lineare AfA 2003 und 2004 (2 x 500,00)
1.000,00

1.500,00 **(2 P)**

zu 4.

> BGA 112,50 an Abschreibung auf Sachanlagen 112,50 **(1 P)**

> BGA 337,50
>
> an Erträge aus Zuschreibungen des Anlagevermögens 337,50 **(1 P)**

zu 5.

> gewinnerhöhend **(0,5 P)** 450,- **(1 P)**

Sachverhalt 6 (9 P.)

zu 1.

> Es besteht eine handelsbilanzielle Passivierungspflicht in Form einer Rückstellung **(1 P)** für eine ungewisse Verbindlichkeit. Der Urlaubsanspruch ist ein zum 31.12.2004 bestehender Erfüllungsrückstand des K. W. gegenüber der Angestellten Schlaf-Mütze **(1 P)**.

zu 2.

> § 249 Abs. 1 S. 1 HGB **(1 P)**

zu 3.

> Nein (oder: Auch steuerrechtlich besteht die Pflicht zur Rückstellung) **(1 P)**.

zu 4.

> § 5 Abs. 1 S. 1 EStG **(1 P)**

zu 5.

Tariflohn	30.000,-	**(0,5 P)**
+ Anteil d. Arbeitg. zur Sozialvers.	6.000,-	**(0,5 P)**
+ tarifl. Urlaubsgeld	2.000,-	**(0,5 P)**
	38.000,-	**(0,5 P)**

: 250 Arbeitstage = 152,- pro Arbeittag **(1 P)**

x 15 Urlaubstage = 2.280,00 € **(1 P)**

Einrechnung des Weihnachtgeldes oder der tarifl. Lohnerhöhung
führt zum Abzug von jeweils einem Punkt

Sachverhalt 7 (16 P.)

zu 1.

Anschaffungskosten **(1,5 P)**

zu 2.

§ 6 Abs. 1 Nr. 2 S. 1 EStG **(1,5 P)**

zu 3.

Unvollständige bzw. falsche Buchung:

Anschaffungsnebenkosten zählen zu den Anschaffungskosten.

Das betrifft die Grunderwerbsteuer, die Kosten des Notars und die Gebühren des Gerichts. **(1,5 P)**

Die Umsatzsteuer ist als Vorsteuer abziehbar und zählt nicht zu den Anschaffungskosten.

(1,5 P)

zu 4.

Die Anschaffungskosten gelten als Bewertungsobergrenze. Deshalb darf der Altbestand nicht aufgewertet werden. **(2 P)**

(oder: Verbot des Ausweises nicht realisierter Gewinne)

zu 5.

Bilanzansatz bisher (Buchwert) 90.000,-

+ Zukauf in 2004 15.975,- **(2 P)**

= Ansatz i. d. Bilanz 31.12.2004 105.975,- **(0,5 P)**

Der Ausweis des höheren Teilwerts mit dem Betrag von 181.500,- € ist nicht zulässig **(0,5 P)**, da nicht realisierte Gewinne nicht ausgewiesen werden dürfen. **(1 P)**

(oder: Die Anschaffungskosten gelten als Bewertungsobergrenze)

zu 6.

Grundstücke 525,- an Betriebliche Steuern 525,-

Grundstücke 450,-
und Vorsteuer 48,-
an Sonst. Verbindlichkeiten 498,-

Privateinlage 60.000,- an Grundstücke 60.000,-

3 Buchungspunkte

Abschlussprüfung 05

zu 7.

  gewinnerhöhend **(0,5 P)**   525,- **(0,5 P)**

2. Aufgabenteil (16,0 Punkte)

1.

2004	2005
Keine Auswirkung (0,5 P)	Betriebseinnahmen 196,- (1 P)

2.

2004	2005
Keine Auswirkung (0,5 P)	Betriebsausgaben 900,- (0,5 P)

3.

2004	2005
Keine Auswirkung (0,5 P)	Betriebsausgaben 1.500,- (0,5 P)

4.

2004	2005
Betriebsausgaben 1.827,- (2 P)	Keine Auswirkung (0,5 P)
Die Anschaffungskosten pro Geschenk übersteigen nicht die Freigrenze von 35 € (2 P)	
oder § 4 Abs. 5 Nr. 1 EStG	

5.

2004	2005
Betriebsausgaben 400,- (1 P)	Betriebsausgaben 64,- (1 P)

6.

2004	2005
Betriebsausgaben 400,- (1 P)	Betriebseinnahmen 1.000,- (2 P)

7.

2004	2005
Keine Auswirkung (0,5 P) § 4 Abs. 5 Nr. 8 S. 1 EStG (1 P)	Keine Auswirkung (0,5 P) § 4 Abs. 5 Nr. 8 S. 3 EStG (1 P)

LÖSUNGEN
WIRTSCHAFTSLEHRE

6 Lösungen Wirtschaftslehre

ABSCHLUSSPRÜFUNG 01

+++ **Lösungshinweis** +++

Ausbildungsberuf: Steuerfachangestellte/r
Rechtslage: **2004/2005**

WIRTSCHAFTSLEHRE   Bearbeitungszeit: 90 Minuten

Die Punkte sind hinter dem Lösungstext in Klammern vermerkt.

Teil I

zu Aufgabe 1   (12 Punkte)

zu a)   Die Übergabe des Kfz-Briefs an die Bank dient der Eigentumssicherung, da i.d.R. nur der Eigentümer im Besitz des Kfz-Briefs ist. (2 Punkte)

zu b)   Schwitzenegger wird zum Abschluss einer Vollkaskoversicherung verpflichtet. Die Bank würde dann bei einem Unfallschaden die Versicherungsentschädigung als Sicherheit für den betrieblichen Kredit verlangen. (2 Punkte)

zu c) Im Falle der Insolvenz hat die Bank das Recht auf Absonderung, d.h. der Lkw wird nicht Teil der Insolvenzmasse, die an die übrigen Gläubiger verteilt wird. (2 Punkte)

zu d) Vorteile der Sicherungsübereignung für die Bank:
- Die Bank hat eine Absicherung für ihren Kredit und kann den Lkw versteigern lassen, wenn Schwitzenegger zahlungsunfähig wird.
- Die Bank hat keine Aufbewahrungskosten für den Lkw, da dieser weiterhin im Besitz des Schwitzenegger verbleibt.
- Schwitzenegger kann mit dem in seinem Besitz befindlichen Lkw die Zins- und Tilgungsbeiträge an die Bank erwirtschaften.
- Im Fall der Zahlungsunfähigkeit des Schwitzenegger benötigt die Bank keinen vollstreckbaren Titel.

(4 Punkte)

zu e) Der Vorteil für Schwitzenegger liegt darin, dass er den Lkw weiterhin für eigene betriebliche Zwecke nutzen kann. Außerdem ist die Sicherungsübereignung nach außen hin für Dritte nicht erkennbar.

(2 Punkte)

zu Aufgabe 2 (9 Punkte)

zu a) Zahlung an Schwitzenegger bei der offenen Zession
Zahlung an das Altenheim bei der stillen Zession
(3 Punkte)

zu b) Drittschuldner: RV-AG
Zedent: Altenheim
Zessionar: Schwitzenegger
(3 Punkte)

zu c) Risiken der stillen Zession für Schwitzenegger:
- Das Altenheim könnte die Zahlung nicht an ihn weiterleiten.

- Die Forderung könnte bereits an einen anderen Gläubiger des Altenheims übertragen worden sein oder nicht mehr bestehen.
- Die Forderung könnte zweifelhaft oder wertlos sein.

(3 Punkte)

zu Aufgabe 3 (8 Punkte)

zu a) Die Erteilung der Prokura ist an keine Form gebunden, kann also auch mündlich erfolgen. Nach § 53 HGB soll eine Eintragung der Prokura im Handelsregister erfolgen, was aber nur deklaratorische Wirkung hat. (2 Punkte)

zu b) Nein, für den Grundstücksverkauf muss eine besondere Vollmacht erteilt werden (vgl. § 49 (2) HGB) (3 Punkte)

zu c) Ja, da eine Beschränkung der Prokura Dritten gegenüber unwirksam ist (§ 50 HGB) und Brokkolek somit zu allen Arten von Rechtsgeschäften ermächtigt ist, die der Betrieb irgendeines Handelsgewerbes mit sich bringt (§ 49 (1) HGB). (3 Punkte)

zu Aufgabe 4 (4 Punkte)

zu a) Ein Jahresabschluss (Bilanz und GuV) enthält Daten zurückliegender Jahre, die durch die aktuelle Geschäftsentwicklung des laufenden Jahres überholt sein können. Aussagekräftiger ist ein aktueller Liquiditätsstatus. (2 Punkte)

zu b) Die Buchwerte entsprechen oft nicht den Verkehrswerten der Wirtschaftsgüter. So können stille Reserven in einzelnen Bilanzpositionen enthalten sein oder einzelne Wirtschaftsgüter können sicherungsübereignet sein. (2 Punkte)

Teil II

zu Aufgabe 1 (7 Punkte)

zu a) Aussteller: Urbi-KG
Bezogener: Bettelsmann-KG
(2 Punkte)

zu b) Die Weitergabe/Übertragung erfolgt durch Indossament.
(1 Punkt)

zu c) Prolongation
(1 Punkt)

zu d) Da der Bezogene meist nicht weiß, wer am Fälligkeitstag Inhaber des Wechsels ist, muss sich der Wechselinhaber das Geld beim Bezogenen holen. (3 Punkte)

zu Aufgabe 2 (13 Punkte)

zu a) Einlagen können in Form von Geld, Sachwerten oder Rechten erbracht werden.
(2 Punkte)

zu b) Mit Aufnahme der Geschäftstätigkeit im Juni ist die Gesellschaft entstanden.
(2 Punkte)

zu c) Die Firma könnte lauten:
- Blechle & Güsi OHG oder eine andere Firma aus den Namen der beiden
- Kfz-Reparaturbetrieb OHG oder eine andere Firma, die den Geschäftsgegenstand bezeichnet

- BleGü OHG oder eine andere Fantasiefirma

(Möglich wäre auch eine gemischte Firma, die sich aus Namen und Gegenstand des Unternehmens zusammen setzt, wie z. B. KFZ-Reparaturbetrieb Blechle & Güsi OHG)

(3 Punkte)

zu d) Beide Gesellschafter sind zur Geschäftsführung befugt und verpflichtet.

(3 Punkte)

zu e) Die Meinung des Güsi ist falsch. Er haftet Gesellschaftsgläubigern gegenüber <u>unmittelbar</u> (d.h. nicht erst nach Inanspruchnahme des Blechle), <u>unbeschränkt</u> (nicht nur mit seiner Einlage) und <u>gesamtschuldnerisch</u> (d.h. nicht nur i. H. seines Anteils am Betriebsvermögen).

(3 Punkte)

zu Aufgabe 3 (8 Punkte)

zu a) Verjährungsfrist: 3 Jahre (§ 195 BGB)
Beginn (§ 199 Abs. 1 BGB): mit Ablauf des 31.12.2004, 24 Uhr
Ende: mit Ablauf des 31.12.2007, 24 Uhr
(3 Punkte)

zu b) Verjährungsfrist: 3 Jahre (§ 195 BGB)
Beginn (§ 199 Abs. 1 BGB): mit Ablauf des 31.12.2004, 24 Uhr
Ende: mit Ablauf des 31.12.2007, 24 Uhr
(2 Punkte)

zu c) Verjährungsfrist: 3 Jahre (§ 195 BGB)
Beginn (§ 199 Abs. 1 BGB): mit Ablauf des 31.12.2004, 24 Uhr
Neubeginn durch die Abschlagszahlung (§ 212 BGB)
neuer Beginn: mit Ablauf des 4.1.2005, 24 Uhr
Ende: mit Ablauf des 4.1.2008, 24 Uhr
(3 Punkte)

Hinweis:

Nur in Ausnahmefällen (wie z.B. bei rechtskräftig festgestellten Ansprüchen oder Ansprüchen aus vollstreckbaren Urkunden etc.) beträgt die Verjährungsfrist gemäß § 197 BGB 30 Jahre.

zu Aufgabe 4 (10 Punkte)

zu a) Die Schenkung ist wirksam, da Nina zwar beschränkt geschäftsfähig ist, hier aber lediglich einen rechtlichen Vorteil erlangt. *(Nur ein Schenkungsversprechen bedürfte der notariellen Beurkundung.)*

(2,5 Punkte)

zu b) Der Kaufvertrag ist wirksam, aber anfechtbar, da er durch widerrechtliche Drohung erreicht wird.

(2,5 Punkte)

zu c) Doof hat unter Motivirrtum gekauft. Dies ist unbeachtlich. Der Kaufvertrag ist daher wirksam.

(2,5 Punkte)

zu d) Der Kaufvertrag ist nichtig, da ein Kaufvertrag über ein Grundstück der notariellen Beurkundung bedarf.

(2,5 Punkte)

Teil III

zu Aufgabe 1 (9 Punkte)

zu a)

Kaufpreis:	320.000,- EUR
+ Anschaffungsnebenkosten (5 %):	16.000,- EUR
= Anschaffungskosten:	336.000,- EUR
abzgl. Eigenkapital:	96.000,- EUR
= benötigte Darlehensauszahlung:	240.000,- EUR

Bei einer Auszahlung von 96 % (nach Abzug eines Disagios von 4 %) entspricht dies einer Darlehenssumme von 250.000,- EUR.
(3 Punkte)

zu b)

Mieteinnahmen (1.100,- EUR x 12 Monate =)	13.200,- EUR
abzgl. Kosten (125,- EUR x 12 Monate =)	1.500,- EUR
abzgl. Zinsen (250.000,- x 0,04 =)	10.000,- EUR
Reinertrag:	1.700,- EUR

(Damnum ist nur im Jahr der Anschaffung ergebniswirksam)
(3 Punkte)

zu c) Reinertrag: $\dfrac{1.700,- \times 100}{96.000,-}$ = 1,77 % (gerundet)

(3 Punkte)

zu Aufgabe 2 (10 Punkte)

zu a) Zinsen für 22 Tage: 440,- EUR

jährliche Zinsen (440 : 22 x 360 =) 7.200,- EUR

Bei einem Zinssatz von 9 % entspricht dies einer Restschuld von

(7.200 : 9 x 100 =) 80.000,- EUR
(4 Punkte)

zu b) neue Darlehenssumme (=Auszahlungsbedarf 99%): 80.000,-
entspricht einer benötigten Kreditsumme von
(80.000,- : 99 x 100 =) (gerundet) 80.808,- EUR
(3 Punkte)

zu c) 80.808,- EUR x 7,3 % = 5.898,98 EUR
aufgerundet: 5.899,00 EUR
(3 Punkte)

zu Aufgabe 3 (10 Punkte)

zu a)
Abteilungsleiter	Anteil	Abfindungsbetrag
de Jong	1/3 = 4/12	40.000,- EUR
de Fries	¼ = 3/12	30.000,- EUR
de Lacre	5/12	50.000,- EUR

Summe der Abfindungen: 120.000,- EUR
(6 Punkte)

zu b) Vermögen: 2.330.000,- EUR
abzgl. Schulden: 1.710.000,- EUR
abzgl. Abfindungen: 120.000,- EUR

= verteilungsfähiges Reinvermögen: 500.000,- EUR

davon für Rolf Bruch (3/5) =   300.000,- EUR
davon für Jochen Bud (1/5) =   100.000,- EUR
davon für Janus Bud (1/5) =   100.000,- EUR
(4 Punkte)

ABSCHLUSSPRÜFUNG 02

+++ Lösungshinweis +++

Ausbildungsberuf: Steuerfachangestellte/r
Rechtslage: **2004/2005**

WIRTSCHAFTSLEHRE Bearbeitungszeit: 90 Minuten

Die Punkte sind hinter dem Lösungstext in Klammern vermerkt.

Teil I

zu Aufgabe 1   (7 Punkte)

zu a)   Ein Kaufvertrag ist zustande gekommen, da zwei übereinstimmende Willenserklärungen vorliegen (mit dem Inhalt: „Verkauf einer Sonnenbank zum Preis von 1.245,- EUR"). (2 Punkte)

zu b)   Sofern Braten den Vertrag wegen Erklärungsirrtum anficht, muss er nicht liefern. (3 Punkte)

zu c)   Ja, er muss Olvers die 150,- EUR erstatten, da sie im Vertrauen auf sein Angebot die Werbeaufwendungen getätigt hatte. (2 Punkte)

zu Aufgabe 2 (4 Punkte)

Braten kann die 2.000,- EUR nicht zurückverlangen, da die Aushilfssekretärin Handlungsvollmacht (2 Punkte) besaß, die in diesem Fall stillschweigend durch Duldung erteilt worden ist. (2 Punkte)

zu Aufgabe 3 (4 Punkte)

Da Braten unter Eigentumsvorbehalt geliefert hat, kann er die Aussonderung der Sonnenbank aus der Insolvenzmasse verlangen. (4 Punkte)

zu Aufgabe 4 (2 Punkte)

Nein, Braten kann seine Firma beibehalten, auch wenn sich sein bürgerlicher Name geändert hat. (2 Punkte)

zu Aufgabe 5 (4 Punkte)

Braten kann Schadenersatz wegen Nichterfüllung verlangen (2 Punkte), da dem gelieferten Sonnenschutzmittel die zugesicherte Eigenschaft (Schutzfaktor 20) fehlt. (2 Punkte)

zu Aufgabe 6 (7 Punkte)

zu a) Ein mündlicher Bürgschaftsvertrag unter Kaufleuten ist möglich. Die Bürgschaft des Braten ist daher wirksam (§ 350 HGB) (3 Punkte)

zu b) Braten steht die „Einrede der Vorausklage" nicht zu, d.h. er kann nicht verlangen, dass die Bank versucht, das Geld zunächst bei G. einzuklagen (§ 349 HGB). (4 Punkte)

Teil II

zu Aufgabe 1 (6 Punkte)

zu a) Das Geschäft ist wegen Wuchers nichtig (§ 138 BGB). (2 Punkte)

zu b) Das Geschäft ist gesetzeswidrig und damit nichtig (§ 134 BGB). (2 Punkte)

zu c) Das Geschäft ist wirksam, aber wegen arglistiger Täuschung (§ 123 BGB) anfechtbar. (2 Punkte)

zu Aufgabe 2 (4 Punkte)

zu a) Das Testament muss eigenhändig geschrieben sein und die Unterschrift des Erblassers tragen (§ 2247 Abs. 1 BGB). (1 Punkt)

zu b) Das Schenkungsversprechen muss notariell beurkundet werden (§ 518 Abs. 1 BGB). (1 Punkt)

zu c) Die Bürgschaft unter Privatleuten bedarf der Schriftform (§ 766 BGB).
(1 Punkt)

zu d) Der Güterstand der Gütertrennung muss notariell beurkundet werden (§ 1414 i.V.m. § 1410 BGB). (1 Punkt)

zu Aufgabe 3 (4 Punkte)

zu a) Ja, denn die Lieferung erfolgte zur rechten Zeit am rechten Ort und in der rechten Art und Weise (= in der vereinbarten Menge und Güte).

(2 Punkte)

zu b) Die Zwinger GmbH kann:

- Schadenersatz wegen schuldhafter Nicht-Abnahme von Bräsig verlangen,
- Bräsig auf Abnahme der Ware verklagen,
- oder die Ware auf Kosten des Bräsig einlagern.

(2 Punkte)

zu Aufgabe 4 (12 Punkte)

Otto Pea haftet mit seinem gesamten betrieblichen und privaten Vermögen, da er als Komplementär nicht auf den Einlagebetrag beschränkt, sondern voll haftet (§ 161 HGB). (3 Punkte)

Brunhilde Pea ist Vollhafterin und haftet damit mit ihrem Gesamtvermögen für alle Schulden der Gesellschaft (§ 161 HGB). Die Tatsache, dass sie erst nach Entstehung des Kredits eingetreten ist, ist unerheblich. (3 Punkte)

Sabrina Nuts haftet mit ihrer gesamten Einlage, also auch mit den noch nicht eingebrachten 20.000,- EUR, insgesamt also mit 100.000,- EUR (§ 171 HGB). (3 Punkte)

Gottfried Nuts haftet i. H. v. 40.000,- EUR. Da er die gesamte Einlage erbracht hat, ist er von jeder weitergehenden Haftung befreit (§ 171 HGB). Die Tatsache, dass er mehr als 5 Jahre nach Entstehung des Kredits der Gesellschaft beigetreten ist, ist unerheblich. (3 Punkte)

zu Aufgabe 5 (12 Punkte)

zu a) Der Handlungsreisende ist Angestellter (= als nichtselbständig Tätiger mit dem Verkauf von Waren betraut), der Handelsvertreter ist selbständig tätiger Kaufmann. (2 Punkte)

Der Handlungsreisende erhält ein Festgehalt/Fixum und daneben noch Provisionen und Auslagenersatz, während der Handelsvertreter nur Abschluss- bzw. Vermittlungsprovisionen erhält.
(2 Punkte)

zu b) Eine Delkredereprovision erhält der Handelsvertreter, wenn er neben der Vermittlung des Geschäfts auch noch das Forderungsausfallrisiko übernimmt. (2 Punkte)

zu c) Die Vermittlungsvollmacht berechtigt lediglich zur Entgegennahme von Bestellungen, die Abschlussvollmacht berechtigt den Vertreter dazu, rechtsgültige (Liefer-)Verträge für den Auftraggeber/Handelsherrn abzuschließen. (2 Punkte)

zu d) Formel: Gehalt des Handlungsreisenden = Gehalt des Handelsvertreters

$$1.000{,}- + \frac{5 \times \text{Umsatz}}{100} = \frac{9 \times \text{Umsatz}}{100}$$

$$1000{,}- = \frac{4 \times \text{Umsatz}}{100}$$

$$\text{Umsatz} = 1000{,}- \times \frac{100}{4}$$

$$\text{Umsatz} = 25.000{,}- \text{ EUR} \quad (4 \text{ Punkte})$$

Teil III

zu Aufgabe 1 (16 Punkte)

zu a)

Wechselsumme	Zinstage x 1/100 der Wechselsumme	Zinszahl
140.000,-	16 x 1400 =	22.400
130.000,-	26 x 1300 =	33.800
10.000,-	32 x 100 =	3.200
Summe der Zinszahlen:		59.400

$$\frac{59.400 \times 8}{360} = 1.320,\text{- EUR}$$

Wechselbeträge (140.000,- + 130.000,- + 10.000,- =) 280.000,- abzgl. 1.320,- EUR = 278.680,- EUR.

Finanzierungsbedarf:	376.680,- EUR
abzgl. Wechsel-"Barwerte"	278.680,- EUR
= benötigte Auszahlung:	98.000,- EUR

Bei einem Disagio von 2 % entspricht dies einer Kreditsumme von 100.000,- EUR. (8 Punkte)

zu b) Finanzierungskosten:
Diskont: 1.320,- EUR
+ Disagio: 2.000,- EUR
+ Zinsen: 2.300,- EUR
(100.000,- EUR x 9,2 % x 3/12 Monate = 2.300,-)
insgesamt: 5.620,- EUR   (4 Punkte)

zu c) Prolongation ist die Verlängerung eines Wechsels durch Ausstellung eines neuen Wechsels über die am Fälligkeitstag zu entrichtende Wechselsumme. Durch die Prolongation wird dem Bezogenen eine Art „Kreditverlängerung" gewährt. (4 Punkte)

zu Aufgabe 2 (12 Punkte)

zu a) Listenpreis: 8.000,- EUR
       zzgl. 15 % Rabatt: 1.200,- EUR
       = Zieleinkaufspreis: 9.200,- EUR
       (2 Punkte)

zu b) Zieleinkaufspreis: 9.200,- EUR
       abzgl. 1 % Skonto: 92,- EUR
       = Bareinkaufspreis: 9.108,- EUR
       (2 Punkte)

zu c) Bareinkaufspreis: 9.108,- EUR
       abzgl. Transportversicherung: 450,- EUR
       abzgl. Frachtkosten: 1.200,- EUR
       = Bezugspreis: 7.458,- EUR
       (3 Punkte)

zu d) Listenverkaufspreis: 12.400,- EUR
       abzgl. Bezugspreis: 7.458,- EUR
       = Rohgewinn: 4.942,- EUR
       (2 Punkte)

$$\frac{4.942,- \times 100}{12.400,-} = 38,85 \%$$ (3 Punkte)

zu Aufgabe 3 (6 Punkte)

zu a) Den Insolvenzantrag können die Gläubiger der GmbH stellen. Die Geschäftsführerin muss den Insolvenzantrag stellen, wenn (wie im vorliegenden Fall) eine Überschuldung vorliegt (vgl. § 64 GmbHG). (2 Punkte)

zu b) Zuständig ist das Amtsgericht in Rostock.
(2 Punkte)

zu c) Der Insolvenzantrag ist unverzüglich zu stellen bei
- Überschuldung (§ 19 Insolvenzordnung) oder
- Zahlungsunfähigkeit der Gesellschaft (§ 17 InsO).
(2 Punkte)

ABSCHLUSSPRÜFUNG 03

+++ Lösungshinweis +++

Ausbildungsberuf: Steuerfachangestellte/r
Rechtslage: **2004/2005**

WIRTSCHAFTSLEHRE   Bearbeitungszeit: 90 Minuten

Die Punkte sind hinter dem Lösungstext in Klammern vermerkt.

Teil I

zu Aufgabe 1   (3 Punkte)

Bei der *selbstschuldnerischen* Bürgschaft kann der Gläubiger den Bürgen zur Zahlung auffordern, nachdem er den Hauptschuldner erfolglos zur Zahlung aufgefordert hat. (Der Bürge hat insofern eine Funktion als „zweiter Schuldner".) Bei der *einfachen/gewöhnlichen* Bürgschaft kann der Gläubiger den Bürgen erst in Anspruch nehmen, wenn er durch alle außergerichtlichen und gerichtlichen Maßnahmen die Zahlungsunfähigkeit des Hauptschuldners nachgewiesen hat.

(3 Punkte)

zu Aufgabe 2 (5 Punkte)

zu a) Bei der stillen Zession hat der Drittschuldner keine Kenntnis von der Forderungsabtretung. Bei der offenen Zession wird der Drittschuldner von der Forderungsabtretung in Kenntnis gesetzt. Er kann in diesem Fall mit schuldbefreiender Wirkung nur an den neuen Gläubiger (Zessionar) leisten.
(3 Punkte)

zu b) Factoring ist der Verkauf von Forderungen. (2 Punkte)

zu Aufgabe 3 (6 Punkte)

Vorteile der Eigenfinanzierung:
- keine Finanzierungskosten (Zinsen, Disagio, Provisionen)
- Die Bank erlangt weniger Einfluss auf die Entscheidungen im Betrieb.
- Das Eigenkapital wird durch nicht entnommene Gewinne vermehrt; der Betrieb wird „solider" bzw. das Bilanzbild verbessert.

(je Argument 2 Punkte)

zu Aufgabe 4 (6 Punkte)

Vorteile:
- Westerwolle benötigt nicht einmalig eine hohe Investitionssumme, sondern muss nur die (wesentlich geringeren) laufenden Leasingraten zahlen.
- Im Leasingvertrag kann die Wartung der Maschine oder der Austausch durch modernere Technik vereinbart werden. Westerwolle erhält so eine jederzeit funktionsfähige Maschine, die auf dem neuesten Stand der Technik ist.
- steuerliche Vorteile

Nachteile:
- Die Summe der Leasingraten und etwaiger Sonderzahlungen ist höher als die Anschaffungskosten der Maschine.
- Oft sind die Leasingraten höher als Zinsen und Tilgung, die Westerwolle bei einer Kreditfinanzierung der Maschine leisten müsste.
- Er wird wirtschaftlich abhängig vom Leasinggeber.

(je Argument 1,5 Punkte, insgesamt max. 6 Punkte)

zu Aufgabe 5   (6 Punkte)

zu a) Eine Hypothek erfordert das Bestehen einer Forderung (ist also akzessorisch). Eine Grundschuld erfordert nicht das Bestehen einer Forderung; es besteht eine dingliche Haftung des Grundstücks, auch wenn die Kreditsumme, zu deren Sicherheit die Grundschuld eingetragen wurde, von Westerwolle beglichen wurde (vgl. § 1192 Abs. 1 BGB). (2 Punkte)

zu b) Die Grundschuld muss notariell beurkundet und ins Grundbuch (Abt. 3) eingetragen werden. (2 Punkte)

zu c) Die Grundschuld ist Betriebsvermögen, da sie zur Finanzierung eines betrieblichen Wirtschaftsgutes bzw. einer betrieblichen Investition aufgenommen wurde. (2 Punkte)

zu Aufgabe 6   (6 Punkte)

zu a) Der Pfandkredit an beweglichen Sachen wird als *Lombardkredit* bezeichnet. (2 Punkte)

zu b) Pfandkredit: Eigentümer: Kreditnehmer
                       Besitzer: Kreditgeber

Sicherungsübereignung:
                       Eigentümer: Kreditgeber
                       Besitzer: Kreditnehmer

(2 Punkte)

zu c) Vorteile der Sicherungsübereignung:
- Das Wirtschaftsgut kann weiterhin im Betrieb genutzt werden,
- nach außen hin ist die Sicherungsübereignung nicht erkennbar.

Nachteile der Sicherungsübereignung:
- Das Verfügungsrecht über das Wirtschaftsgut ist eingeschränkt,
- die Versicherungskosten sind oft höher.
(je Argument 1 Punkt, max. 2 Punkte)

Teil II

zu Aufgabe 1 (9 Punkte)

zu a)   Dienstvertrag (1,5 Punkte)

zu b)   Werkvertrag/Werklieferungsvertrag (1,5 Punkte)

zu c)   Dienstvertrag (1,5 Punkte)

zu d)   Pachtvertrag (1,5 Punkte)

zu e)   Mietvertrag (1,5 Punkte)

zu f)   Werkvertrag/Werkleistungsvertrag (1,5 Punkte)

zu Aufgabe 2 (8 Punkte)

zu a) Verjährungsfrist: 3 Jahre (§ 195 BGB)
Beginn (§ 199 Abs. 1 BGB): mit Ablauf des 31.12.2002, 24 Uhr
Neubeginn durch die Teilzahlung (§ 212 BGB)
neuer Fristbeginn: mit Ablauf des 8.6.2004, 24 Uhr

neues Fristende: mit Ablauf des 8.6.2007, 24 Uhr

Die Mahnungen haben keinen Einfluss auf die Verjährungsfrist (vgl. § 204 Nr. 2 BGB).

(6 Punkte)

zu b) Da die Forderung nicht verjährt ist, hat Karaoke kein Recht, die Zahlung zu verweigern (Einrede der Verjährung; vgl. § 214 BGB).

(2 Punkte)

Hinweis:

Nur in Ausnahmefällen (wie z.B. bei rechtskräftig festgestellten Ansprüchen oder Ansprüchen aus vollstreckbaren Urkunden etc.) beträgt die Verjährungsfrist gemäß § 197 BGB 30 Jahre.)

zu Aufgabe 3 (7 Punkte)

zu a) Mit Eintragung ins Grundbuch wird Min Kui Eigentümerin des Grundstücks am 1.5.2004 (§ 873 Abs. 1 BGB). (3 Punkte)

zu b) Mit Einigung über den Eigentumsübergang am 12.3.2004 wird Moser Eigentümer des Segelboots. Von diesem Zeitpunkt an ist Korall nur noch Besitzer (§§ 929, 930 BGB). (4 Punkte)

zu Aufgabe 4 (10 Punkte)

a) Die Karl Schlonz GmbH stellt den Jahresüberschuss in die Gewinnrücklagen ein.

offene Selbstfinanzierung (2 Punkte)

b) Die GmbH nimmt für ihren Maschinenpark eine Sonderabschreibung nach § 7g EStG vor.

verdeckte/stille Selbstfinanzierung (2 Punkte)

c) Die GmbH reicht Besitzwechsel zur Diskontierung ein.

> Außenfinanzierung in Form von Fremdfinanzierung
> (2 Punkte)

d) Die GmbH verlangt von ihren Kunden Anzahlungen auf zukünftige Leistungen.

> Außenfinanzierung in Form von Fremdfinanzierung
> (2 Punkte)

e) Durch Beschluss der Gesellschafterversammlung wird das Stammkapital der GmbH erhöht.

> Außenfinanzierung in Form von Beteiligung (2 Punkte)

zu Aufgabe 5 (10 Punkte)

zu a) Die GmbH-Gründung muss ins Handelsregister (Abt. B) eingetragen werden (§ 7 GmbHG). (2 Punkte)

zu b) Die GbR-Gründung erfolgt formlos. (2 Punkte)

zu c) Die Eintragung ist im Vereinsregister vorzunehmen (§ 21 BGB). (2 Punkte)

zu d) Die Eintragung der Prokura erfolgt im Handelsregister (§ 53 HGB).
(2 Punkte)

zu e) Die Eintragung erfolgt im Genossenschaftsregister (§ 10 Genossenschaftsgesetz). (2 Punkte)

Teil III

zu Aufgabe 1 (11 Punkte)

zu a)   Halbtagskräfte

80 Stunden x 10,- EUR =	800,00 EUR
zzgl. Arbeitgeberanteil zur SV	
(19,5 + 14,3 + 6,5 + 1,7 = 42 : 2 = 21 %)	
800,- x 0,21 =	168,00 EUR
Bruttolohn mtl.	968,00 EUR

(3 Punkte)

geringfügig Beschäftigte

2 x 400,- EUR =	800,00 EUR
zzgl. 25 % pauschale SV-Beiträge	200,00 EUR
insgesamt mtl.	1.000,00 EUR

(3 Punkte)

zu b)   Nettostundenlohn Halbtagskraft

Bruttolohn	968,00 EUR
abzgl. Lohnsteuer	115,66 EUR
abzgl. Kirchensteuer	10,40 EUR
abzgl. Solidaritätszuschlag	6,36 EUR
abzgl. Sozialversicherungsbeitrag	168,00 EUR
Nettolohn:	667,58 EUR

: 80 Stunden = **Stundenlohn 8,35 EUR**

(3 Punkte)

Nettostundenlohn geringfügig Beschäftigte

400,- EUR : 40 Stunden = **Stundenlohn 10,00 EUR**

(2 Punkte)

zu Aufgabe 2 (3 Punkte)

Gesamtbruttolöhne (1.200,- + 800,- + 1.070,- =)
3.070,- EUR
somit erhält jede ½ ihres Lohns als Prämie:
- B: 600,- EUR
- G: 400,- EUR
- D: 535,- EUR
Summe: 1.535,- EUR

(3 Punkte)

zu Aufgabe 3 (10 Punkte)

Anschaffungskosten:	450.000,- EUR
abzgl. eigene Mittel:	150.000,- EUR
abzgl. erstrangiges Darlehen:	250.000,- EUR
Restbetrag (zweitrangiges Darlehen)	50.000,- EUR

50.000,- zzgl. Agio (Darlehensaufgeld) von 2 % (1.000,- EUR)
= Kreditsumme: 51.000,- EUR
(3 Punkte)

Mieteinnahmen:	45.000,- EUR
abzgl. Heizung/Warmwasser:	8.000,- EUR
abzgl. Grundsteuer:	600,- EUR
abzgl. Flurlicht/Versicherungen:	2.240,- EUR
abzgl. Reparaturen:	2.500,- EUR
abzgl. sonstige Hauskosten:	1.200,- EUR
abzgl. Zinsen (6,5 % von 250.000,-)	16.250,- EUR
abzgl. AfA 2 % vom Gebäudewert*:	7.200,- EUR
Nettomieteinnahmen:	7.010,- EUR

(3 Punkte)

*(450.000,- abzgl. Grund- und Bodenwert 20 % = 360.000,- EUR)

Nettomieteinnahmen 7.010,- EUR abzgl. Eigenkapitalverzinsung (150.000,- x 3 % =) 4.500,- EUR = 2.510,- EUR

(2 Punkte)

$$\frac{2.510,- \times 100}{51.000,-} = \mathbf{4{,}92\ \%}$$

Maximalverzinsung für das zweitrangige Darlehen (2 P.)

ABSCHLUSSPRÜFUNG 04

+++ Lösungshinweis +++

Ausbildungsberuf: Steuerfachangestellte/r
Rechtslage: **2004/2005**

WIRTSCHAFTSLEHRE   Bearbeitungszeit: 90 Minuten

Die Punkte sind hinter dem Lösungstext in Klammern vermerkt.

Teil I

zu Aufgabe 1   (4 Punkte)

Wigald Börning ist berechtigt ...	bei Prokura	bei Handlungsvollmacht:
... **nur** zur Vornahme von gewöhnlichen Rechtsgeschäften, die der Betrieb mit sich bringt	nein	ja
Der Umfang seiner Befugnisse ist **gesetzlich** festgelegt.	ja	nein

Die Erteilung muss ins Handelsregister eingetragen werden.	ja	nein
Die Erteilung kann auch stillschweigend erfolgen (z.B. durch konkludentes Handeln).	nein	ja

(jeweils 0,5 Punkte)

zu Aufgabe 2 (3 Punkte)

Die KG kann innerhalb der folgenden 6 Monate den Antrag auf Erlass eines Vollstreckungsbescheids stellen. (3 Punkte)

zu Aufgabe 3 (7 Punkte)

zu a) Rüdi ist geringfügig Beschäftigter in einem Unternehmen (Arbeitslohn maximal 400,- EUR monatlich; die wöchentliche Grenze von maximal 15 Arbeitsstunden ist mit Wirkung zum 1.04.2003 abgeschafft worden). Er selbst hat keinen Beitrag zur Sozialversicherung zu leisten, jedoch hat der Arbeitgeber für ihn eine Pauschalabgabe von 25% zu zahlen (12% Rentenversicherung; 11% Krankenversicherung und 2% Pauschalsteuer). (3,5 Punkte)

zu b) S. ist nicht sozialversicherungspflichtig beschäftigt, da sie nur kurzfristig (weniger als 50 Arbeitstage, nicht berufsmäßig) beschäftigt ist.
(3,5 Punkte)

zu Aufgabe 4 **(4 Punkte)**

Solange die Kapitaleinlage/Haftungseinlage der Nulpe nicht wieder aufgefüllt ist, kann sie keine Gewinnauszahlung verlangen (§ 167 Abs. 2 HGB). Von den 40.000,- EUR Gewinnanteil 2004 werden somit 20.000,- EUR auf ihr Kapitalkonto angerechnet. Die übrigen 20.000,- EUR können an sie ausgezahlt werden. (4 Punkte)

zu Aufgabe 5 **(2 Punkte)**

Es ist nicht üblich, dass der Name eines Kommanditisten im Firmennamen vertreten ist. Allerdings kann eine Fantasie-Firma gewählt werden, sodass die vorgeschlagene Namensgebung möglich wäre (§§ 17 ff HGB). (2 Punkte)

zu Aufgabe 6 **(5 Punkte)**

Die KG kann:
- mangelfreie Ersatzlieferung (1,5 Punkte)
- Minderung des Kaufpreises (1,5 Punkte)
- Schadensersatz wegen Nichterfüllung
(Fehlens einer zugesicherten Eigenschaft) (1 Punkt)
Wandlung des Kaufvertrags (1 Punkt)
verlangen.

Teil II

zu Aufgabe 1 (6 Punkte)

zu a) <u>Tennisclub</u>: die Eintragung erfolgt nicht im Handelsregister, sondern im Vereinsregister (§ 21 BGB)

<u>GmbH</u>: die Eintragung erfolgt im Handelsregister (§ 7 GmbHG)

<u>Faulpelz KG</u>: die Eintragung erfolgt im Handelsregister (§ 162 HGB)

(jeweils 1 Punkt)

zu b) Ist die Eintragung *konstitutiv*, so tritt erst mit der Eintragung die Rechtswirkung ein.

Ist die Eintragung *deklaratorisch*, so tritt die Rechtswirkung bereits vorher ein; die Eintragung bestätigt dies lediglich. (1,5 Punkte)

Bei der GmbH-Gründung und dem Verein ist die Eintragung *konstitutiv*, bei der KG- Gründung *deklaratorisch*.

(1,5 Punkt)

zu Aufgabe 2 (6 Punkte)

zu a) Das Rechtsgeschäft ist wirksam, da es sich lediglich um einen unbeachtlichen Motivirrtum handelt

(1,5 Punkte)

zu b) Das Rechtsgeschäft ist wirksam, aber anfechtbar, da der Arbeitgeber durch das falsche Zeugnis arglistig getäuscht worden war.

(1,5 Punkte)

zu c) Das Rechtsgeschäft ist nichtig, da die GmbH-Gründung notariell beurkundet werden muss (§ 2 GmbHG).

(1,5 Punkte)

zu d) Das Rechtsgeschäft ist wirksam, aber anfechtbar, da es sich um einen Erklärungsirrtum handelt.

(1,5 Punkte)

zu Aufgabe 3 (6 Punkte)

zu a) Bei der *Einzugsermächtigung* wird der Gläubiger ermächtigt, den jeweiligen Forderungsbetrag mittels Lastschrift zu Lasten des Kontos des Schuldners einziehen zu lassen.

Beim *Abbuchungsauftrag* erteilt der Zahlungspflichtige seiner Bank den Auftrag, Lastschriften eines bestimmten Zahlungsempfängers einzulösen. (3 Punkte)

zu b) Bei der *Einzugsermächtigung* hat der Zahlungspflichtige ein Widerspruchsrecht. (2 Punkte)

zu c) Der Zeitraum beträgt 6 Wochen.

(1 Punkt)

zu Aufgabe 4 (8 Punkte)

zu a) Die Erteilung der Prokura ist an keine Form gebunden, kann also auch mündlich erfolgen. Sie muss dann lediglich ins Handelsregister eingetragen werden, was aber nur deklaratorische Wirkung hat. (2 Punkte)

zu b) Bei der „Einzelprokura" ist die Prokuristin allein vertretungsberechtigt.

Bei der „Gesamtprokura" sind die Prokuristen nur gemeinschaftlich mit anderen Personen vertretungsberechtigt. (2 Punkte)

zu c) Die Beschränkung der Prokura ist zwar im Innenverhältnis möglich, im Außenverhältnis aber unwirksam. (2 Punkte)

zu d) Als Prokuristin ist T. auch zu außergewöhnlichen Geschäften befugt, somit auch zum Kauf von Produkten, mit denen die GmbH gewöhnlich nicht handelt. (2 Punkte)

zu Aufgabe 5 (6 Punkte)

Bei der Kleensmann KG haftet der/die Komplementär/e für alle Verbindlichkeiten der Gesellschaft unbeschränkt, unmittelbar und gesamtschuldnerisch. Stussken kann sein Honorar von diesen also auch direkt einfordern.

Der/die Kommanditist/en der KG haften nur mit ihrer Einlage; Stussken kann sie also nicht direkt zur Zahlung auffordern. (3 Punkte)

Bei der GmbH kann Stussken von den Gesellschaftern keine Bezahlung verlangen. Für die Verbindlichkeiten der GmbH haftet den Gläubigern nur das Gesellschaftsvermögen. (3 Punkte)

zu Aufgabe 6 (6 Punkte)

zu a) Eigentümer: die A-Bank
Besitzer: die Mommsen GmbH
(jeweils 1 Punkt)

zu b) Eigentümer: Peter Lastig
Besitzer: Peter Lastig
(jeweils 1 Punkt)

zu c) Eigentümer: Kundin O
Besitzer: Kundin O
(jeweils 1 Punkt)

Teil III

zu Aufgabe 1 (6 Punkte)

Umsatzprovision: 50.140,- EUR : 1,16 x 1 = 43.224,14 EUR Nettoumsatz

davon 1,3 % = 561,91 EUR.

(2 Punkte)

Diebstahlsverluste: 4.800,- EUR : 200 (%) x 100 (%) = 2.400,- EUR

Diebstahlsverluste zu Nettoeinkaufspreisen, davon 0,8 % = 19,20 EUR

(2 Punkte)

Gehalt somit:
Festgehalt:	1.950,00 EUR
zzgl. Provision:	561,91 EUR
abzgl. Diebstahl:	19,20 EUR
insgesamt:	4.860,82 EUR

(2 Punkte)

zu Aufgabe 2 (6 Punkte)

zu a)
Hypothek gesamt:	300.000,- EUR
abzgl. Versteigerungserlös:	210.000,- EUR
Restbetrag:	90.000,- EUR
90.000,- EUR x 32 % =	28.800,- EUR

Forderungsausfall somit (90.000 - 28.800) 61.200,- EUR

(3 Punkte)

zu b) $\dfrac{61.200,- \times 100}{300.000,-} = 20{,}4\,\%$

Forderungsausfall (3 Punkte)

zu Aufgabe 3 (12 Punkte)

Kredit	Tage	Zinszahl
60.000,-	75 Tage (5.8.03 - 20.10.03)	45.000
40.000,-	145 Tage (21.10.03 - 15.3.04)	58.000
20.000	55 Tage (16.3.04 - 10.5.04)	11.000

Summe der Zinszahlen: 114.000
(6 Punkte)

$\dfrac{114.000 \times 8{,}5}{360} = 2.691{,}67$ Zinsen (3 Punkte)

Gesamtrückzahlungsbetrag am 10.5.04:

Restschuld: 20.000,00 EUR
+ Zinsen: 2.691,67 EUR
insgesamt: 22.691,67 EUR
(3 Punkte)

zu Aufgabe 4 (13 Punkte)

zu a)
Bezugspreis (sei):	100,00
+ Handlungskosten 55 %	55,00
= Selbstkosten:	155,00
Ladenverkaufspreis brutto:	186,50
(inkl. 15% USt)	
Ladenverkaufspreis netto:	162,17
Gewinn (162,17 - 155 =)	7,17
entspricht (in % der Selbstkosten):	4,63 %

(5 Punkte)

zu b)
Bezugspreis (sei):	100,00
+ Handlungskosten:	55,00
= Selbstkosten:	155,00
Ladenverkaufspreis:	186,50
abzgl. USt darin (16%):	25,72
= Verkaufspreis netto:	160,78
Gewinn in €:	5,78
in % der Selbstkosten:	3,73 %

(5 Punkte)

zu c)
Bezugspreis:	10,00
+ Handlungskosten:	5,50
= Selbstkosten:	15,50
zzgl. Gewinnspanne (4,63 %)	0,72
= Ladenverkaufspreis netto:	16,22
+ 16 % USt:	2,60
= Ladenverkaufspreis brutto:	18,82

(3 Punkte)

ABSCHLUSSPRÜFUNG 05

+++ Lösungshinweis +++

Ausbildungsberuf: Steuerfachangestellte/r
Rechtslage: **2004/2005**

WIRTSCHAFTS- UND SOZIALKUNDE
Bearbeitungszeit: 90 Minuten

Zu Aufgabe 1

1. Gez. Kapital   50.000,- € (1 P)
   Gewinnrücklage   25.000,- € (1 P)
   Gewinnvortrag   25.000,- € (1 P)

2. Einkünfte aus nichtselbständiger Arbeit (1 P)
   Einkünfte aus Kapitalvermögen (1 P)

3. Einkünfte aus nichtselbständiger Arbeit in 2004 (1 P)
   Einkünfte aus Kapitalvermögen in 2005 (1 P)

4. Konstitutiv (1 P)

5. Ja (1,5 P), denn das Stammkapital genügt der gesetzlichen Vorgabe von mind. 25.000,- €
   (1,5 P)

6. Ja (1,5 P), denn die Stammeinlagen lauten auf mindestens 100 € u. sind durch 50 € teilbar

   (1,5 P)

7. In Abteilung B (1 P)

Zu Aufgabe 2

Sachverhalt 1

1. Ja (1 P), denn er ist im Handelsregister eingetragen (1 P).
   oder: ..da sein Unternehmen nach Art und Umfang einen in kaufmännischer Weise eingerichteten Geschäftsbetrieb erfordert

2. K. D. haftet unbeschränkt (2 P). *oder*: mit seinem Geschäfts- und Privatvermögen

Sachverhalt 2

1. Am 10.03.2005 (1 P) mit Aufnahme der Geschäfte (1 P).

2. Am 10.03.2005 (1 P) mit Abschluss des Gesellschaftsvertrages (1 P).

3. Ja (1 P), denn für den Abschluss des Gesellschaftsvertrages besteht Formfreiheit (1 P)

4. Nur K. D. als Vollhafter (1,5 P)

5. Nein (1,5 P)

6. Ja (1 P)

7. Als Teilhafter hat H. A. kein Recht auf Privatentnahmen (1 P), § 169 HGB (1 P)

8. Nein, die K.G. wäre an diesen Vertrag nicht gebunden (1 P). Begründung: als Kommanditist darf H. A. die K.G. nicht vertreten (1 P), § 170 HGB (1 P).

9. Ja (1 P), denn K. D. hat als Vollhafter die Geschäftsführungsbefugnis (1 P).
Dem Kommanditisten H. A steht ein Widerspruchsrecht nur bei außergewöhnlichen Geschäften zu (1 P), § 164 HGB (1 P).

10. H. A. muss 25.000,- € zahlen (2 P), da er bis zur Höhe seiner noch nicht geleisteten Einlage haftet (1 P).

11. H. A. müsste 30.000,- € zahlen (1 P), da er vor Eintragung ins Handelsregister haftet wie ein Vollhafter, also unbeschränkt, unmittelbar und solidarisch (1 P) § 176 HGB (1 P).

Zu Aufgabe 3

Sachverhalt 1

1. Je 1 P für z. B. Lohnsteuerkarte, Mitgliedsbescheinigung der Krankenkasse, Sozialversicherungsnummer, Vorlage des Sozialversicherungsausweises zur Einsicht, Unterlagen zu vermögenswirksamen Leistungen
Max. 2 P

2. Je 1 P für z. B. Vergütungspflicht, Fürsorgepflicht, Beschäftigungspflicht
Max. 2 P

3. Je 1 P für z. B. Arbeitspflicht, Wettbewerbsverbot, Verschwiegenheitspflicht
Max. 2 P

Sachverhalt 2

1. Die Ware bleibt bis zur restlosen Bezahlung Eigentum des Verkäufers (2 P).

2. Wenn die Ware z. B. verpfändet (1 P), verbraucht (1 P), vernichtet (1 P), verarbeitet (1 P), mit einer unbeweglichen Sache fest verbunden (1 P), an einen gutgläubigen Dritten weiter veräußert (1 P) wird. Max. 3 P

Sachverhalt 3

1. Am 10.12.2004 (1 P), da die notarielle Beurkundung bei Grundstückskaufverträgen erforderlich ist (1 P).

2. Am 12.05 2005 (1 P), da die Auflassung und die Eintragung im Grundbuch erforderlich sind (1 P). §§ 873 und 925 BGB (2 P)

3. Im Jahrsabschluss zum 31.12.2005 (1 P), da Frau Lump am 1.1.2005 mit dem Übergang von Besitz, Nutzen, Lasten und Gefahren (1 P) wirtschaftliche Eigentümerin wurde. § 242/246 HGB (1 P)

4. Ab 1.1.2005 (1 P), da er ab diesem Datum wirtschaftlicher Eigentümer ist (1 P)

Sachverhalt 4

	Kaufpreis	100.000,- €	(0,5 P)
+	Anschaffungsnebenkosten	8.000,- €	(1,0 P)
=	Anschaffungskosten	108.000,- €	(0,5 P)
-	eigene Mittel	32.000,- €	(1,0 P)

= notwendige Darlehnsauszahlung (95 %) 76.000,- € (0,5 P)

Darlehenssumme dann   (100 %) 80.000,- € (1,5 P)

Zu Aufgabe 4

1. Sie wird dauerhaft ermächtigt, die für ihren Bereich (Einkauf) notwendigen Tätigkeiten durchzuführen (2 P).

2. Ermächtigung zu allen gerichtlichen und außergerichtlichen Rechtshandlungen die der Betrieb eines Handelsgewerbes erfordert (2 P).

3. Ja (1 P)

4. Erteilung durch ausdrückliche Erklärung des Kaufmanns (1 P)

5. a) Erlaubt (1 P)
   b) Erlaubt (1 P)
   c) Nicht erlaubt (1 P)
   d) Erlaubt (1 P)
   e) Erlaubt (1 P)
   f) Nicht erlaubt (1 P)
   g) Erlaubt (1 P)
   h) Erlaubt (1 P)

6. Je 1 P für z. B.   Tod des Prokuristen
                          Ausscheiden des Prokuristen
                          Geschäftsauflösung
                          Widerruf
                          Verlust der Kaufmannseigenschaft

   Max. 3 P

Zu Aufgabe 5

Sachverhalt 1

Grundstück: Grundpfandrechte wie Grundschuld oder Hypothek (1 P)

Fuhrpark: Sicherungsübereignung (1 P)

Forderungen: Abtretung/Zession (1 P)

Aktien: Verpfändung (1 P)

Sachverhalt 2

    a) In schriftlicher Form (1 P) lt. § 766 BGB (1 P)

    b) Gegenüber der Hausbank (1 P)

    c) Ja, selbstschuldnerisch bedeutet Haftung wie der Schuldner selbst (2 P)

    d) Sie hat das Recht der „Einrede der Vorausklage" (1 P) und kann somit die Zahlung verweigern bis der Gläubiger die Zahlungsunfähigkeit des Hauptschuldners durch die Anwendung aller außergerichtlichen und gerichtlichen Maßnahmen (also auch der Zwangsvollstreckung) nachgewiesen hat. (2 P)

Checklisten und Übersichten

7 Checklisten und Übersichten

1. Übersicht "Anschaffungskosten nach Handels- und Steuerrecht"

(vgl. § 255 I HGB, R 32a EStR)

Anschaffungskosten sind:
alle Aufwendungen zum Erwerb des Vermögensgegenstands

(d.h. alle Aufwendungen, um Besitz/Eigentum daran zu erlangen; dazu gehört vor allem der Kaufpreis, aber auch z.B. Notarkosten oder Grunderwerbsteuer beim Kauf eines Grundstücks, da ohne diese Aufwendungen das Eigentum nicht erlangt werden kann)

sowie alle Aufwendungen, um ihn in einen betriebsbereiten Zustand zu versetzen

(hierzu gehören Montage-, Aufstellungs- und Installationskosten sowie sonstige Kosten der Inbetriebnahme, z.B. Probeläufe, nicht aber Kosten des laufenden Betriebs wie Wartungs- und Energiekosten)

soweit sie dem Vermögensgegenstand einzeln zugeordnet werden können

(Hier macht der Gesetzgeber deutlich, daß nur Einzelkosten als Anschaffungskosten in Betracht kommen können, nicht aber anteilige Gemeinkosten. So gehören z.B. Materialkosten für die Erstellung eines Zementsockels, auf dem eine neue Maschine installiert wird, zu den AK der neuen Maschine, nicht aber die Lager(gemein)kosten für die Lagerung des Zements)

sowie Nebenkosten der Anschaffung

(z.B. Fracht-, Transportkosten, Einfuhrzölle, Transportversicherungen etc.)

sowie nachträgliche Anschaffungskosten

(Nachträgliche AK erhöhen den Restbuchwert des Wirtschaftsguts; es sind Aufwendungen für die Schaffung von neuen Teilen/Anlagen. Sie sind abzugrenzen vom bloßen Erhaltungsaufwand, der sofort als Betriebsausgabe abzugsfähig ist. Nachträgliche AK sind z.B. der erstmalige Einbau eines Personenfahrstuhls in ein Gebäude.)

abzgl. Anschaffungspreisminderungen

(z.B. Skonti, Boni, Rabatte, aber auch Preisminderungen aufgrund von Mängelrügen)

2. Übersicht "Herstellungskosten nach Handels- und Steuerrecht"

	Handelsrecht (§ 255 Abs.2 + 3 HGB)	Steuerrecht (R 33 + 33a EStR)
1. Aktivierungspflicht:	Materialeinzelkosten Fertigungseinzelkosten Sonderkosten der Fertigung (sofern Einzelkosten)	Materialeinzelkosten Fertig.-einzelkosten Sonderkosten der Fertigung (sofern Einzelkosten) Materialgemeinkosten Fertig.-gemeinkosten Wertverzehr des der Fertigung dienenden Anlagevermögens
2. Aktivierungswahlrecht:	Materialgemeinkosten Fertigungsgemeinkosten Wertverzehr des der Fertigung dienenden AV allgem. Verwaltungsko.	allgem. Verw.k.
	Aufwendungen für soziale Einrichtungen und freiwillige soziale Leistungen sowie betriebliche Altersversorgung	
	Fremdkapitalzinsen (soweit der Produktion zurechenbar)	Fremdkapitalzinsen
3. Aktivierungsverbot:	Vertriebskosten kalkulatorische Kosten	Vertriebskosten kalkulatorische K.

7 Checklisten und Übersichten

3. Übersicht „Ansatz von Wirtschaftsgütern in Handels- und Steuerbilanz"

HB	StB**
1. abnutzbare WG des AV	
--> AK/HK abzgl. planmäßiger Abschreibungen (nach § 7 EStG) (§ 253 I 1, II 1 HGB)	AK/HK abzgl. Abschreib. (§ 6 I Nr.1 S.1 EStG)
--> bei niedrigerem TW* kann (bei vorübergehender Wertminderung) wahlweise angesetzt werden°: - Buchwert (AK/HK - planmäßiger AfA) oder - niedrigerer TW oder - ein Zwischenwert zwischen TW und BW (§ 253 II 3 HGB)	*kein* Ansatz des niedrigen TW bei vorübergehender Wertminderung (§ 6 I Nr.1 S.2 EStG)
--> bei niedrigerem TW muss (bei voraussichtlich dauernder Wertminderung angesetzt werden: - der niedrigere TW (§ 253 II 3 HGB)	*wahlweise* Ansatz des niedrigeren TW bei dauernder Wertminderung (§ 6 Abs.1 Nr.1 S.2 EStG)
--> bei wieder gestiegenem TW nach erfolgter TW-Abschreibung kann wahlweise angesetzt werden°° : - BW (nach TW-Abschreibung und planmäßiger AfA) oder - gestiegener TW (=Zuschreibung) oder - ein Zwischenwert zwischen BW und TW (§ 253 V HGB)	*zwingende* Zuschreibung bei wieder gestiegenem TW bis zu AK/HK abzgl. normaler Abschreibungen) (§ 6 I Nr.1 S.4 EStG)
--> unter den Zeitwert/TW gehende Abschreibung "im Rahmen vernünftiger kfm. Beurteilung" ist nur in HB möglich (§ 253 IV HGB)	

2. nicht abnutzbare WG des AV

--> Ansatz mit den AK	AK abzgl. Abschreibungen nach § 6b EStG o.ä. Abzüge
(§ 253 I 1 HGB)	(§ 6 I Nr.2 S.1 EStG)
--> bei niedrigerem TW <u>kann</u> (bei vorübergehender Wertminderung) wahlweise angesetzt werden°: - AK <u>oder</u> - niedrigerer TW <u>oder</u> - Zwischenwert zwischen beiden (§ 253 II 3 HGB)	Ansatz der AK abzgl. Abschreibungen nach § 6b o.ä. Abzüge (*keine* TWA) (§ 6 I Nr.2 S.2 EStG)
--> bei niedrigerem TW <u>muss</u> (bei voraussichtlich dauernder Wertminderung) angesetzt werden: - der niedrigere TW (§ 253 II 3 HGB)	*wahlweise* Ansatz des niedrigeren TW (§ 6 Abs.1 Nr.2 S.2 EStG)
--> bei wieder gestiegenem TW nach erfolgter TW-Abschreibung <u>kann</u> wahlweise angesetzt werden:°° - BW (nach der TW-Abschreibung) <u>oder</u> - gestiegener TW (bis maximal: AK) <u>oder</u> - ein Zwischenwert zwischen beiden (§ 253 V HGB)	*zwingender* Ansatz des gestiegenen TW (bis max. AK) (§ 6 I Nr.2 S.3 EStG)
--> § 253 IV HGB ist auch nur in der HB zulässig.	

3. UV

--> Ansatz mit den AK (s. 2)   (s. 2)

--> bei niedrigerem TW muss (strenges Niederstwertprinzip)   (s. 2)
angesetzt werden:
- der niedrigere TW
(§ 253 III 2 HGB)   (s. 2)

--> bei wieder gestiegenem TW (nach erfolgter TW-Abschreibung):   (s. 2)
wie 2

--> § 253 IV und § 253 III 3 HGB (Schwankungs-
reservewert) sind nur in HB zulässig.

4. Verbindlichkeiten

--> Ansatz mit AK = Rückzahlungsbetrag zum Zeitpunkt der Begründung der Verbindlichkeit	Ansatz mit den AK *Abzinsung* bei Verb., deren Restlaufzeit am Stichtag mehr als 12 Monate beträgt und die nicht verzinst bzw. keine Anzahlungen sind. (5,5 % p.a.)
(§ 253 I 1,2 HGB)	(§ 6 I Nr.3 EStG)
--> bei gesunkenem TW (Rückzahlungsbetrag < BW): Ansatz der AK (§ 252 I Nr.4 HGB)	Ansatz der AK, ggfs. Abzinsung (s.o.)
--> bei gestiegenem TW (Rückzahlungsbetrag > BW) muss angesetzt werden: - der gestiegene TW (§ 253 I 2 HGB)	*wahlweise* Ansatz des gestiegenem TW (§ 6 Abs.1 Nr.3 S.1 EStG)
--> bei wieder gestiegenem TW: - Zuschreibungswahlrecht bis AK (BFH, BStBl 64 III S. 525)	*zwingende* Zuschreibung

Anmerkungen:

* Dem Begriff des TW steht der handelsrechtliche Begriff des "beizulegenden Werts" gleich.

** Die Maßgeblichkeit des Handelsrechts ist nur für buchführende Gewerbetreibende zu beachten.

o Dieses Wahlrecht gilt für KapG nicht (§ 279 I 2 HGB). Hier ist in Handels- (und Steuerbilanz, § 5 I 1 EStG!) nur der Ansatz des BW möglich.
Dies gilt bei 2 nicht für Finanzanlagen.

oo Bei KapG besteht nach § 280 I ein Zuschreibungs- (und damit Wertaufholungs-) gebot bis zu den AK/HK abzgl. planmäßiger AfA; nach § 280 II HGB kann darauf verzichtet werden, wenn dies auch in der StB geschieht; durch § 5 I 2 EStG ist dies dann ohnehin verbindlich für die HB. Daher gibt es de facto auch ein Zuschreibungswahlrecht für KapG!

Abkürzungen:

TW   Teilwert

BW   Buchwert

AK   Anschaffungskosten

HK   Herstellungskosten

WG   Wirtschaftsgüter

AV   Anlagevermögen

UV   Umlaufvermögen

AfA Absetzungen für Abnutzung

4. Checkliste „Abschreibung nach § 7g EStG"

<u>Voraussetzungen:</u>

1. Das Betriebsvermögen bei Gewerbetreibenden und Freiberuflern darf 204.517,- € nicht übersteigen (dies gilt bei § 4-III-Rechnern als gegeben). Bei Land- und Forstwirten darf der Einheitswert des BV 122.710,- € nicht übersteigen. (Die Werte gelten zum Schluss des der Anschaffung vorangehenden Wirtschaftsjahres.)

2. Ein neues (ungebrauchtes!) Wirtschaftsgut des beweglichen abnutzbaren Anlagevermögens wird angeschafft/hergestellt.

3. Das Wirtschaftsgut verbleibt mindestens ein Jahr nach Anschaffung/Herstellung in einem inländischen Betrieb.

4. Das Wirtschaftsgut wird im Jahr der Inanspruchnahme der Sonder-AfA nach § 7g zu mindestens 90% betrieblich genutzt.

5. Es werden keine weiteren Sonderabschreibungen oder erhöhten Abschreibungen für das Wirtschaftsgut vorgenommen (§ 7a Abs. 5 EStG).

6. Es liegen keine Anzahlungen/Teilherstellungskosten vor.

7. Aus der Buchführung oder dem Anlagespiegel ist die Durchführung der Sonderabschreibung ersichtlich (§ 7a Abs. 8 EStG).

8. Bei Anschaffungen ab 01.01.2001 muss für das WG eine steuerfreie Rücklage nach § 7g Abs. 3 - 7 EStG gebildet worden sein. Die Rücklage muss in den beiden Vorjahren gebildet worden sein und darf maximal 40% der AK/HK des geplanten WG nicht überschreiten. Die im Betrieb insgesamt gebildeten Rücklagen dürfen zu keinem Zeitpunkt mehr als 154.000 € betragen.

Folge:
Neben der linearen oder degressiven AfA können innerhalb der ersten 5 Jahre nach Anschaffung oder Herstellung 20 % der AK/HK (beliebig verteilt) als Sonder-AfA abgeschrieben werden.

5. Checkliste „Rücklage für Ersatzbeschaffung"

Voraussetzungen:

1.
Das Ausscheiden des WG aus dem Betrieb erfolgt aufgrund höherer Gewalt oder wird durch einen behördlichen Eingriff veranlasst (R 35 I und II EStR).

2.
Das Wirtschaftsgut scheidet gegen eine Entschädigung aus, die *höher* ist als der Rest-Buchwert (= die Differenz ist übertragbare stille Reserve) (R 35 III EStR).

3.
Es wird ein funktions- und aufgabenidentisches Ersatz-WG angeschafft/hergestellt (R 35 IV EStR)

4.
Das Ersatz-WG wird zeitnah angeschafft (R 35 VII EStR).

5.
Die umgekehrte Maßgeblichkeit ist zu beachten (R 35 V 4 EStR)

Vorgehensweise dann (bei allen Rücklagen):
1. **Ermittlung des Buchwerts im Zeitpunkt des Ausscheidens (ggfs. AfA bis zu diesem Zeitpunkt vornehmen)**
2. **Ausscheiden des alten WG verbuchen (außerplanmäßige Abschreibung)**
3. **Entschädigungen als Erträge verbuchen**
4. **Rücklagenbildung über Aufwand (nur wenn stille Reserven über den Jahreswechsel übertragen werden!!!)**
5. **bei Neukauf/Herstellung Rücklage (im Fall 4.) über Erträge ausbuchen**
6. **über Aufwandsbuchung den Buchwert des neuen WG mindern**

Wird nicht die <u>gesamte</u> Entschädigung für die Anschaffung/Herstellung eines neuen Wirtschaftsguts verwandt, ist die zu übertragende stille Reserve anteilig zu kürzen (EStH 35 "Mehrentschädigung"):

zu übertragende stille Reserve: $\dfrac{\text{stille Reserve gesamt } \times \text{ AK/HK des Ersatz-WG}}{\text{Entschädigung}}$

6. Checkliste „Re-Investitionsrücklage"

Voraussetzungen: (*kursiv dargestellt sind die Änderungen ab 1.1.2002*)

1.
Bestimmte, in § 6b I 1 EStG genannte Wirtschaftsgüter werden veräußert. (*Bei Anteilen an Kapitalgesellschaften ist nur der Verkauf begünstigt, wenn er durch eine natürliche Person oder Personengesellschaft erfolgt, an der keine Kapitalgesellschaft beteiligt ist.*)

2.
Die veräußerten (o.g.) Wirtschaftsgüter müssen im Zeitpunkt der Veräußerung mindestens 6 Jahre ununterbrochen zum Anlagevermögen einer inländischen Betriebsstätte gehört haben (§ 6b IV Nr.2 EStG).

3.
Der Stpfl. ermittelt seinen Gewinn nach § 4 I oder nach § 5 EStG (§ 6b IV Nr.1 EStG). (es gibt aber eine entsprechende Regelung für § 4 (III)-Rechner: § 6 c EStG)

4.
Die erworbenen/hergestellten Wirtschaftsgüter, auf die die stillen Reserven übertragen werden, müssen ebenfalls zum Anlagevermögen einer inländischen Betriebsstätte des Stpfl. gehören (§ 6b IV Nr.3 EStG).

5.
Die umgekehrte Maßgeblichkeit gilt. Bildung und Auflösung der Rücklage muss in der Bilanz verfolgt werden können (§ 6b IV Nr.5 EStG).

6.
Die Übertragung der stillen Reserven ist nur auf bestimmte, in § 6b I 2 EStG genannte, neue Wirtschaftsgüter möglich. (*Beim Verkauf von Anteilen an Kapitalgesellschaften dürfen maximal Rücklagen von 500.000,- € pro Betrieb gebildet werden. Zwar kann der volle Gewinn aus der Veräußerung von Anteilen an KapG in eine Rücklage eingestellt werden, die Übertragung ist aber beim Erwerb von Gebäuden oder bewegl. WG des abnutzb. AV nur zu ½ möglich; die anderen 50 % werden im Re-Investitionsjahr gewinnerhöhend aufgelöst und nach § 3 Nr.40 EStG versteuert.*)

7.
Der Veräußerungsgewinn des WG, dessen stille Reserven übertragen werden, wird im Inland versteuert (§ 6b Abs.4 Nr.4 EStG).

8.
Die Übertragung ist nur innerhalb eines bestimmten Zeitraums möglich, und zwar:
- auf im selben Jahr angeschaffte/hergestellte Wirtschaftsgüter (§ 6b I 1)
- auf im Vorjahr angeschaffte/hergestellte Wirtschaftsgüter (§ 6b V, VI)

- (bei Bildung eines Sonderpostens mit Rücklageanteil) auf Wirtschaftsgüter, die innerhalb der 4 Folgejahre (bei Gebäuden: 6 Folgejahre, wenn mit der Herstellung vor Ablauf des 4. Jahres begonnen wurde) angeschafft/hergestellt werden (§ 6b III).
- bei stillen Reserven, die durch den Verkauf von Anteilen an KapG entstanden sind: Übertragung im Jahr der Veräußerung oder den beiden Folgejahren; bei Gebäuden: 4 Folgejahren)

Tabelle zu § 6b EStG:

Übertragung von:	GruBo	Aufwuchs + GruBo	Gebäude	Anteilen an KapG
auf:				
GruBo	100 %	--	--	--
Gebäude	100 %	100 %	100 %	50 %
Aufwuchs + GruBo	100 %	100 %	--	--
bewegliche WG des abnutzb. AV	--	--	--	50 %
Anteile an KapG	--	--	--	100 %

Mit der Förderung des Verkaufsgewinns von Anteilen an Kapitalgesellschaften möchte der Gesetzgeber Personenunternehmen gleich behandeln. Da Veräußerungsgewinne bei KapG aus dem Verkauf von Anteilen an KapG aufgrund des „Schachtelprivilegs" (§ 8b Abs.2 KStG) steuerfrei sind, soll hier für Personenunternehmen eine vergleichbare Regelung geschaffen werden. Die Übertragung des Gewinns auf Gebäude und Anteile bewegl. WG des abnutzbaren Anlagevermögens ist nur zu 50 % begünstigt, da die anderen 50 % steuerfrei gem. § 3 Nr.40 EStG sind (Halbeinkünfteverfahren). Bei Übertragungen auf Anteile an KapG ist eine 100%ige Begünstigung gegeben, um sie § 8b KStG gleichzustellen.

7. Übersicht
„RAP/sonst.Ford.,Verb./Rückstellungen/Rücklagen"

Rechnungsabgrenzungsposten (RAP)
1. sind Vorleistungen eines Vertragspartners aus einem gegenseitigem Vertrag für eine zeitraumbezogene Gegenleistung des anderen Vertragspartners oder Vorleistungen aufgrund gesetzlicher Bestimmungen für eine zeitraumbezogene Gegenleistung
2. Ausgabe oder Einnahme erfolgen <u>vor</u> dem Abschlussstichtag
3. Ausgabe oder Einnahme ist wirtschaftlich gesehen Aufwand oder Ertrag für eine bestimmte Zeit <u>nach</u> dem Stichtag

sonstige Forderungen/sonstige Verbindlichkeiten
1. sind Vorleistungen des einen Vertragspartners aus einem gegenseitigen Vertrag oder Vorleistungen aufgrund gesetzlicher Bestimmungen
2. Ausgabe oder Einnahme findet <u>nach</u> dem Stichtag statt.
3. Es liegt (wirtschaftlich gesehen) Aufwand oder Ertrag für eine Zeit bzw. eine Sache <u>vor</u> dem Stichtag vor.

Rückstellungen
1. Wirtschaftlich gesehen ist ein Aufwand <u>vor</u> dem Stichtag entstanden.
2. Die Ausgabe erfolgt <u>nach</u> dem Stichtag.
3. Die Höhe und/oder der Zeitpunkt der Ausgabe sind noch ungewiß.

Rücklagen
1. sind aufgedeckte stille Reserven, die i.d.R. aus dem Ausscheiden eines Wirtschaftsguts aus dem Betrieb stammen.
2. Diese werden nicht als laufender Ertrag versteuert, sondern auf ein anderes Wirtschaftsgut übertragen.

8. Übersicht „Unentgeltliche Wertabgaben"

I. einer Lieferung gegen Entgelt vergleichbar

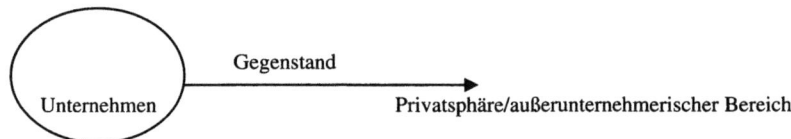

Nr. 1

Entnahme von Gegenständen aus dem Unternehmen für private Zwecke (§ 3 Abs.1b Nr.1)

z.B.

- der Einzelunternehmer entnimmt Waren aus seinem Betrieb
- der Gesellschafter einer PersG entnimmt Getränke aus der Getränkehandelsgesellschaft für eine private Feier
- der Gesellschafter einer KapG entnimmt den Firmenwagen für seine Tochter

Nr. 2

Abgabe von Gegenständen an Arbeitnehmer für deren private Zwecke (§ 3 Abs.1b Nr.2)

z.B.

- die Möbelhändlerin schenkt ihrer Angestellten ein Sofa
- die Computer KG schenkt ihren Angestellten gebrauchte PC's aus dem Warensortiment
- die Rotz&Wasser Beerdigungsinstitut GmbH schenkt ihrem angestellten Gesellschafter-Geschäftsführer Harry Rotz einen Sarg

7 Checklisten und Übersichten

> Ausnahme: Die Abgabe von Gegenständen, die in den Bereich der Aufmerksamkeiten fallen, ist nicht steuerbar (z.B. kleine Geschenke bis 40 € brutto aus persönlichem Anlass; die Grenze von 40 € ist dabei eine Freigrenze, bei deren Überschreiten der Gesamtbetrag steuerbare Wertabgabe wird; ebenso gilt bei Betriebsveranstaltungen eine Grenze von 110 € brutto für maximal zwei „übliche", Betriebsfeiern eines Jahres) Ebenso sind Zuwendungen nicht steuerbar, die beim Arbeitnehmer zu keiner erkennbaren Bereicherung führen und durch das Arbeitsverhältnis veranlasst sind, z.B. die Ausgabe von Kaffee und Kuchen anlässlich betrieblicher Besprechungen.(vgl. i.e. A 12 UStR m.w.H.)

Nr. 3
Abgabe von Gegenständen im Interesse des Unternehmens, z.B. an Geschäftskunden (§ 3 Abs. 1b Nr.3)
z.B.
- der Einzelunternehmer verschenkt im Rahmen einer Verlosung Sachpreise an die Gewinner
- die PersG spendet der Welthungerhilfe einen gebrauchten Lkw aus dem BV
- die KapG schenkt allen Lieferanten zu Weihnachten eine Kiste Wein im Wert von 60 €

> Ausnahme: **Nicht** steuerbar ist die Abgabe von sog. Zugaben („Giveaways") z.B. in Apotheken, die Abgabe von Warenmustern (Musterkataloge, Warenproben), die Abgabe von Geschenken bis zu einem Nettoeinkaufspreis von 35 € (§ 4 Abs.5 Nr. 1 EStG), die Abgabe von Speisen und Getränken anlässlich von Messen oder Verkaufspräsentationen und die Bewirtung anlässlich von Konferenzen (hier fehlt es im wesentlichen an einer ins Gewicht fallenden Bereicherung bei den „Beschenkten")

Immer ist bei den Nummern 1 - 3 aber Voraussetzung, dass der abgegebene Gegenstand angeschafft oder hergestellt worden war und der Unternehmer dabei VorSt abgezogen hat!

II. einer sonstigen Leistung gegen Entgelt vergleichbar:

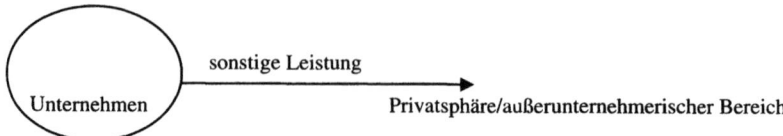

Nr. 1
Verwendung von unternehmerischen Gegenständen für außerunternehmerische Zwecke, wobei der Gegenstand Unternehmensvermögen bleibt. Entnommen wird nur die „Dienstleistung", die der Gegenstand bietet. Gleiches gilt für die unentgeltliche Überlassung von Dienstleistungen (aus unternehmerischen Gegenständen) an Arbeitnehmer.
z.B.
- Nutzung des zum BV gehörenden Kfz zu Privatfahrten durch den Unternehmer
- Nutzung des zum BV gehörenden Telefons zu Privatgesprächen durch den Unternehmer
- unentgeltliche Überlassung eines Pkw oder Telefons oder PC's an Arbeitnehmer
- unentgeltliche Überlassung einer Wohnung an Arbeitnehmer

nicht:
- Nutzung des zum BV gehörenden Kfz durch den Unternehmer für Fahrten Wohnung/Betriebsstätte i.H. des Betrags, der die abzugsfähigen BA übersteigt und damit nicht abzugsfähige BA darstellt (§ 4 Abs.5 Nr.6 EStG)
- Entnahme der eigenen Arbeitskraft, da dies keine bewertbare Dienstleistung ist (die Arbeitskraft von Arbeitnehmern ist dagegen über den Lohnaufwand bewertbar, somit ist die private „Verwendung" von Arbeitnehmern steuerbar)
- jede entgeltliche Überlassung von Dienstleistungen an Arbeitnehmer (im Fall der Pkw-Nutzung gilt die Überlassung fast immer als entgeltlich, auch wenn der Arbeitnehmer sich nicht an den Pkw-Kosten beteiligt) Bei allen übrigen „Geschenken" an Arbeitnehmer ist zu prüfen, ob dies als Sachbezüge statt eines entsprechend höheren Barlohns (= Leistung gegen Entgelt) oder als Sachbezüge zusätzlich zum Barlohn (= unentgeltliche Leistung) gewährt wird

- Nutzung des gemieteten Geschäftstelefons für Privatgespräche durch den Unternehmer oder den Arbeitnehmer, hier werden die Kosten sofort in einen abziehbaren und einen nicht abziehbaren Teil aufgeteilt

Nr. 2

die „Herausnahme" einer sonstigen Leistung aus dem Unternehmen für private Zwecke des Unternehmers bzw. seiner Arbeitnehmer. Entnommen wird dabei nur die Leistung; es wird kein Gegenstand des Unternehmens dafür verwandt.

z.B.

- unentgeltliche Kontenführung eines Kreditinstituts für seine Angestellten
- die Unternehmerin lässt sich vom Angestellten ihr Privathaus putzen
- der Unternehmer erhält von seinem Mutterkonzern eine Reise geschenkt (als Treueprämie)

nicht:
- Entnahme der eigenen Arbeitskraft, da dies keine bewertbare Dienstleistung ist (z.B. Architekt erstellt eine Skizze zum Bau eines Hauses für seine Tochter, Steuerberaterin erstellt die eigene Steuererklärung, Arzt behandelt die eigenen Kinder) Liegt aber eine konkret bewertbare Dienstleistung vor (z.B. bei der Kontoführung durch die Bank), ist dies steuerbar.

Bei Nr. 1 ist aber immer Voraussetzung, dass der Gegenstand, der nichtunternehmerisch genutzt wird, zum VorSt-Abzug befähigt hat. Bei den reinen Dienstleistungen nach Nr. 2 wird diese Voraussetzung nicht benötigt: bei nichtunternehmerischer Verwendung ist der VorSt-Abzug sowieso ausgeschlossen, die VorSt wird direkt aufgeteilt und der nichtunternehmerische Teil der Leistung geht direkt in den Privatbereich.

9. Checkliste „Ort des Umsatzes"

I. Ort der Lieferung (vgl. § 3 Abs.5a UStG)

1. § 3c

bei

- Beförderungen/Versendungen von Gegenständen von einem EU-Land zum anderen *durch den Lieferer*!
- Abnehmer ist *Privatperson* oder die *Erwerbsschwelle* unterschreitender *Exot*
- Lieferer überschreitet *Lieferschwelle* im Empfängerland oder optiert zum § 3c

<u>Ort</u>: dort, wo die Beförderung/Versendung *endet*

2. § 3 Abs.8

bei

- Warenbewegung von einem *Drittland* nach *Deutschland*
- *Lieferer* trägt die Einfuhrabgaben, d.h. entrichtet Zölle/Einfuhrumsatzsteuern an der Grenze

<u>Ort</u>: in Deutschland

3. § 3 Abs.6

bei

- Waren*bewegung* im Zusammenhang mit der Lieferung (auch im Rahmen eines Reihengeschäfts)

<u>Ort</u>: dort, wo sich die Ware befindet, wenn die Beförderung *beginnt* bzw. dort, wo sie im Fall der Versendung an den Frachtbeauftragten/Spediteur übergeben wird

4. § 3 Abs.7 S.2 Nr.1 bzw. 2

bei

- *Vorliegen eines <u>Reihengeschäfts</u>* für die unbewegten Lieferungen:

a) bei der bewegten Lieferung vorangehenden Lieferungen:

<u>Ort</u>: dort, wo sich die Ware bei *Beginn* der Beförderung/Versendung befindet (§ 3 Abs.7 S.2 Nr.1)

b) bei der bewegten Lieferung folgenden Lieferungen

Ort: dort, wo sich die Ware *am Ende* der Beförderung/Versendung befindet (§ 3 Abs.7 S.2 Nr.2)

5. § 3 Abs.7 S.1

bei

- allen anderen unbewegten Lieferungen:

Ort: dort, wo sich der Gegenstand im Zeitpunkt der Lieferung befindet

II. Ort der sonstigen Leistung

1. § 3b Abs. 3 + 5

bei

- Gegenständen, die von einem EU-Mitgliedstaat in den anderen befördert werden bzw. die Vermittlung dieses Umsatzes

Ort: dort, wo die Beförderung *beginnt* (bzw., falls der Leistungsempfänger die USt-Id.Nr. eines anderen als seines Mitgliedsstaates (in dem die Beförderung begann) verwendet: *dieser andere Staat*)

2. § 3b Abs.2 + 4 + 6

bei

- Nebenleistungen zur Beförderung von Gegenständen (z.B. Umschlag, Lagerung) bzw. die Vermittlung von Nebenleistungen zu Beförderungsleistungen

Ort: dort, wo die Nebenleistung *stattfindet* (bzw. bei Nebenleistungen im Zusammenhang mit der innergemeinschaftlichen Beförderung eines Gegenstands bzw. deren Vermittlung: falls der Leistungsempfänger die USt- Id.Nr. eines anderen als seines Mitgliedsstaates verwendet: *dieser andere Staat*)

3. § 3b Abs.1

bei

- bei allen anderen Beförderungen von Gegenständen und bei Personenbeförderungen

Ort: wo die Beförderung stattfindet (= die *Strecke*)

4. § 3a Abs.2 Nr.1

bei

- sonstigen Leistungen im Zusammenhang mit Grundstücken (Vermietung etc.)

Ort: dort, wo das Grundstück liegt

5. § 3a Abs.2 Nr.3

bei

- künstlerischen, wissenschaftlichen etc. Leistungen bzw. Werkleistungen an beweglichen Gegenständen

Ort: dort, wo die *Leistung erbracht* wird (alternativ bei Werkleistungen an bewegl. Gegenst.: falls der Leistungsempfänger die USt-Id.Nr. eines anderen Mitgliedsstaates verwendet als dem, in dem die Leistung ausgeführt wird: *dieser andere Staat*)

6. § 3a Abs.3 + 4

bei

- Vorliegen einer Katalogleistung des Abs.4 (Finanzdienstleistungen, Leistungen von Freiberuflern, Personalgestellung, Werbe-, EDV-, Telekommunikationsleistungen, Vermietung bewegl. Gegenstände (außer Beförderungsmittel) bzw. die Vermittlung dieser Leistungen)
- Leistungs*empfänger* ist
- a) *Unternehmer*
- b) oder *Nicht-Unternehmer mit Wohnsitz im Drittlandsgebiet*

Ort: dort, wo der *Leistungsempfänger seinen Sitz/Wohnsitz* hat

7. § 3a Abs.2 Nr.4

bei

- Vermittlungsleistungen in allen anderen als den o.g. Fällen

Ort: dort, wo der *vermittelte Umsatz ausgeführt* wird (bzw., falls der Leistungsempfänger die USt-Id.Nr. eines anderen Mitgliedsstaates verwendet als dem, in dem die Leistung ausgeführt wurde: *dieser andere Staat*)

8. § 3a Abs.1

bei

- allen anderen sonstigen Leistungen

Ort: dort, wo der leistende Unternehmer sein Unternehmen betreibt

LERNTIPPS

8 Lerntipps

Das große Buch des Lernens

Wie kann man zeitsparend und effektiv lernen?

Das „große Buch des Lernens" verrät 1001 Tipps und Tricks, die das Lernen leichter machen!

(Okay, okay, es sind keine 1001 Tipps. Es ist nur eine nicht ganz ernst gemeinte Darstellung einiger wichtiger Grundregeln für effektives Lernen.)

1. Wie lernt der Mensch überhaupt?

Lernen ist überlebenswichtig. Ein Mensch, der nicht lernen kann, würde unbeholfen bleiben, wie ein Baby und müsste sterben. Seit grauer Vorzeit musste sich der Mensch - wie jedes Lebewesen - ständig veränderten Situationen stellen und lernen, mit ihnen zurecht zu kommen.

Um sich immer besser auf die Umwelt einstellen zu können, aber auch, um mit Hilfe komplexer sozialer und wirtschaftlicher Strukturen sein Überleben zu verbessern, hat der Mensch im Laufe der Jahrtausende dabei immer mehr gelernt. Ein immer geringerer Teil unserer Kenntnisse und Fertigkeiten sind instinktiv und angeboren. Ein immer größerer Teil wird im Laufe eines lebenslangen Lernprozesses erworben. Das Gehirn des Menschen ist daher im Laufe der Evolution ständig größer geworden.

Nun werden Sie sagen, warum merkt man davon so wenig, wenn man sich zum 20sten Mal den § 6b EStG durchliest und immer noch nicht begreift, worum es geht? Wie kommt es, dass viele belanglose Dinge, wie z.B. die Margarine-Werbung viel besser im Kopf haften bleibt als das, was wir eigentlich als berufliches Fachwissen brauchen.

Es ist schon paradox: die dümmsten Werbesprüche, bei denen man sich niemals die Mühe machen würde, sie auswendig zu lernen oder sie auch nur bewusst wahrzunehmen, bleiben in Erinnerung, während das nächtelange Pauken von steuerlichem Fachwissen scheinbar keine bleibenden Spuren hinterlässt.

Um dies zu verstehen (und zu verbessern), muss man wissen, <u>wie</u> Lernen funktioniert.

Vereinfacht gesagt: wir nehmen <u>die</u> Informationen besser auf und behalten sie länger im Gedächtnis, die in unserer Evolutionsgeschichte <u>zuerst</u> kamen. Und wir tun uns schwer, Informationen zu speichern, die erst spät dazukamen.

8 Lerntipps

In eine Rangordnung gebracht, sieht das dann so aus:

1. Sehen

Informationen, die das Auge als Bild aufnimmt, waren schon in der Frühzeit für den Menschen überlebensnotwendig. Das Herannahen von Tieren oder Artgenossen musste oft blitzschnell bewertet werden, um am Leben zu bleiben. Aus dieser Zeit haben wir die Fähigkeit, eine gigantische Fülle von optischen Reizen abzuspeichern. Vieles davon wird wieder vergessen – das Gehirn reinigt sich so von überflüssigem Datenmüll, um Platz für Neues zu schaffen. Aber trotzdem bleiben mühelos eine Vielzahl von Bildern hängen.

2. Hören

Auch akustische Informationen können seit der Frühzeit hervorragend bewertet und gespeichert werden. Auch hier bleiben viele Töne dauerhaft hängen – allerdings bleibt zum Beispiel. der Klang einer Stimme im Gedächtnis haften, während der Inhalt (das gesprochene Wort) oft als überflüssig gelöscht wird. Auch innerhalb des Reichs der Töne ist die Fähigkeit zu speichern, sehr unterschiedlich: Musik kann in der Regel leichter gespeichert werden als Worte, Melodien bleiben eher haften als Vorträge.

3. Lesen

Diese relativ neue Kulturtechnik fordert eine Menge Gehirnschmalz. Aus schwarzen Mustern (mehr ist ein gedruckter Text nicht) eine Information zu erhalten und sie zu bewerten und abzuspeichern, ist eine der Glanzleistungen des menschlichen Gehirns. Damit erklärt sich auch die Mühe, die wir haben, um Gesetzestexte oder Kommentare zu lernen: zur Anstrengung des Lesens kommt noch die des Verstehens, da der Umgang mit Gesetzen die Fähigkeit zum abstrakten Denken erfordert.

So können wir allemal besser einen dummen Werbespruch abspeichern als ein wichtiges rechtliches Problem. Auch Romantexte lesen sich leichter als Gesetzestexte. Dies liegt daran, dass Texte, die uns emotional ansprechen, leichter im Gedächtnis haften bleiben als „emotionslose" Gesetzestexte. Beim Lesen von Gesetzen oder Kommentaren/Lehrbüchern kommt es daher vor, dass man eine Passage mehrmals liest und immer noch nicht weiß, was man gerade gelesen hat.

So, und nun überlegen Sie mal, was von den ersten beiden Seiten, die Sie gerade gelesen haben, im Gedächtnis hängengeblieben ist.

Sicher werden Sie noch wissen, dass es dort im großen und ganzen um das Lernen ging und vielleicht erinnern Sie sich auch noch an einzelne Aussagen. Mit Sicherheit erinnern Sie sich aber noch an den Fakir mit der Schlange und haben das Bild noch vor Ihrem geistigen Auge.

Fazit: Bilder werden leichter gelernt als gesprochene Worte.

Gesprochene Worte werden leichter gelernt als gelesene Texte.

Hilft das beim Lernen für eine Prüfung?
Ja!

Denn daraus kann man eine ganze Menge über effektives Lernen ableiten:

1.

Versuchen Sie, die zu lernenden Sachverhalte so oft wie möglich durch Schaubilder zu verdeutlichen. Fertigen Sie sich Übersichten und Grafiken an. Nahezu jedes Thema lässt sich grafisch „aufbereiten". Eine Reihe von Themen haben wir bereits aufbereitet und als Scripte im Anhang abgedruckt (z.B. Übersichten über Gebäudeabschreibungen oder Leasing). Andere Themen können Sie sich selber nach Bedarf aufbereiten, und wenn es auch nur ein Diagramm oder eine Grafik ist (siehe Beispiel auf der folgenden Seite), wie sie in vielen Lehrbüchern zu finden ist:

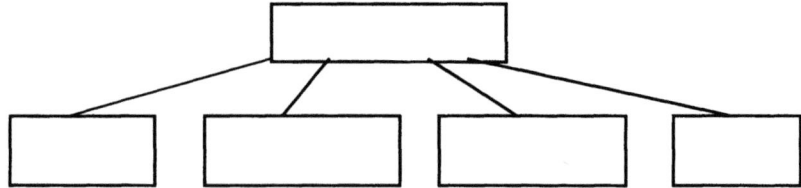

2.

Viele Rechtsprobleme bilden ein geschlossenes Ganzes. Hier hilft es, wenn man Themen oder schwierigen Fachbegriffen Symbole oder Zeichnungen zuordnet.

8 Lerntipps 363

So kann man dem Insolvenzverfahren einen Gauner oder dem Zerlegungsverfahren einen Neandertaler zuordnen - lassen Sie Ihre Phantasie spielen!

3. Informationen bleiben leichter im Gedächtnis hängen, wenn sie gefühlsmäßig stark berühren. Dabei ist unerheblich, ob sie als Bild gesehen, gehört oder gelesen werden. Nun sind Steuerrecht und Rechnungswesen leider Bereiche, bei denen sich nur bei ganz wenigen Menschen Gefühle einstellen (außer dem Gefühl der instinktiven Abneigung). Es ist daher sehr schwer, hier mit Gefühlen den Lernerfolg zu verbessern. Aber einige Überlegungen lassen sich daraus dennoch ableiten:

1. Verbinden Sie bestimmte Lerninhalte, soweit möglich, mit Tätigkeiten aus der Praxis, mit Menschen, Erfahrungen u.ä. So hilft es beispielsweise, sich das Zerlegungsverfahren bei der Gewerbesteuer anhand des Mandanten X zu verdeutlichen, bei dem dies in der Praxis bereits durchgeführt wurde.

2. Verbessern Sie Ihre Lernsituation, indem Sie es sich beim Lernen „gemütlich" machen. Die Ablehnung gegen den Lehrstoff, der das Lernen oft unnötig erschwert, sinkt, wenn wenn man immer mit einer Wärmedecke auf dem heimischen Sofa lernt und dabei eine Tasse Kaffee trinkt... (sich also während des Lernens „belohnt")

3. <u>Nach</u> dem Lernen sollten Sie nicht andere Tätigkeiten ausüben, die das gerade Gelernte „auslöschen" könnten. Wer nach dem Lernen fernsieht („zur Entspannung"), gibt dabei zwar einem durchaus menschlichen Bedürfnis nach „Belohnung" für die Mühsal des Lernens nach - klug ist es aber dennoch nicht. Denn Fernsehbilder hinterlassen im Regelfall wesentlich stärkere Eindrücke (*imprints*) im Gehirn als der vorher angeeignete

theoretische Lehrstoff. Die Gefahr besteht, dass das gerade Gelernte schnell wieder aus dem Kurzzeitgedächtnis gelöscht wird.

Geeignete Tätigkeiten nach dem Lernen sind:
- Hausarbeit (Kochen, Bügeln, Putzen etc.)
- Sport/Sex
- Schlafen
- Spazierengehen,

nicht: Lesen oder Fernsehen.

Hilfreich ist es im übrigen auch nicht, Fernseher oder Radio laufen zu lassen, während man lernt. Nur wenige Menschen sind in der Lage, sich wirklich zu konzentrieren, während eine Geräuschkulisse im Hintergrund für Ablenkung sorgt.

2. Beim Lernen gilt: Wiederholung macht den Meister!

Das einmalige Lesen eines längeren Lehrbuchtextes ist eine mühselige Angelegenheit. Haben Sie eine Lehrbuchseite gelesen (z.B. zur Makroökonomischen Theorie oder ähnlichen hoch abstrakten Ideen), werden Sie oft feststellen, dass Sie davon überhaupt nichts behalten haben. Auch mehrmaliges Lesen und das krampfhafte Bemühen, die einzelnen Sätze zu verstehen, helfen nicht.

Besser ist es dagegen, sich sofort die einmal erfassten Sachverhalte herauszuschreiben. Beim Schreiben bleibt naturgemäß mehr im Gedächtnis haften, als beim bloßen Lesen. Formulieren Sie daher die zentralen Gedanken eines Lehrbuchtextes **mit Ihren eigenen Worten**. Das so herausgeschriebene Wissen sollten Sie in einer Weise wiederholen, dass es aus dem Kurzzeitgedächtnis, aus dem es an sich schnell wieder gelöscht wird, ins Langzeitgedächtnis übertragen werden:

Daher sollten Sie das Gelernte am nächsten Tag noch einmal wiederholen. Versuchen Sie dabei vor dem erneuten Lesen Ihrer Zusammenfassung des Lehrstoffes diesen sich selber aus der Erinnerung aufzusagen. Seien Sie nicht frustriert, wenn wenig hängengeblieben ist. Das ist normal!

Denselben Lehrstoff sollten Sie dann eine Woche später noch einmal wiederholen (in der gleichen Weise, also erst durch „Erinnerung", dann durch erneutes Durchlesen).

Bei Bedarf ist diese Prozedur zu wiederholen, bis Sie das Gefühl haben, dass der Lehrstoff „sitzt".

3. Learning by doing...

„Es gibt nicht Gutes, außer man tut es!" sagt der Volksmund. Dies gilt auch für das Lernen. Versuchen Sie, möglichst viel Ihres zu bewältigenden Lehrstoffes in Form von

- praktischen Fällen
- Klausurfällen/Übungsfällen

zu wiederholen/zu lernen. Daran lernt man am besten. Der Grund liegt auch hier darin, dass in der Evolutionsgeschichte des Menschen die Natur mit der Ressource „Gehirnschmalz" so sparsam wie möglich umgegangen ist. Alle Informationen, die nicht für das praktische Überleben notwendig sind, werden erst garnicht abgespeichert. So schützt sich das Gehirn vor dem „Informations-Overkill". So wird aber leider auch das Lernen von theoretischem Wissen erschwert.

4. Lernen in „kleinen Dosen"

Nächtelanges Büffeln hilft im Regelfall nicht weiter. Allenfalls kurz vor der Prüfung kann man sich dadurch noch Lehrstoff ins Gehirn stopfen. Grundsätzlich gilt: weniger ist mehr. Sich effektiv auf den Lehrstoff konzentrieren kann man ohnehin nur wenige Stunden. Wer acht Stunden büffelt, tut dies in Wahrheit oft nur 2 Stunden - die restliche Zeit dient allenfalls der Gewissensberuhigung!.

Wann man am besten lernt, muss jeder für sich entscheiden. Generell gilt aber: die Leistungskurve steigt am Vormittag an, sinkt dann am Mittag und steigt dann noch mal am Nachmittag. Abends oder nachts zu lernen, ist daher oft nicht effektiv. Dies gilt natürlich nicht, wenn man den ganzen Tag viel „um die Ohren" hat und demzufolge nur abends Ruhe und Muße findet.

In diesem Sinne: Viel Spass beim Lernen...

....und mit den „ praktischen" Prüfungsaufgaben dieses Buches !

PRÜFUNGSTIPPS

9 Prüfungstipps

Das große Buch

der

Prüfungslehre

Wie bearbeitet man erfolgreich Prüfungsaufgaben?

Das „große Buch der Prüfungslehre" verrät 1001 Tipps und Tricks, die Sie erfolgreich machen!
(Okay, okay, es sind nicht 1001 Tipps, sondern nur einige wenige – aber die sind hilfreich...)

1. Die Fragestellung beachten - ein wichtiger Anfang

Viel Zeit und Mühe können Sie sich sparen, wenn Sie zunächst die Fragestellung lesen. Denn ein Sachverhalt kann immer in vielerlei Hinsicht durchleuchtet werden - wichtig sind aber nur die Angaben, die in der Lösung gefragt sind.

Wenn z.B. nach dem Bilanzansatz einer Maschine gefragt ist, sollten Sie ausgehend von den Anschaffungs- oder Herstellungskosten die Abschreibung des Jahres ermitteln und den Ansatz in der Bilanz angeben. Weitergehende Darstellungen, z. B. die Aussage, dass Maschinen bewegliche Wirtschaftsgüter des Anlagevermögens sind, die wahlweise linear oder degressiv abgeschrieben werden können, können Sie sich sparen. Dafür gibt es keine Punkte und Sie verschenken nur wertvolle Bearbeitungszeit!

Lesen Sie sich daher immer erst die Fragestellung durch und dann den Sachverhalt. So können Sie während des Lesens den Sachverhalt schon „filtern", d.h. unwichtige Angaben im Sachverhalt durchstreichen und wichtige Angaben unterstreichen.

Auch die Form der Fragestellung ist wichtig:

Im Regelfall wird direkt nach einer bestimmten Rechtsfolge für eine bestimmte Person oder einer konkreten Zahl (z.B. dem zu versteuernden Einkommen) gefragt. Gemein sind Fragen nach dem Motto „Wie ist die Rechtslage?" In diesem Fall müssen Sie den Fall von allen Seiten beleuchten. Gehen Sie dann systematisch vor und haken Sie (in Gedanken oder auf einem Blatt Schmierpapier) alle Rechtsfolgen/Personen oder Varianten nacheinander ab.

2. Sachverhalt lesen - der Schlüssel zum Glück

Lesen Sie sich nach der Aufgabenstellung den Sachverhalt genau durch (unter Umständen auch zwei- oder dreimal lesen, wenn Sie ihn beim ersten Mal nicht verstehen). Lesen Sie den Sachverhalt auch *bis zum Ende* durch - die Hälfte lesen und sofort mit der Lösung anzufangen ist der sicherste Weg, eine Sechs zu kassieren! Markern Sie gegebenenfalls wichtige Dinge an oder streichen Sie unwichtige Dinge aus. Beachten Sie aber, dass in Prüfungen die meisten Angaben wichtig sind. Die Leute, die die Prüfung ausgearbeitet haben, sind meist viel zu faul, um den Sachverhalt mit unwichtigem Beiwerk auszuschmücken!

Unterstellen Sie dabei nichts, was nicht im Sachverhalt steht. Eigenwillige Interpretationen nach dem Motto „Ich gehe davon aus, dass der Steuerpflichtige in Afrika wohnt, weil sein Wohnsitz in Deutschland nicht angegeben ist ..." sind strengstens verboten. Gehen Sie vielmehr vom Normalfall aus. Dies be-

9 Prüfungstipps

deutet z.B. bei Umsatzsteuer-Aufgaben, dass der Unternehmer ein „normaler" regelbesteuerter Unternehmer mit Sitz im Inland ist, auch wenn dies im Sachverhalt nicht extra erwähnt wird.

Nur im äußersten Notfall, nämlich wenn Sie den Sachverhalt auch nach sorgfältigem und langsamen Lesen nicht verstanden haben, können Sie einen Sachverhalt unterstellen. Gehen Sie auch dann vom Normalfall bzw. von „gesundem Menschenverstand" aus.

Vermeiden Sie Formulierungen wie „Ich gehe davon aus, dass..." oder „Ich unterstelle, dass....".

Eine Prüfung ist kein Brief an die Oma. Es ist daher kein Romanstil oder Briefstil zu verwenden, sondern der sog. *Urteilsstil*.

> Beispiel:
>
> **Romanstil** (strengstens verboten): „Ich finde, die Steuerpflichtige hat recht. Dass ihr Mann Unterhalt zahlt, ist völlig richtig. Der war ja auch voll gemein und hat sie verlassen. Und jetzt zahlt er jährlich 30.000,- an sie. Die Sau kann ungefähr 27.000,- Mark als Sonderausgaben absetzen. Die Steuerpflichtige muss dies dann aber meiner Meinung nach auch als Einnahme ansetzen. Meines Erachtens kommt § 22 eventuell in Betracht....."
>
> **Urteilsstil** (so soll es sein!): „Die Steuerpflichtige erzielt Einkünfte aus § 22 Nr.1a EStG. Die Einkünfte betragen 27.000,- abzgl. Werbungskosten-Pauschbetrag .... Der Ehemann kann den i. H. v. 30.000,- € gezahlten Unterhalt nur bis zum Höchstbetrag von 13.000,- € als Sonderausgaben nach § 10 Abs.1 Nr... EStG abziehen...."

Sie sehen: Urteilsstil bedeutet, wie ein Richter ein Urteil zu fällen. Sie stellen sachlich, kompromisslos und selbstsicher Ihre Lösung dar!

Schreiben Sie die Lösung erst nieder, wenn Sie sie gefunden haben. Wenn Sie während des Schreibens noch nach der richtigen Lösung suchen, gerät das oft zu einem Eiertanz der Argumente. Sie werden es dann auch kaum schaffen, den Urteilsstil beizubehalten. Derjenige, der die Prüfung dann korrigiert, bekommt Ihre Unsicherheit zwischen den Zeilen mit - so hinterlassen Sie nicht unbedingt einen guten Eindruck.

Klar, man wird leicht nervös, wenn die Zeit verrinnt, während man noch nach der Lösung sucht. Aber nur etwas hinzuschreiben, damit das Blatt gefüllt wird, führt in der Regel zu einer Ansammlung von Stuss - der Eindruck, den Sie dann hinterlassen, wäre erbärmlich - und auch die Note.

3. Das Finden der Lösung - der Weg der Wahrheit

Auch wenn Sie mit Gesetzestexten in der Prüfung arbeiten dürfen: verwenden Sie diese sparsam. Für eine ausführliche Lektüre des Gesetzes wird Ihnen im Regelfall die Zeit fehlen.

Prüfungen schreiben heißt auch: schnelle Entscheidungen zu treffen. Wenn Sie sich in einem Sachverhalt verbeißen, gehen Ihnen an anderer Stelle viele Punkte verloren.

Wenn Sie dann aber doch Gesetzestexte lesen, sollten Sie die entsprechende Bestimmung *ganz* lesen! Oft sind Paragrafen nämlich so strukturiert, dass am Anfang der Grundsatz steht. Wer dann aufhört zu lesen, übersieht die im folgenden aufgelisteten Ausnahmen und geht zielsicher in die Irre!

Auch müssen Sie Ihre Lösung im Regelfall begründen. Sofern nicht lediglich eine rechnerische Darstellung verlangt wird (und auch dann sollten Sie die Lösung so darstellen, dass der Leser Ihrer Prüfung erkennt, was Sie dort gerechnet haben), müssen Sie schon kurz darstellen, warum Sie genau auf *diese* Lösung kommen und keine andere.

<u>Beispiel:</u>
Berechnung ohne Hand und Fuß (sehr schlecht):
300.000,- x (10 x 2)% = 60.000
Berechnung mit Bezeichnungen (gut so!):

Anschaffungskosten der Maschine:	300.000,-
abzgl. AfA (degressiv: das Zweifache der linearen AfA von 10 % =)	
20 % von 300.000,- =	60.000,-

Nur wenn Sie in Zeitnot sind, ist es besser, überhaupt etwas hinzuschreiben. In dieser Situation muss man eben alle guten Vorsätze fahren lassen und Punkte holen - koste es, was es wolle.

(Meist gibt es aber auch Punkte für eine gute Begründung, manchmal sogar mehr, als für eine schlecht begründete richtige Lösung. Daher sollte man der Begründung immer Beachtung schenken.)

9 Prüfungstipps

Wenn Sie Ihre Lösung mit dem Gesetz begründen wollen/sollen, müssen Sie sagen, welches Gesetz Sie meinen: ein § 7 kann eben aus dem Einkommensteuergesetz stammen oder aus der Hundesteuer-Durchführungsverordnung! Korrekt zitiert muss es also z. B. heißen: § 7 Abs.1 S.1 EStG.

Schreiben Sie nur das auf, was wichtig ist für die Lösung. Es ist z.B. völlig uninteressant und reine Zeitverschwendung, wenn Sie in einem Fall die degressive AfA gewählt haben und dann noch Ausführungen zur linearen AfA machen.

Nicht immer ist eine Lösung „logisch". Geraten Sie daher nicht in Panik, wenn Ihnen das Ergebnis widersinnig und unlogisch oder ungerecht erscheint. Denn es gilt (nicht nur im Steuerrecht): Gesetze sind nicht immer logisch! Außerdem ist der Sachverhalt vom Klausurverfasser oft bewusst ungewöhnlich gestaltet worden, damit viele Rechtsprobleme abgefragt werden können. So ist es zum Beispiel eher selten, dass ein Steuerpflichtiger in der Praxis gleichzeitig Einkünfte aus allen sieben Einkunftsarten des EStG bezieht. In einer Prüfung kommt das schon mal eher vor, da dann das ganze Spektrum der Einkommensteuer abgefragt werden kann.

Verwenden Sie Fachausdrücke richtig. So wie jedes andere Wissensgebiet auch, hat das Steuer und Wirtschaftsrecht und das Rechnungswesen „Vokabeln", die man lernen und anwenden muss. Verwenden Sie daher Fachausdrücke im richtigen Zusammenhang und in der richtigen Schreibweise. Wer in einer Rechnungswesenprüfung „Billanz" oder „kurmulative Afa" schreibt, stellt sich selbst ein Armutszeugnis aus!

Den Sachverhalt brauchen Sie in Ihrer Lösung nicht zu wiederholen. Viele Prüflinge sind so nervös, dass sie vor ihrer Lösung erst einmal den Sachverhalt abschreiben, damit „schon mal was auf dem Papier steht". Die Person, die dann die Prüfung korrigiert, wird dadurch schnell frustriert. Der Note ist das eher abträglich.

4. Das Aufschreiben der Lösung - wer schreibt, der bleibt

Noch einmal ganz deutlich: der einzig richtige Schreibstil ist der *Urteilsstil*. Dabei sollten Sie klare und schlichte Worte wählen, die Sie zu kurzen Sätzen ohne Schnörkel aneinanderreihen. Nebensätze sind, wenn überhaupt, dann nur in einfacher Struktur zu bilden. Bei Nebensätzen besteht nämlich die Gefahr, dass man sich verzettelt bzw. unwichtige Dinge schreibt, die für die Lösung nicht erforderlich sind.

Alle Ihre Ausführungen sollten zielgerichtet sein. Das heißt, Sie bilden eine Argumentationskette, an deren Ende das Ergebnis steht.

Beispiel:

kein gutes Beispiel:

„Der Steuerpflichtige hat Einkünfte aus gewerblicher Tierzucht. Sie sind natürlich nach § 15, nicht nach § 13 zu erfassen. Zweifelsfrei ist bei ihm die Tierdichte (die Grenze Vieheinheiten pro Hektar Fläche überschritten. Seine landwirtschaftlich genutzte Fläche beträgt....."

gutes Beispiel:

„Der Steuerpflichtige betreibt seine Tierzucht auf einer Gesamtfläche von x Hektar. Mit seinem Tierbestand von x Nasenbären überschreitet er die Grenze des § 13 Abs.1 Nr.1 EStG. Die Einkünfte sind daher Einkünfte aus Gewerbebetrieb (§ 15 Abs.1 Nr.1 EStG)"

Wie Sie sehen, sind Wörter wie „natürlich", „zweifellos" und „selbstverständlich" hier nicht angebracht. Sie passen nicht zum Urteilsstil und wirken erst recht unpassend, wenn Ihre Lösung falsch ist!

Es erübrigt sich wohl zu sagen, dass man der deutschen Sprache mächtig sein sollte und zumindest die Groß- und Kleinschreibung sicher beherrschen sollte. Dem entsprechend schlecht werden Prüfungen benotet, die in diesem Bereich gravierende Fehler enthalten. Die Unsicherheiten insbesondere im Rahmen der Rechtschreibreform tragen nicht gerade dazu bei, die Schreibsicherheit der Menschen in Deutschland zu erhöhen – die wichtigsten Neuregelungen sollte man aber beachten.

Korrektoren bei Industrie- und Handelskammern oder Steuerberaterkammern versuchen dann über eine „strenge" Notengebung, Analphabeten aus dem Beruf „herauszuhalten".

5. Die Zeit - in der Prüfung das kostbarste Gut

Da schriftliche Prüfungen naturgemäß zeitlich begrenzt sind, sollte man damit gut haushalten. Schön, wenn Sie zum Beginn der Prüfung ganz cool Ihre Unterlagen und Stifte auspacken. Besser ist es aber, dies schon vorher zu tun.

Selbstverständlich sollten Taschenrechner vorher auf ihre Tauglichkeit überprüft werden. Gleiches gilt für Stifte und sonstige Materialien.

Nutzen Sie die Zeit bis zum Schluss. Wenn Sie vor dem Ende der Prüfungszeit schon fertig sind, lesen Sie Ihre Lösungen noch mal in Ruhe durch (auch wenn das schwerfällt und man lieber so schnell wie möglich das Weite suchen möchte).

6. Ein Schlusswort zum Format

Auch wenn der Inhalt der Klausur wichtig ist: ein paar grundsätzliche Anmerkungen zur Form:

Lassen Sie am rechten Rand jedes von Ihnen beschriebenen Blatt Papiers einen genügend breiten Korrekturrand von einigen Zentimetern.

Lassen Sie auch zwischen den Aufgaben genügend Platz. Gegebenenfalls lösen Sie jede Aufgabe auf einem eigenen Blatt Papier. Wenn Sie dann noch Anmerkungen einfügen wollen, wird einfach ein Blatt dazwischengeschoben. Der Hindernislauf von Anmerkungen, Fußnoten und Querverweisen bleibt dem Korrektor dann erspart. Das wirkt sich positiv auf die Note aus.

Schreiben Sie deutlich! Denken Sie daran, dass Sie kein Hausarzt sind. Auch wenn schwungvolles Gekrakel von souveräner Weltläufigkeit zeugt - in Prüfungen sollte Ihre Handschrift leserlich sein.

Unterstreichen Sie wichtige Ergebnisse gegebenenfalls.

Benutzen Sie keine kleksenden Kugelschreiber, sondern Faser- oder Tintenschreiber oder Füllfederhalter. In manchen Klausuren ist auch der Bleistift erlaubt. Ansonsten ist der Bleistift genauso tabu wie jegliches Schreibgerät, das mit roter Farbe schreibt.

Benutzen Sie keine verfusselten oder zerfransten Blätter. Beschreiben Sie Blätter nur einseitig. Denken Sie immer daran: das Auge isst mit!

MIX
Papier aus verantwortungsvollen Quellen
Paper from responsible sources
FSC® C105338

If you have any concerns about our products,
you can contact us on
ProductSafety@springernature.com

In case Publisher is established outside the EU,
the EU authorized representative is:
**Springer Nature Customer Service Center GmbH
Europaplatz 3, 69115 Heidelberg, Germany**

Printed by Libri Plureos GmbH
in Hamburg, Germany